城市弱者特殊群体支持研究

总主编　刘电芝

苏州大学“211工程”三期重点学科建设项目“和谐社会视域中弱者权益保护”成果
全国教育科学“十一五”规划2009年度教育部重点课题“职场学习与职业教育人才培养模式的创新研究”（DJA090262）的阶段性研究成果
苏州大学重大课题“苏南地区农民工的城市融入与社会支持研究”成果

教育支持：

农民工城市融入的培训研究

赵蒙成 等著

苏州大学出版社
SOOCHOW UNIVERSITY PRESS

图书在版编目(CIP)数据

教育支持:农民工城市融入的培训研究/赵蒙成等著. —苏州:苏州大学出版社,2012.2
(城市弱者特殊群体支持研究/刘电芝主编)
苏州大学“211 工程”三期重点学科建设项目.“和谐社会视域中弱者权益保护”成果
ISBN 978-7-81137-880-1

Ⅰ.①教… Ⅱ.①赵… Ⅲ.①民工—城市化—研究—中国②民工—教育培训—研究—中国 Ⅳ.①D422.6

中国版本图书馆 CIP 数据核字(2012)第 005656 号

教育支持:农民工城市融入的培训研究
赵蒙成　等著
责任编辑　张　希

苏州大学出版社出版发行
(地址:苏州市十梓街 1 号　邮编:215006)
扬中市印刷有限公司印装
(地址:江苏省扬中市科技园区东进大道 6 号　邮编:212212)

开本 700 mm×1 000 mm　1/16　印张 12.75　字数 245 千
2012 年 2 月第 1 版　2012 年 2 月第 1 次印刷
ISBN 978-7-81137-880-1　定价:32.00 元

苏州大学版图书若有印装错误,本社负责调换
苏州大学出版社营销部　电话:0512-65225020
苏州大学出版社网址　http://www.sudapress.com

总序

本系列丛书系“211 工程”三期重点学科建设项目“和谐社会视域中弱者权益保护的社会支持研究”最终研究成果。

本系列丛书成果是经济领域中“包容性增长”在心理学领域的发展与具体体现。“包容性增长”概念最早由亚洲开发银行在 2007 年提出，是指社会所有成员，包括男性和女性，老年人、成年人和未成年人，健康人、残疾人，富裕阶层、中间阶层、劳动阶层和社会底层成员……能够共享社会经济增长的成果。所有社会成员能够“参与”和“共享”，经济增长才有积极意义。其实，“包容性增长”不应仅限于经济领域，同样也适用于社会学科的其他领域。社会的每一个成员，特别是弱者群体的每一个成员都应该且需要享受社会发展的所有成果，他们不仅需要得到物质帮助，也需要心理、教育、文化等支持与援助，实现“包容性增长”，从根源上解决弱者群体处于“社会边缘”的问题；也特别需要对他们的下一代——弱者特殊群体家庭的子女给予关注与帮助，这样才能阻断弱势的代际传递，社会和谐发展才能成为现实。

弱者群体，一般是指在社会性资源分配上具有经济上的贫困性、生活质量的低层次性和承受力的脆弱性的特殊社会群体。2008 年年底，我有机会主持了苏州大学“211 工程”三期重点学科建设项目“和谐社会视域中弱者权益保护”中的“和谐社会视域中弱者权益保护的社会支持研究”课题，以城市弱者特殊群体中的四部分人为研究对象。第一是进城农民工，作为城市社会中数量最大的弱者群体，他们户籍在农村或小城镇，暂住在城市从事社会经济活动，他们虽然在城市生活工作，却没有享受到城里劳动者的同等待遇，在城市生存和发展中面临种种壁垒。第二是随农民工进城的子女，他们虽然随父母在城市生活，但不论是在身份认同还是群体融入上，都未能摆脱“流动”“农村”的影子，存在这样或者那样的城市融入困难。第三是女性单亲家庭，女性单亲家庭是指仅有母亲一方与其未婚且不具有独立生活能力的 18 周岁以下的子女共同生活的家庭。

女性单亲家庭作为多重弱者群体，她们经济负担重，独自承担对子女的抚养与教育，生活、心理压力都很大。第四是未成年人，特别是有身心障碍的儿童，他们小小年纪却背负着沉重的精神负担。开展有关弱者群体的研究不仅有利于整个社会的和谐与稳定，而且也有利于弱者群体及其子女生活条件的改善和自身的成长与发展。

本系列丛书是3年来，由本研究5个子课题负责人及其团队共同合作完成的研究成果。由于本系列丛书研究对象相对特殊，在对象选取和研究过程中都颇费周折。第一，研究对象分散，取样困难。为了获取第一手资料，研究人员不辞劳苦深入社区、学校、家庭、工地、工棚，完成了研究取样，特别是研究涉及单身母亲与残疾儿童时，更是深入到家庭，逐个取样。第二，研究工作量巨大。本课题调查农民工6 000多人，在田野研究的现场录像整理以及单身母亲访谈录音整理与转录文本达50多万字。第三，一些对象难以有效配合研究，如自闭症儿童需要先与他们交朋友，取得他们的信任后才能获得研究需要的数据。5个子课题负责人根据自己的特长，选择自己熟悉或者长期研究的领域开展了持续的研究。各负责人竭尽所能，本着高度的责任心，完成了下面各具特色的5本著作。

《走进幸福：农民工城市融入与主观幸福感研究》一书，围绕农民工的城市融入和主观幸福感展开探讨，以实证性研究为主。该书包括自编的6份有良好信、效度的问卷，修订的多份问卷，自编的两份访谈提纲和十几篇研究报告，揭示了农民工城市社会认知与城市适应的心理健康状况，以及农民工感知社会支持、感恩现状和创业意向对其城市融入的影响，分析了当前农民工主观幸福感的现状与特点，揭示了人格、自尊、感恩、感知社会支持等心理因素对农民工主观幸福感的影响，在此基础上从不同层面提出了有针对性的研究启示与对策。

《教育支持：农民工城市融入的培训研究》一书，系统研究了农民工培训的基本现状、存在的主要问题及其改进措施。该书全面考察了农民工的培训情况，包括农民工学员的状况与特点、农民工参加培训的动机和目的、负责对农民工进行培训的教师情况、农民工培训的课程内容与课程体系、农民工培训的教学过程、农民工培训结果的评价、农民工在培训中的学习环境等7个维度。运用田野研究法选择有代表性的个案，进行了约一年半时间的田野调研，在现场观摩农民工培训的教学过程，观察教学过程中发生的各种事件，撰写能够保持研究现场原貌的田野日志，并辅之以深度访谈和问卷调查。课题组成员深入到农民工学员中间，与他们建立了密切的关系。这确保了研究人员收集到的是真实的、深刻的第一手信息。可以说,翔实的、细致入微的田野研究是该书的一大特色。

《文化支持:农民工子女融入城市文化的研究》一书将定性与定量研究方法相结合,综合了比较法、行为事件访谈法、文献研究法、个案分析法、问卷调查法、专家讨论法等研究方法,从城乡文化的内涵入手,探究城乡文化的差异及其在学校教育过程中出现的冲突,并通过问卷调查的方式,测查了农民工子女的文化适应现状,探讨了农民工子女融入城市文化的影响因素,探究了不同的影响因素对农民工子女的适应、融入有怎样的影响,以及为什么会产生这样的影响,也为农民工子女的文化支持建设提供理论依据及策略支持。最后,构建了农民工子女融入城市文化的心理支持模式,阐述了艺术教育对农民工子女融入城市文化的重要作用和意义,为农民工子女的城市融入研究提供了新的视角。

《心理支持:未成年人的心理健康研究》一书,系统地展现了未成年人心理健康问题和实践指导的成果,其研究内容重点聚焦在结合未成年人心理支持体系的基本理论和实践操作问题上,宏观上介绍了国内外未成年人心理支持理念和实践的发展历史及现状,微观上围绕未成年人心理研究的诸多维度进行了量化和质性研究。本书在国内首次将全国最有特色的三个未成年人的心理支持机构进行比较研究,并提出富有建设性的指导意见;书中对未成年人心理研究的视角全面,包括残疾障碍儿童,这也是以往的同类书籍中比较少见的;书中有些对策和方法是已经实践了的,并通过科学的分析已经证明是有效的,所以该书的实践指导意义也非常显著。

《幸福开源:低收入女性单亲家庭的生活应对研究》一书聚焦于单亲女性这一多重弱者群体生活的困境及其改善策略。本书主要介绍了国内外低收入单亲女性家庭生活现状,采用文献探讨、问卷调查以及深入访谈等方法,以苏州地区的低收入女性单亲家庭为研究群体,分析低收入女性单亲家庭的生活问题与困境,并深入了解调查对象在成为单亲与陷入贫穷时,自身对身边事物的看法、感受与经验,以及对家庭资源的管理方式,在此基础上提出了改善其现状的种种应对策略。

概括地讲,本系列丛书具有以下特点:

(1)学术性。运用心理学、教育学和社会学等多学科理论,并通过问卷调查、深度访谈、现场观察、田野考察、团体干预等多种实证性研究手段获得第一手数据与资料,以此为依据来揭示现状、分析原因,然后总结提炼出观点和对策。书中不少数据与资料是第一次披露。

(2)系统性。从多方面对城市弱者特殊群体的主要对象——进城农民工、农民工的进城子女、单身家庭母亲、未成年人(特别是有身心障碍的儿童)展开研究,系统地揭示了弱者特殊群体的主观幸福感、城市融入、创业意向与行动、职业培训、子女学校教育、心理健康、生活应对等方面的现状及其影响因素,系统地分析了研究对象面临的困境及成长中的问题,为弱者特殊群体成员提高主观幸福感、感恩水平、感知社会支持水平、教育培训水平以及心理健康与应对困境提供教育支持、心理支持、文化支持、社会支持等多方面的系列帮助。

(3) 实用性。注重在发现问题的基础上解决问题。从多个学科的视角,寻求为当前城市弱者特殊群体提供社会支持的合理解决方案;针对揭示的问题,从不同层面提出了有针对性的启示与对策。有关的各级政府,农民工培训机构,可从中找到有利于工作的建议;妇联、社区、社会工作机构,可找到帮助城市弱者特殊群体成长的途径与对策;本研究的研究对象——农民工、农民工进城子女、未成年人、单身母亲亦可以找到帮助自己摆脱困境、自我成长的策略。

最后,感谢本课题的各负责人团结合作及其全体团队成员的三年来的艰辛努力与付出。感谢苏州大学出版社社长张建初、总编耿曙生、编辑部主任薛华强对弱者特殊群体研究的高度关注,以及为本系列丛书的出版所做的众多精心的筹划和安排。感谢各位编辑字斟句酌地修改,使本系列丛书的质量得以进一步提高。

尽管我们做了很大努力,但仍然有这样或者那样的错误。请各位专家与读者批评指正。

虽然本课题的研究结束了,但关注城市弱者群体仍是未竟的事业,需要全社会共同努力,也希望有更多的人能参与这项工作。

刘电芝

2012 年 1 月

于苏州凤苑

自序

改革开放以来，我国迅速从计划经济体制向市场经济体制、从农业社会向工业社会转型。在计划经济体制之下，我国社会呈现出城乡二元分裂的社会结构。我国人口的主体是农民，他们长期被固守在农村、固守在土地上，主要从事农业生产，收入微薄，且不能与城市居民同等享有各种福利保障。与城市居民相比，农民无疑属于弱势阶层。在社会转型的大潮中，数量庞大的农民离开农村，潮水般涌向城市，从而形成了我国当代社会发展中的一种特定的历史现象，即农民工。这是一个特殊的群体：一方面，他们为城市的经济发展与建设乃至社会发展做出了不容磨灭的贡献，提供了充裕的、廉价的劳动力资源，城市离不开他们；另一方面，他们虽然已不再是传统意义上的农民，但并未摆脱农民的身份。他们自身的文化素质、职业素养较低，在进入城市安身立命的过程中遇到了许多严重困难，同时由于不是城市居民，他们也无法享受到城市居民的福利待遇，他们成了游走于城市与农村之间，在城市与农村的夹缝中求生存的一个特殊群体。虽然城市的发展离不开农民工，但城市居民对他们的态度却很复杂，因为他们也给城市带来了诸多问题。在这种背景下，如何帮助农民工顺利融入城市已成为社会关注的艰难课题，"农民工"也成为我国"三农"问题中重要的一项难题。

帮助农民工融入城市是一项系统工程，需要采取综合措施，对农民工进行有效的教育、培训是其中的一项重要措施，具有不可替代的价值与意义。基于此，本书从微观角度详细研究了农民工培训的状态以及存在的问题。依托苏州市劳动人事局和苏州职业技术培训中心，本书选择了对餐厅服务员、计算机操作员、维修电工三类农民工工种的培训进行调研，采用收集数据的方法包括观察、访谈和问卷调查等，调研时间长达一年。在分析所得资料的基础上总结出：农民工的培训属于成人的、准正式的一种教育形式，学员的情况比较复杂，知识与能力基础差异很大，参加学习的目的与目标也多种多样，其中掌握某项具体的工作技能是最重要的目标。当前农民工的培训课程、教学方法与职业学校的模式基本相同，并不能完全适应实际需要。教师的遴选与聘用相当灵活，这虽是实际情况的需要，但存在进一步加强师资建设的必要。农民工培训的环境需要进一步改善，同时还应大力提倡在实际工作环境中进行培训。对农民工培训效果的考核已具备正规的形式，但具体要求趋向宽松，应进一步提高评价的真实性与实用性。

全书各章与编写者分工如下：导论（赵蒙成）；第一章：农民工学员的状况与特点（何华）；第二章：农民工培训的师资（夏骏）；第三章：农民工参加培训的动力与目标（赵蒙成）；第四章：农民工培训的课程（夏骏）；第五章：农民工培训的教学过程与方法（甘忠伟）；第六章：农民工培训的评价（赵蒙成）；第七章：农民工培训的学习环境（赵蒙成）。本课题的研究由赵蒙成负责组织，全书的结构框架与撰写思路由赵蒙成确定。

赵蒙成

2012 年 1 月

于苏州大学

目录

导 论

在我国当今社会中，农民工是一个特殊的弱势群体。他们数量庞大，是我国人力资源的重要组成部分，为我国的经济发展、城市建设做出了不容忽视的贡献。同时，由于农民工整体素质不高，缺乏必要的工作技能，加之政府的管理有待完善，农民工从农村迁徙到城市的过程中遭遇了许多艰难困苦，有时甚至成为社会的不和谐、不稳定因素，给城市的管理提出了严峻挑战。基于此，帮助农民工顺利融入城市生活就成为我国不容回避的紧迫课题，而对农民工进行有效的培训则是提高其素质、帮助他们在城市更好地生活的必由路径。农民工是我国现代社会发展中的一种特定的历史现象，为了深入探讨农民工的培训问题，导论将首先追溯农民工产生、发展的历史，然后阐述农民工培训的重要意义以及学界对农民工、农民工培训的研究状况，以此为本书后续各章的探讨提供基础。

第一节 农民工的产生与变迁

农民工是我国社会发展中的一种特定的历史现象，是我国从农村社会向现代社会（城市化）、从计划经济体制向市场经济体制、从农业社会向工业社会转变过程中的一种社会特殊现象。改革开放以来，随着农业现代化的发展，乡镇企业的兴起，东南沿海经济发达地区城市经济与建设的飞速发展，我国计划经济时代固化的城乡二元社会结构逐渐崩塌。城市经济建设需要大量的劳动力，而在城市打工所能获得的报酬也吸引了经济欠发达地区的农民，于是大量农村富余劳动力转向城镇，成为城市经济发展不可或缺的重要力量。数以亿计的农民抛下土地、离开家乡、涌入城市，在我国发展成为一个新的社会群体——农民工。从 20 世纪 80 年代开始，民工潮涌动在中华大地上，并延绵不绝，农民工群体也迅速引起了全社会的广泛关注。据 2006 年国家统计局在全国 31 个省（市、自治区）对 6.8 万个农村住户和 7 100 多个行政村的抽样调查，推算出当年外出就业农民工约为 1.18 亿人，占农村劳动力的 23.8%。国务院研究室课题组综合有关部门和专家的意见，认为目前我国外出农民工数量约为1.2亿人，再加上在本地企业就业的农村劳动力，农民工总数大约为2亿人①。到2010年，内地农民工总数达2.42亿人，预估至2011年，会达到2.44亿人，其中新生代农民工有1亿人左右②。

虽然农民工已经成为我国当代社会结构中的一个重要群体，但学界对“农民工”这一群体的界定还存在一些分歧。“农民工”这个词最早是由社会学家张玉林教授1983年所提出，农民工的称谓有两层含义：“农民”是身份，“工”是职业。但这一解释并非严格的定义。《中国农民工调研报告》(2005)指出：“农民工是我国经济社会转型的特殊概念，是指户籍身份还是农民、有承包土地，但主要从事非农产业、以工资收入为主要来源的人员。”杨思远教授则认为：“农民工是指拥有农业户口但离开土地、从事非农经济活动的雇佣劳动者。”可见，对农民工的定义都具备以下两个特征：一是“农民身份”，二是“从事非农产业”。但在“是否以工资收入为主要来源”这一判断标准上还存在不同认识，因为有很多农民到达城市之后从事个体或私营商业，并非以工资形式为主要来源。从目前较为流行的观点来看，农民工的范畴有广义和狭义之分：狭义的农民工一般是指跨地区流动的进城务工人员；广义的农民工，既包括跨地区外出务工人员，也包括在县域内第二、三产业就业的农村劳动力。在“狭义农民工”的范畴界定上，学术界没有多大异议，因为进城农民工引发的社会问题远比在乡农民工突出，故一般意义上所指的农民工往往是指狭义的农民工。在上述概念中，广义农民工的范畴包括“进城务工人员”和“县域内第二、三产业就业的农村劳动力”，包括有自谋职业的个体劳动者、个体工商业户和企业主等。但顾益康认为，广义的农民工不应包括“自己投资营业的个体工商户和企业主”，其依据是它不符合“以工资收入为主要来源”这一标准。

综合以上对农民工的各种界定和分析，本书采用了王小和、张艳对农民工概念的界定：“农民工，又称进城务工人员，是指那些户口仍在农村，但已完全脱离或基本脱离传统农业生产经营活动，主要依靠在城镇所有制企业打工或从事其它服务行业为生的人群。”③

第二节　农民工培训的基本现状与问题

农民工转移到城市生活、就业，一方面为城市的经济发展、建设提供了必要

① 尹华扬. 农民工培训意愿及影响因素分析. 硕士论文. 首都经济贸易大学,2008.

② 邓晓丽. 我国农民工教育培训问题研究. 硕士学位论文. 四川师范大学,2007.

③ 王小和,张艳. 农民工进城就业状况分析与对策探讨. 农村经济,2006(2).

的劳动力,也为我国的社会主义现代化建设做出了巨大的贡献。同时由于我国农村人口众多,单靠土地与农业生产无法养活7亿多农民,农民工进城就业有利于实现我国经济、人口、社会资源的合理配置,农民工在城市打工获得的报酬远高于在农村务农获得的收入,农民工把打工所得回报家庭、农村,也是我国城市反哺农村、工业反哺农业的重要途径。另一方面,由于农民工整体素质尤其是文化素养较低,缺少必要的工作技能,农民工迈向城市的过程中遇到很多困难,民工潮也引发了广为关注的政治、经济和社会问题,引发了一些社会矛盾。因此,要帮助农民工顺利在城市就业、生活,就必须对他们进行必要的培训。严格地讲,农民工培训通常是指农民在结束正规的中小学义务教育之后,根据其在城市中的发展要求,接受的各种生活及职业技能培训等①。对于农民工培训的界定,也有学者从另外的角度来切入,如:"所谓农民工培训,是指在政府主导下,通过引导性培训和职业技能培训,开发农民工的体能、技能和智能资源,从而提高农民工经济生产能力的农村人力资源能力建设"②。根据这一界定,农民工的培训包括两大类:引导性培训与职业技能培训。所谓引导性培训,主要是指开展基本权益保护、法律知识、城市生活常识、寻找就业岗位等方面知识的培训,目的在于提高农民工遵守法律法规和依法维护自身权益的意识,树立新的就业观。引导性培训主要由各级政府,尤其是劳动力输出地政府统筹组织各类教育培训资源和社会力量来开展。引导性培训主要通过集中办班、咨询服务、印发资料以及利用广播、电视、互联网等手段多形式、多途径地灵活开展。而职业技能培训主要是根据国家职业标准和不同行业、不同工种、不同岗位对从业人员基本技能和技术操作规程的要求,安排培训内容、设置培训课程。职业技能培训是提高农民工岗位工作能力的重要途径,是增强农民工就业竞争力的重要手段。职业技能培训主要是在各级政府的引导和支持下,由各类教育培训机构、行业和用人单位开展。同时鼓励和支持社会力量尤其是一些具有特色的民办培训机构开展职业技能培训,并对具有相应条件且有创业意识的农民工开展创业培训,提供创业指导。从当前农民工培训的普遍状况看,培训主要集中于对农民工的工作技能方面进行培训,因此,本书讨论的重点也主要是针对农民工的技能培训。

农民工的整体文化素质不高,缺乏工作技能。在大批涌进城市谋生的农民工中,大多数人在进城之前并没有受过专门的职业技术培训,这导致他们进入城市后难以稳定就业,因此,农民工首先在职业技能上存在迫切的培训需求。据调查,与留在农村务农的农民相比,绝大多数的农民工具有初中以上文

---

① 岳红伟.我国农民工职业培训问题研究:基于人力资本投资视角.硕士论文.河南大学,2007.

② 李文彪,夏兰.城市农民工职业教育的现状、问题及对策.农业参考,2010(6).

化程度，但在掌握职业技能方面却处于既无职业技能证书又无技术专长的状态。换言之，大多数农民工在外出前没有受过专业职业技术培训，半数以上的农民工是在进入城镇工作之后才参加职业培训，还有部分在进城前后都未参加培训。但大多数农民工都有获得职业培训的愿望，另外农民工也需要在城市生存技能、生活观念等方面得到培训。农民工在非农产业和城镇实现就业或创业的过程，也是他们融入一个新环境、开始一种新生活的过程，其间很可能产生一些有形或无形的矛盾冲突，甚至发生传统和现代两种生活方式或文化形态的碰撞，这在农民工进入城市特别是大城市的社会生活的过程中，表现得尤为明显。因此，应当对农民工进行城市生活常识和法律法规知识的宣传普及，引导他们自觉培养对城市文明的认同感和对城市生活的责任感。

面对农民工普遍、迫切的培训需求，我国政府从21世纪初开始着手筹备并实施对农民工进行培训的计划。2003年10月1日，新华社全文播发《2003—2010年全国农民工培训规划》，这是由农业部、劳动保障部、教育部、科技部、建设部、财政部等中央政府各行政部门，第一次针对农民工培训问题出台的权威性规划，具有十分重要的现实意义。2006年3月27日颁布的《国务院关于解决农民工问题的若干意见》明确规定了农民工职业培训的目标、措施以及责任承担等问题。意见第十三条指出："要加强农民工职业技能培训。各地要适应工业化、城镇化和农村劳动力转移就业的需要，大力开展农民工职业技能培训和引导性培训，提高农民转移就业能力和外出适应能力。扩大农村劳动力转移培训规模，提高培训质量。继续实施好农村劳动力转移培训阳光工程。完善农民工培训补贴办法，对参加培训的农民工给予适当培训费补贴。""劳动保障、农业、教育、科技、建设、财政、扶贫等部门要按照各自职能，切实做好农民工培训工作。强化用人单位对农民工的岗位培训责任，对不履行培训义务的用人单位，应按国家规定强制提取职工教育培训费，用于政府组织的培训。充分发挥各类教育、培训机构和工青妇组织的作用，多渠道、多层次、多形式开展农民工职业培训。建立由政府、用人单位和个人共同负担的农民工培训投入机制，中央和地方各级财政要加大支持力度。""我国的农民工职业培训实行政府、用人单位和个人共同负担的培训投入机制。"这种对农民工培训的投入方式，既体现了农民工培训由政府、企业和个人共同负担的原则，也有利于调动企业及农民工本人的培训积极性，提升培训质量和效果，提高培训补助资金使用效益。在政府的倡导与推动下，我国的农民工培训取得了一定的进展，在一定程度上满足了农民工的培训需求，并对他们在城市的就业、生活产生了积极影响。据统计，2008年教育系统共开展农村劳动力转移培训3 949.21万人次，其中引导性培训1 852万人次，技能性培训1 396.59万人次，转移后(进城农民工)培训 700.61 万人次。转移培训总数比 2007 年增加 122.36 万人次,其中技能性培训数量增加 14.86 万人次①。

虽然取得了一些进展,但总体上我国的农民工培训还处于起步阶段,发展并不顺利,遇到了不少困难,这其中主要的难题包括:农民工职业培训所需资金不足;农民工职业培训市场混乱;农民工职业培训效果不理想,覆盖面不广,教学质量不高;部分农民工参加培训的意愿不如理想的那么强;等等。产生这些问题的原因是多方面的,主要包括:我国现行的一些制度不利于农民工职业培训发展;农民工职业培训资金分担机制不合理;企业参与农民工职业培训程度较低;农民工职业培训市场监督管理机制不健全;等等。如果进一步分析,就会发现阻碍农民工培训顺利开展的因素非常复杂。例如:农民工本应具有参加培训的高昂热情,但是调查发现,目前农民工培训需求整体来看还不够旺盛。在预期收益、户籍等众多限制因素作用下,虽然他们的教育背景要好于农村劳动力的平均水平,但进城农民工实际接受培训的愿望远低于理想的培训情况。这主要有以下几个原因:一是职业培训的"经济门槛"过高。据相关调查发现,无论是职前还是在职培训,价格不菲的培训费用大多由农民工自己支付,对于众多进城农民工尤其是尚未就业的农民工,他们不具备这样的支付能力。二是农民工职业培训的"预期收益"不明朗。由于劳动力市场状况及外在的制度因素,农民工接受职业培训并不一定能带来短期收入的提高。有些农民工主要在非正规的次要劳动力市场卖"苦力",劳动数量、强度是工资的决定因素,技术提升并不能带来明显的增收。三是由于目前户籍等制度的限制。农民工在城里打工只是暂时行为,身份依然是农民,工作、住房都有相当大的不确定性,现实存在的风险性因素限制了他们投资培训的积极性②。农民工培训中存在的这些不足与困难,就构成了本书研究的主要内容。

第三节　农民工培训的重要意义

职业技能培训对于农民工在城市的工作与生活,对于帮助他们顺利地融入城市具有不可替代的作用。然而,当前我国农民工接受培训的状况还很不乐观。据统计,目前我国农民工接受过短期职业培训的占农民工总人数的 20%,接受过初级职业技术培训或教育的占 3.4%,接受过中等职业技术教育的占 0.13%,而没有接受过技术培训的高达 76.4%。另据不完全统计,目前

① 马思援.教育,为农民工进城铺路.中国青年报,2004(3).

② 陈凤.农民工在融入城市过程中的问题分析.宜宾学院学报,2006(9).

农村劳动力中，小学及以下文化程度占37.3%，初中文化程度占50.2%，高中文化程度占9.7%，中专文化程度占2.1%，大专及以上文化程度占0.6%，受过专业培训的农民占9.1%，农民工主要集中在工业、建筑和餐饮服务三个行业中就业①。

基于以上情况，农民工培训在我国具有特别重要和紧迫的意义，事关我国产业结构升级、农村人力资源开发、“三农”问题有效解决及城镇化战略的推行，是全面建设小康社会的重大步骤。农民工培训能否大规模、常态化地开展，是否卓有成效，是关系到我国经济、社会、文化等各个领域能否协调发展的重要问题。具体而言，农民工培训具有以下三点重要意义。

一、农民工培训是我国经济产业结构升级的需要

目前我国的经济正处于转型时期，产业结构处于升级和优化的关键阶段，第一产业劳动生产率大幅提高，第二、三产业稳步发展，高新技术产业所占比重显著增长。第二、三产业和新技术产业的发展，要求大量农村劳动力能够满足新的产业、行业发展需要。但由于农民工缺乏劳动技能，综合素质不高，不适应新的产业经济尤其是知识经济的要求，从而影响了其向非农产业和城镇的转移，甚至成为阻碍我国经济进一步发展的重要因素。尤其需要指出的是，农民工已成为我国产业工人的主体。据统计，在我国第二产业中农民工占从业人员的总数的57.6%，在第三产业的批发、零售、餐饮业中，农民工占从业人员总数的52%以上(国家统计局，2010)。这表示，作为产业主体的农民工，其素质的好坏与否将直接关系到我国国民经济的健康发展。

随着经济发展水平的提高和新兴产业的兴起，缺乏转岗就业技能的农民工就业难度越来越大，农民工素质亟待提高。这迫切要求农民工通过培训改变其原有的知识与技能结构，以适应非农产业市场对劳动力素质结构的要求，提高我国非农产业生产效率及产品的科技含量。

二、农民工培训是农村富余劳动力转移和城镇化建设的需要

农业劳动生产率的提高使农村形成大量富余劳动力，据统计，目前我国农村有1.5亿富余劳动力，每年还要新增600万农村劳动力，劳动力资源配置在城乡间呈现出非均衡状态。劳动力的富余不仅是人力资源的巨大浪费，还容易对农村社会稳定形成威胁，给农村现代化建设造成负担。因此，必须实施农村富余劳动力的转移和跨产业就业，减轻待业人口给农村带来的压力，同时改善农村人力资源结构，适应农村新型产业发展。当前，我国城市化建设的进程正在不断加快，这也为农村富余劳动力的转移带来了契机。新“市民”生活要

① 戴建春. 影响农民工收入增长的主观因素探思. 吉林农业科技学院学报，2009(18).

求与之相应的市民素质和市民教育。因此，无论是农村劳动力转移就业还是城市化的推行，都对农民工培训提出了要求。农民工只有在知识、技能及生活观、价值观等各方面接受教育和培训，才能适应新的产业、行业及岗位对劳动力素质的要求，适应新的生存、生活方式对相应文化水平的要求。

三、农民工培训是构筑和谐社会与学习型社会的需要

目前我国正致力于建设和谐社会、小康社会。和谐社会以人为本，人的发展是全面建设和谐社会的最终归宿。农村人口是我国人口的主要构成部分，改变目前农民素质不高、农业发展水平低、农村现代化进程缓慢的局面，是通往和谐社会的必经之路。大规模地开展农民工培训，是我国加强农民教育、提高农民科技文化水平和改善其生活质量的重要途径，有利于推动我国农村现代化进程与和谐社会建设。除此之外，随着经济发展方式的变化和社会的进步，我国正迈向学习化社会，终身教育的发展将促成学习型社会的形成。而随着全面建设小康社会、和谐社会的不断深入，“学习型”必将作为经济、社会进步以及各种社会关系形成的基础。学习型社会的形成，要求在终身教育体系构建过程中将广大农民纳入其中。事实上，农村终身教育的进展是影响我国整个终身教育体系构建的关键，这是由我国巨大的农村人口和相对低水平的农村经济、社会及教育发展状况所决定的。农民工培训作为农村教育的重要构成部分，对促进我国农村终身教育体系的构建、加快我国学习型社会进程具有重要意义。

第四节　有关农民工培训的研究与本书的创新之处

一、已有的研究与存在的不足

农民工问题引起全社会的广泛关注与思考的同时，学界也迅即展开了对农民工及其培训的研究，并取得了不少成果。当前对农民工进行系统研究的论著已有不少，其中包括绍阳、唐晓腾编著的《社会变迁中的农民流动》(2004)、余红、丁嫂嫂编著的《中国农民工调查》(2004)、李培林、刘翼《就业与制度变迁——两个特殊群体的求职过程》(2000)、魏津生、盛朗等编著的《中国流动人口研究》(2002)、钟水映的《人口流动与社会经济发展》(2000)、杨云善、时明德著《中国农民工问题研究》(2005)等。这些论著或者从如何正确认识和分析农民流动对农村和整个中国社会带来的影响、农民流动与农业生产发展的关联性等方面作出了客观、清晰地分析；或者对农民工的产生、壮大以及随之形成的产业大军所引发的一系列社会问题进行了全方位的阐述；或者研究了城市农民工的职业获得和社会流动以及流动过程中社会地位的变化，从中指出农民工从乡村到城市、从农民转变为非农产业的职工的流动过程中，其收入水平和经济地位得到显著提高,但总体的社会地位并没有发生明显的变化;等等。在“中国期刊全文数据库”中使用“农民工培训”为主题词进行搜索,检索到1999—2011年相关文献787篇,核心期刊则检索到119篇有关文章。在“中国优秀硕士学位论文全文数据库”中以“农民工培训”为主题词进行搜索,检索到有关硕士学位论文61篇。在“中国博士学位论文全文数据库”中以“农民工培训”为主题词进行搜索,检索到有关博士学位论文3篇。

这些已有的研究成果为农民工培训的后续研究提供了一定的基础,然而仔细梳理现有的成果,发现对农民工培训的研究存在以下不足: ① 对农民工全景式的研究比较多,专门针对农民工培训的研究深度不足;② 宏观的研究比较多,中观、微观的研究较少;③ 对农民工培训的研究大多采取非教育理论的视角,比如人力资本投资理论,而从教育理论自身出发对农民工培训的系统研究较少;④ 采用的研究方法比较单一,有的研究使用的是单纯的调查方法,有的使用的是思辨或质性的研究方法,把两种研究思路及其方法结合起来使用的研究较少;⑤ 研究生的学位论文大多是研究农民工培训中某一方面的问题,系统研究的较少;⑥ 描述现象、简单分析的研究比较多,全方位的、有深度的理论研究较少。

二、本书的创新

基于农民工培训的研究存在以上不足,本书在微观层面上详细研究了农民工培训的状态及其存在的问题,在此基础上提出改进的可行性建议。依托苏州市劳动人事局以及苏州市职业技术培训中心,选择了餐厅服务员、计算机操作员、中级电工维修三类农民工培训的工种进行调研,进行了大量的参与式观察、结构性以及非结构性的访谈、问卷调查。同时,本书还采用了文献分析的方法,力图从理论的角度阐释、解读所搜集到的即时数据。本书综合使用了质性研究与定量研究的方法,对农民工培训进行了深入、细致的研究,为提高农民工培训的质量与效益提供了全面、真实、有效的资料及建议。全书共分为八个部分: 第一部分导论,介绍农民工培训的有关概念、农民工培训的基本状况与存在的问题,论述农民工培训的重要意义;第一章依据问卷调查的数据,具体分析农民工学员多方面的状况,包括知识储备情况、能力发展情况与特点等;第二章分析农民工培训中任课教师的状况;第三章论述农民工参加培训的动力与目标;第四章讨论农民工培训中的课程;第五章探讨农民工培训的教学过程;第六章讨论农民工培训的结果及其评价;第七章论述影响农民工培训效果的环境因素。全书以大量翔实的第一手资料为基础,结合有关理论,努力挖掘资料内含的意义,力图对农民工培训进行全面的、深入的剖析,从而为我国农民工培训的研究增砖添瓦。

第一章 农民工学员的状况与特点

农民工培训在我国具有重要的意义，只有对数量庞大的农民工群体进行卓有成效的培训，让他们掌握一技之长，才能加快他们融入城市的步伐。农民工培训不仅能够帮助他们更好地在城市生存、发展，还能够促进我国由人口大国向劳动力资源大国转变，促进我国经济建设的发展，有利于我国社会的和谐稳定。当前我国的农民工培训取得了一些成绩，但也存在不少问题。要研究农民工培训，首先应从学术研究的角度全面了解、把握农民工的现状，为后续的讨论奠定基础。因此，本章着重分析从农民工培训中学员的一般状况、农民工学员的知识储备状况、能力发展状况以及农民工学员的显著特点。

第一节 农民工学员的基本状况

农村劳动力向非农产业和城镇转移，是建设现代农村、解决“三农”问题的重要途径，是经济和社会发展的必然要求，是我国进步的重要标志。随着经济的发展以及新兴行业的兴起，缺乏技术技能的劳动力就业难度将会增加。农民工只有接受技术与技能的培训，才能从根本上促进农村乃至整个中国的发展，才能更好地融入城市，在城市里寻得自身的发展。农民工培训也因而成为继农民工在城镇“准入问题”以及“权益维护问题”之后的又一前沿课题。

培训是一种有组织的知识传递、技能传递、标准传递、信息传递、信念传递、管理训诫行为。目前我国以培训技能传递为主，时间侧重在上岗前。徐军①根据国家农业部等部委文件，提出对拟向非农产业和城镇转移的农村劳动力所开展的转移就业前的引导性培训、职业技能培训以及对已转移到非农产业就业的农民工所进行的岗位培训都可以称为农村劳动力转移培训或者农民工培训。转移培训的特点包括培训主体多元化、培训模式多样化、培训就业一体化。培训工作增加了转移劳动力的人力资本存量。目前对于农民工的培训

① 徐军. 广西农村劳动力转移培训研究. 硕士论文. 广西师范大学，2006.

较多的是在制造业、住宿餐饮业和美容美发行业以及家政服务业方面的技能培训，以达到知识和信息传递、标准化作业、技能熟练等为目的。通过相关的职业技能培训使农民工能够掌握一技之长，同时实现地区范围内的稳定就业。

一、我国城市农民工学员的一般情况

农民工是一个具有流动性的庞大群体，根据国家统计局农民工统计监测调查，截至2008年底，全国农民工总数为22 542万人，其中户籍外就业的外出农民工数量为14 041万人，超过全国人口总数的10%，约占农村劳动力人口的30%。这些农民工外出务工大都选择从事餐饮业、服务业、建筑业、家政业以及一些加工行业，这些行业均为劳动密集型行业，技术含量相对较低。同时出于自身素质及完全脱离土地外出务工风险性高的考虑，使得农民工们不敢放弃对土地的经营承包权，认为在城市务工的这种兼业方式没有必要花更多的时间和精力去接受培训。

在接受培训的农民工群体中，有以下三种基本情况。

（一）农民工学员以青壮年居多

黄瑞玲等2010年在对江苏沿江8市1 516名农民工的调查分析中表明：江苏沿江8市的农民工年龄以20～39岁居多，占被调查对象总人数的73.55%，20岁以下的占9.83%，40～49岁占13.19%，50岁以上仅为3.43%①。

在此研究中，苏州市区的农民工学员年龄基本在18岁到40岁之间，其中20岁以下的占全部农民工学员总数的12.8%，21～25岁的占55.3%，26～30岁的占17%，31～35岁的占8.5%，36岁以上的占6.4%。由此可见，苏州地区的农民工学员是以青壮年为主，青壮年农民工愿意为了自身发展或为增加收入跳出农村到城市就业。而年轻人文化程度较高，学习的意愿和能力较强，更愿意接受新鲜事物。

2001年王春光首次提出新生代农民工这一概念：所谓新生代农民工，是相对于改革开放后于20世纪80年代中期到90年代中期从农业和农村中流出并进入非农产业就业的第一代农民工而言，具体主要是指出生在1980年以后、20世纪90年代后期进入城市打工的农民工②。研究发现，新生代农民工年纪轻，受教育程度高，无务农经历或者务农经历很短，外出打工的动机更多为发展型。他们渴望真正融入城市，实现从农民向城市居民的转变，自主创业

---

① 黄瑞玲，安二中，曹伟. 城市农民工就业生存状况实证研究——基于江苏沿江8市1 516位农民工的调查与分析. 经济问题探索，2010(8).

② 刘传江，程建林. 第二代农民工市民化：现状分析与进程测度. 人口研究，2008(32).

意识普遍增强。

新生代农民工在生活习惯、文化习俗、就业取向、价值目标等方面更接近城市居民，他们比第一代农民工更多了自主和自觉意识，更希望成为城市居民，更容易融入城市。新生代农民工普遍受教育时间较长，人力资本相对较高，收入水平也相对较高。第一代农民工多从事建筑工、矿工、搬运工，而新生代农民工的职业大多为服务性行业，如餐饮业、销售、家政等。选择维修等技术岗位的比例也有了很大增加，成为管理人员的农民工也越来越多。新生代农民工已不愿意再沿着第一代农民工的足迹，从事条件艰苦、风餐露宿的行业，开始追求轻松、待遇好，有发展潜力的职业，并且有很大部分开始自主创业。

（二）农民工学员的性别分布状况

黄瑞玲等的研究中，调查对象包括男性838名，占被调查对象的55.28%，女性678名，占被调查人数的44.72%。研究调查表明，在性别分布上，苏州地区农民工学员男性占51.1%，女性占48.9%，男女分布各半。在第一代农民工中，男性占多数，女性多数留在家中务农，照顾子女和老人。但随着城乡差距的缩小，越来越多的女性进入城市务工，寻求自身的发展。在调查中，很多农民工都为夫妻同在城市打工，政府的各项政策，如解决农民工子女的上学问题，农民工的权益保障等，都使得他们在城市的生活已经没有太多的后顾之忧。但是调查中也发现，在行业类别上男女农民工所占的比例还是有一定的差别，制造业、维修业及建筑业中多为男性农民工，女性农民工多从事餐饮服务业、纺织服装业等。因此，在对农民工进行职业技能培训时，也要根据性别、工作特点等进行有针对性的职业培训。

（三）农民工学员的主要来源地及就业途径

苏州自古就被称作“鱼米之乡”，新世纪以来，制造业、旅游业等发展很快，工业总量位居全国前列。随着苏州工业、旅游业、民营企业的大步发展，每年都有大量外来务工人员涌入苏州寻求发展。在本研究中，苏州市的农民工学员41.2%来自江苏省内，其中绝大多数来自苏北地区，外省的农民工学员多来自安徽、四川、陕西等省。据调查，第一代农民工的就业途径比较狭窄，多为老乡和熟人介绍，而新一代的农民工已经学会通过媒体、人才市场等多种途径来寻找工作。

二、农民工学员的心理和行为现状

（一）农民工学员的进城务工动机及未来的职业取向

当前农民工进城务工的动机主要包括以下因素：一方面，城市迅速发展，交通便捷，通讯发达，城市对乡镇居民的吸引在逐步加大，不少农民工进城的主要动机已不再是为了赚钱养家，改善家里生活。他们进城的主要动机已转变为寻求机会,谋求发展。这在新生代农民工身上表现特别明显。另一方面,现代农业的发展使得农村剩余劳动力增多,而乡镇企业的发展,城市外资的引入,不断产生的新兴行业使得城市需要大批劳动力。越来越多的农村劳动力通过招工等各种渠道进入城市的各行各业,并不乏有成就者。据此可以预测:新生代的农民工会比老一代农民工更积极寻求职业培训和发展的机会,更愿意留在城市发展和尝试创业,并希望有可能取得职业提升①。

但是农民工只是一种临时的职业身份,每个农民工都面临今后自己的职业走向问题。通过与农民工学员的访谈了解到,虽然大多数农民工对自己将来的职业走向并没有十分明确的规划,但是基本可分为留在城市发展、回乡、摇摆不定这三种。一部分农民工将未来的职业发展定位在城市,希望通过自己的努力转变成为"城里人",这部分农民工通常具备一定的技术,从事技术性工作,有在城市创业的资本;另一部分农民工的想法是在城市打几年工,有了一定积蓄后,仍然打算回乡工作,继续从事农业生产或者在乡镇企业工作,或回乡创业;摇摆不定的农民工群体对于未来职业走向尚不明确,通常的说法是先在城市干几年再看看。

孔师傅,37 岁,江苏泰州人,中专学历,来苏州工作 5 年,现在苏州开了一间电器维修店。孔师傅从事电器维修行业已有 10 年之久,在这 10 年中,曾在北京、山东等地自费参加过培训课程。从单位辞职以后,孔师傅出于对电器维修的兴趣,再加上参加过一些培训,有一技之长,就开了间电器维修店。虽然有一定的专业知识积累,但是从朋友那里了解到苏州某区开办维修电工培训班后,孔师傅又报名参加了。他说,虽然从事了近 10 年的家电维修工作,但是现在电视机这种家电,就有很多生产厂家,而且每个厂家又有很多型号,一种电路懂了,另一种又截然不同,需要进一步学习,不断学习,一旦不学习就会很快被淘汰。参加培训后,孔师傅觉得老师教得都很实用,他在工作中会用到相关的知识与实践操作。如今,孔师傅在苏州成了家、开了店,生意也还不错,孩子也在城里上了学。孔师傅说自己决定留在苏州发展,5 年下来了,有了自己的朋友圈子,适应了这座城市的生活,觉得自己一家人已经融入了这座城市。

(二) 农民工学员对职业培训需求的现状分析

温家宝总理在 2010 年的政府工作报告中指出:要继续加强职业技能培训,重点提高农民工和城乡新增劳动力的就业能力,并明确全国就业专项资金投入将达到 430 亿元。2010 年出台的《中共中央国务院关于加大统筹城乡发展力度进一步夯实农业农村发展基础的若干意见》以及《国务院办公厅关于进

① 夏凌翔. 农民工职业心理与行为的现状分析与政策建议. 华南农业大学学报(社会科学版),2011(11).

一步做好农民工培训工作的指导意见》中对农村劳动力转移培训工作都提出了明确要求，对参加劳动预备制培训后取得初级以上职业资格证书的农村“两后生”给予培训费补贴，逐步实施农村新成长劳动力免费劳动预备制培训。

在苏州职业技术中心，就培训动机的问题采访了部分参加培训的农民工学员。有些学员参加培训的动机较强，认为培训不需要交任何费用，在工作之余学一些自己想学习的东西，是一件好事。在城市如果想得到更好的发展，就应该多学习一些技术，在学习上遇到障碍，也能克服解决。但有些学员因为自身文化程度偏低，在学习时比较困难，同时因为工作忙碌、辛苦等原因，会放弃培训。另外，农民工就业流动性大，经常从一个城市流动到另一个城市，行业就业转换较快，也对他们的培训形成一定的阻碍。

除此之外，在访谈中，一些农民工学员对技能培训认识不够，认为自己在城市打工仅仅干活就可以了，根本不需要技能、安全以及维权等方面的培训。而自己来参加培训也是工作单位的要求，不得已才来参加。这种缺乏长远性和开拓性的考虑，使得他们对于培训的积极性不是很高。另有一些农民工学员坦言，在城市的用工制度中得不到保护，有的单位甚至不签订劳动合同，更不用说在养老、医疗等方面的保障。这使得他们一直处于一种“候鸟”式的短暂工作状态，从一个行业到另一个行业，从一个城市到另一个城市。这样频繁的行业转换，使很多农民工认为参加某一个工种的技能培训意义不大，从而影响了培训的积极性，只会在某一单位工作时应单位要求参加培训，而没有想过学习一些自己感兴趣的技能。因此，要调动农民工主动参加培训的积极性，从“要我培训”到“我要培训”这一过渡也是培训工作中的重要课题。

新生代农民工无论在受教育程度还是年龄结构、整体素质上来看，都可说是农村社会的精英和希望。但是他们与城市的人口素质相比，还是存在一定的差距。现代化进程的推进，使得劳动密集型产业朝着技术密集型产业发展，城市对劳动力的需求已不再是纯体力的劳动者。新生代农民工虽然文化程度比第一代农民工有所提高，但仍缺乏必要的专业知识和职业技能的培训，使得他们在进城务工的初期只能选择偏向体力劳动的、社会地位较低的工作。这样的职业大多环境恶劣，劳动时间长，劳动强度大，甚至享受不到基本的社会保障，并且在就业形势上也不容乐观。过去第一代农民工只要肯出力就能生存，而新生代农民工面临过剩经济时代的产业结构调整的复杂局面，不是单纯只要愿意出力就能生存的。同时他们对职业的期望值较高，即看不上低收入的体力活，又找不到高收入的工作。而在就业问题上，新生代农民工不仅要和第一代农民工竞争岗位，还要与另一个庞大的大学生群体来竞争岗位。所以新生代农民工要想就业顺利，必须参加培训，全面提升自己的职业技能和综合素质，才能适应产业升级和调整落后产能的客观要求①。

没有一技之长，农民工大多数只能从事对职业技术要求不高的工作，并且大多数是临时工，用人单位不会投入太多的资金用于他们的职业技能培训。而农民工想要在城市立足、发展，就必须尽可能地提升自身的素质。所以加强对农民工的文化知识和职业技能的培训，就成了一项刻不容缓的工作。各级政府和主管部门都应当重视并做好这项工作，把农民工整体素质的提高看成是工业化、城市化发展的基本条件。要加大投入、增加培训资源，配备必要的设施设备，提高培训教师的水平，开展农民工继续教育和职业技能培训，开展城市社会适应教育，帮助他们学习在城市发展所需要的职业技能、文化知识，帮助他们学习适应城市的制度和规则，提升他们各方面的能力和精神追求，从而使农民工适应在城市的发展，更好地融入城市。

（三）农民工学员的城市适应状况

农民工进入城市不仅仅是在空间上移居城市，更是指从农村居民向城市居民的转变过程，涉及到生活方式、价值观念和社会心理等各个方面。在这个过程中，他们不断地在工作生活方式、社会交往、社会心理上做出调节，从而适应他们现在所处的城市环境。这种“适应”可划分为三个方面：生存适应、社会适应和心理适应。这三个方面是依次递进的关系：农民工进入城市首先是获得一份工作，才能在城市中生存下去；而后有了改变生活方式和社会交往的进一步要求；最终在心理上适应，对城市生活逐渐认同。只有在心理上适应了，才能说明农民工被城市文化同化，完全地融入城市社会。

1. 生存适应

大部分农民工在进入城市务工初期，只是想找一份相对稳定的工作，主要在意的是收入能够维持在这座城市吃饭住宿的问题。城市的生活水平高于农村，农民工要想在城市立足，首要条件就是要有物质的保障。解决了最基本的消费问题后，才有了在这个城市继续生活的基础和立足的资本。我们把农民工在经济层面上的适应，称为生存适应。

在调查中可以了解到，城市的生活成本高于农村，在居住问题上，农民工主要有单位集体宿舍、建筑工地工棚、租赁民房等三种居住形式。大多数农民工一方面由于收入的原因，另一方面考虑到城市只是自己暂时的栖身之地，对于住房的要求只要能够满足休息和存放自己物品的需要就可以了。在苏州市区及周边地区租房的费用较高，会成为农民工生活中一项较大的支出，所以很多农民工选择群租的方式，通常是几个人，甚至十几个人居住在一套房子里，

① 徐新林.新生代农民工城市生存处境及社会调适.中共四川省委党校学报，2010(3).

生活极其不便，卫生状况也很差。有时会遭到周围邻居的投诉，甚至小区物业的驱赶，这使农民工在城市里生活缺乏安全感。

随着物价的上涨，农民工在衣食住行上的开支也在逐年增加。有子女的农民工在子女的教育开支上更是负担重重，大部分农民工又都有往家中汇款的压力。在这样的情况下，农民工自己的生存消费被压缩到了最低的限度，用于娱乐和学习的费用更是少之又少。由于农民工需求较低，在经济层面上的适应比较容易，但是这种适应只是一种出于生存适应的状态。

2. 社会适应

社会适应是指农民工与城市居民互动的行为方式与日常生活方式方面的适应。生活方式具有鲜明的群体性，不是纯粹的个人生活的形式与特点。城市与农村的生活方式差别很大，农民工进入城市后，在维持了正常的生活情况下，会在日常生活中学习适应城市。开始学习使用普通话进行交流，甚至学习当地方言。这种向城市生活靠拢的方式，可以称为农民工行为方式和生活方式的城市化①。这些外部的变化实质上反映出农民工在生存需求上的更高需要，显示了他们适应城市的主动性。

农民工普遍业余生活比较单调，一方面是劳动时间长，劳动强度大，下班后没有精力娱乐；另一方面农民工与城市居民接触不多，多与老乡、熟人交往，缺乏城市的文化消费需求。与城市居民交往是农民工适应城市的主要途径，然而由于受教育程度、生活习惯等方面的原因，城市居民本能地与农民工隔绝，不愿与他们多交往。农民工与城市居民的交往仅限于表面，没有情感的交流。这样的歧视无疑打击了农民工想融入城市的热情，使农民工更情愿和自己的群体交往。在生活以及工作中一旦出现问题，他们更多倾向于找老乡或者熟人帮忙。一般而言，文化程度高的农民工社会交往的能力较高，较易结识更多的城市居民。

3. 心理适应

心理适应是农民工适应城市的最高等级，是真正融入城市的标志。所谓“融入”，就是农民工与城市居民，不再有身份和地位的不同，真正合为一体。中国的大部分农村与城市之间的经济发展水平和生活水平存在一定差距。农民工一进入城市，这种差距就立刻呈现在他们面前。而进入城市的农民工在职业、居住条件等方面，大多数处于明显的劣势地位，面对这样的情况，每个人的适应能力差异使得他们在心理层面上产生不同的反应。

农民工鲜有节假日，在很多场合不被尊重，不少企业也没有为他们提供相

① 朱力. 论农民工阶层的城市适应. 江海学刊，2002(6).

应的保险和社会保障。尤其是新生代农民工,他们向往城市,已经把城市看成自己的最终归属,然而他们中的大多数却过着起早贪黑、高劳动强度的工作,不能尽情享受城市的生活,从而内心产生了巨大的心理落差。他们也十分渴望"城市居民"的身份认同,但长期的二元分割的城乡制度,形成了城乡隔离的制度文化,也遗留下城市居民歧视农村居民的文化心理。一些城市居民对农民工表现出明显的身份优越感与职业歧视,这大大伤害了他们的人格和尊严,使他们在心理上产生更多的被歧视感和被剥夺感。农民工的心理困境已经成为他们在融入城市过程中急需解决的重要问题①,这使得他们在与城市居民接触和交往时产生困难,从而阻碍了他们对于城市归属感的形成,最终让他们难以真正融入城市。

农民工子女的教育问题也是影响农民工在城市安身立命的一大因素。农民工为城市的建设做出了巨大贡献,但是当他们的孩子随着打工的父母来到城市读书时,却不能享受到与城市孩子同样的就学权利。"农民工子弟学校"的出现虽然在一定程度上解决了农民工子女的上学问题,但是从某种意义上来说,也是带有一些歧视性意味的产物。农民工子弟学校多建在城市的边缘位置,学校的硬件设施与城市学校差别很大,学校往往缺乏稳定性,师资力量也有待提高。更重要的是在于,将农民工子女与城市的孩子分割开来,与城市孩子没有交集。农民工子女虽然生活在城市,可是缺乏对城市的认同感,与城市的生活也几乎没有交集。而没有随着父母进城的那部分孩子,就成了农村的"留守儿童",长期不能与父母见面,得不到父母的关爱,对他们身心和人格的健康成长也有一定的影响。对于子女教育问题的担忧,也会影响农民工在城市安心工作,加重了他们融入城市的心理障碍②。

第二节　农民工学员的基本特点

一、农民工的特征分析

1. 地区与行业流动性强

农民工不同于有着固定住所和收入的城市居民,也不同于留在农村种地的农民,他们具有非常大的流动性,他们会向着容易找到工作、工资高、吃住成本较低的地方流动。据调查,大多数农民工都有在两个或两个以上城市打过工的经历,他们主要是从内地流向沿海城市,从经济欠发达地区流向经济发达

① 林凤章. 新生代农民工的困境分析. 内蒙古农业大学学报(社会科学版),2010(12).

② 陈凤. 农民工在融入城市过程中的问题分析. 宜宾学院学报,2006(9).

地区。

农民工的流动性不仅表现在地区之间，同时也表现在行业之间。大部分农民工在进城务工的过程中，往往会在不同的单位、不同的岗位之间频繁流动，他们觉得哪个行业待遇好，就会向哪个行业流动。从农民工个体来讲，其流动性虽然具有随意性的特点，却不是盲目的，他们的流动往往要以亲缘、地缘等为纽带建立起相应的社会信息网络为基础。

2. 整体文化程度偏低

无论是受教育程度还是各种职业技术能力，农民工与城市劳动力都存在很大的差距，这是整个农民工群体的显著特征。当前我国农村劳动力整体受教育程度仍然偏低，虽然进城务工的农民工的受教育水平要高于农村的整体水平，但是由于受到整个农村受教育程度不高的大环境的影响，导致进城务工的农民工与城市劳动力相比，文化程度仍然偏低。而这种偏低的文化层次又在很大程度上制约了农民工群体的发展，大部分农民工只能从事一些收入不高、又脏又累的体力活，而这些工作又阻碍了其能力的发展。

3. 就业非正规化

正规就业主要是指行政、事业单位和受劳工、税收、社会保障等国家制度调控或约束的企业里的终身制或合同工制的劳动者的就业状态。正规就业者享受法律规定的工资待遇和医疗保险、工龄补贴等社会福利和社会保障。正规就业外的就业形式为非正规就业，包括非正规经济部门的就业和正规经济部门的临时工、兼业等非正规就业。

农民工就业的一个主要特点就是就业非正规化，这直接导致了农民工在城市就业过程中受到不公正的待遇，除了无法享受在正规单位就业应有的工资、生活、医疗、养老等福利之外，"同工不同酬"、拖欠工资、签订歧视性工作合同等现象也十分普遍。

造成当前我国农民工多以非正规就业为主的原因有两方面：一方面，许多地方政府从自身的实际利益出发，为保证当地城市人口就业而制定了一系列保护本地劳动力的措施和规章，这些措施和规章在很大程度上制约了农民工的就业选择，限制了农民工的就业空间，导致他们只能选择在各种非正规部门工作；另一方面，农民工与城市劳动力相比也存在许多劣势，他们在文化程度、经济实力、社会资本、操作能力等方面都不及城市居民。因此，农民工不适合在具有较强组织纪律性、有较高技能和学历要求的正规经济部门就业。

由于上述原因的限制，大部分农民工只能寻找一些技术含量低甚至单纯的体力劳动类型的工作。据调查，大多数农民工进城后集中在城市传统部门就业，即"3D"：险——danger，脏——dirty、难——difficult 的行业，如建筑、制造、交通运输、批发零售、餐饮、家政及维修行业等。

4. 社会地位边缘化

农民工是介于产业工人与传统农民之间的双向流动群体，属于“亦工亦农、非工非农、亦城亦乡、非城非乡”的特殊社会群体。在当前我国的劳动力管理政策与户籍管理制度下，农民工属于社会边缘群体。

随着我国社会的发展，城市管理体制虽然已有了较大的改善，以户籍制度为核心的城乡隔离政策也有所松动，但是农民工的地位并没有因此而得到根本改变，城市对农民工经济制度的接纳和社会制度上的不接纳这一矛盾依然存在。农民工仍是被城镇社会所排斥的人口，同时也是被城镇劳动就业制度与社会保障体系所排斥的对象，农民工仍然处于社会边缘化的地位。①

二、新生代农民工的特征分析

新生代农民工是指1980年以后出生、年龄在16—30岁之间、20世纪90年代中后期外出务工、主要从事第二、三产业劳动，但户籍身份是农民的劳动者。中国青少年研究中心发布的研究报告显示：新生代农民工正在不断壮大，目前已超过1亿人，他们正逐渐成为农民工群体的主体。同时，他们不熟悉农业、农村和农民，对城市生活比对农村生活更为熟悉，他们渴望进入、融入城市社会。

（一）新生代农民工就业特征

1. 就业稳定性差

新生代农民工选择的绝大多数是制造业、服务业等临时性、补充性岗位，劳动力转移率非常突出，究其原因可以归结为以下两个方面：

一是主观因素。新生代个体更加崇尚自由而缺乏吃苦耐劳精神，新生代农民工渴望自由、追求个性，宁愿少赚点钱也不愿太长时间地加班。他们更看重用工单位的软环境，许多新生代农民工因为生活、生产环境和空闲时间不足而跳槽，但过于频繁的跳槽也使得他们对每个行业、岗位只有片面的了解，对每一项职业技能也只能停留在刚起步的水平。他们不愿承担城市里低端的重体力活，又无法胜任复杂的技能型和知识型工作，因而难以在城市找到合适的定位。新生代农民工家庭负担的降低也使得他们的工作稳定性有所降低。新生代农民工大多是家里的独生子女，没有沉重的家庭负担，也不用成为家里的主要经济来源，他们外出打工的目的也不再是养家糊口，对稳定的工作收入渴望程度降低，选择也更为自由，强烈的自我意识使得他们希望在更广阔的空间成就自我价值。

---

① 罗兆祥，罗帅. 我国农民工群体特征研究. 牡丹江大学学报，2008(17).

二是社会因素。近年来用工荒频现，新生代农民工与用工单位的谈判筹码增加。用工荒是指用工短缺现象，它的出现是多方原因造成的，其中既受世界经济形势影响，也和农民工待遇问题有很大关联。由于中国人口再生产类型逐步进入低生育阶段，这意味着农村不再有净增劳动力可供大规模转移。但这种情况却增加了新生代农民工与企业谈判的筹码，所以新生代农民工在对工资待遇提出新要求的同时，对工作环境、福利待遇、职业前景，乃至业余生活等方面的诉求也在增加。

2. 文化程度以初中教育水平为主

新生代农民工以初中文化程度为多数，且高中及以上文化程度的比例正在逐步提高。具有一定文化知识使得他们能够通过报刊、书籍以及网络等媒介获取到大量的知识和信息，在一定程度上拓展了视野，同时也提高了对新鲜事物的接受能力。

3. 权利意识逐步增强

由于新生代农民工长期在城市生活、工作，获取了城市丰富的资讯，且大多数接受过九年的义务教育，加之有部分新生代农民工还接受了城市先进的文化教育培训，所以他们对劳动法律制度也更为熟悉，在与企业建立劳动关系前会对工作时间、工作环境以及休假制度等的执行是否符合《劳动法》的相关规定作更多的了解。不仅如此，新生代农民工还希望自己能被尊重和认可，在求职过程中一旦遇到侵犯自身权益的事也不再忍气吞声，会为了争取公平的社会待遇而进行抗争。

4. 渴望融入城市

虽然农民工为国民财富的增加、经济的增长付出了辛勤的劳动，但是由于身份差异，农民工和城镇劳动力之间普遍存在"同工不同酬"的现象，这就意味着农民工没有能获得相应的权利和报酬。而新生代农民工由于自身文化水平的提高和权利意识的增强，使得他们对社会和企业提供的工作有了更多的选择性，同时也有了争取更多平等待遇的底气。

新生代农民工长期生活在城市，并且希望能在城市扎根生活。然而他们来到城市务工，和城市职工为城市建设作出一样的贡献，和城市职工一样是"纳税人"，却不能和城市职工享有同样的劳动就业、教育培训、住房待遇、生活福利等社会保障权益。① 由于大多数的农民工社会保险缺失，工伤保险参保率低，伤残医治难以获得赔偿，游离在两种保障体系之外的尴尬局面使得他们在无法享受到农村保障的同时，也无法享受到城市保障。长久以来未能享有社

① 吴漾. 论新生代农民工的特点. 东岳论丛，2009(30).

会保障权益已成为新生代农民工进入、融入城市社会的一道壁垒。

（二）新生代农民工和老一代农民工的比较研究

1. 新生代农民工文化程度相对较高

中国农民工调研报告显示：在20世纪90年代从农村外出务工经商的劳动力中，初中教育水平的比重高于文盲、半文盲、小学、高中、大专的比重。而在20世纪80年代，则是小学教育水平的比重最高。所以，与上一代大多是文盲半文盲的农民工相比，新生代农民工受教育程度相对较高。

2. 新生代农民工消费观念更加开放

老一代农民工大多是为了养家糊口才进城打工挣钱，因此他们生活十分节俭，赚的钱大都会存下来留给家里。而新生代农民工多是从小跟随着打工的父辈在城市成长或者是从学校毕业后就直接进城打工，所以城市人的消费观念对新生代农民工的影响更大，他们的花销不再像父辈那样仅用于简单的衣食住行，他们会把钱花在购买电子产品、数码用品、时装等各个方面，甚至包括汽车和住房等，并且对高档商品和时尚性商品的消费有着一定的渴求，网吧、健身、阅读书报、参观博物馆、参加培训班等，已经进入了他们的休闲消费视野。而这种情况应该说是老一代农民工所缺少的或是根本不具有的。

据调查，由于受城市现代消费观念的影响，新生代农民工用于娱乐和改善生活质量方面的消费比例已有显著增加，而在消费的理性与非理性测量上，新生代农民工对于消费产品获得性欲望显著提高，模仿性强，攀比心理上升。虽然新生代农民工的消费水平有了很大提高，但是由于他们淡薄储蓄意识和工资收入没有随着消费水平的提高而成正比增长，导致他们的积蓄很少。

3. 新生代农民工生活目标明显转移

老一代农民工比较记挂自己赖以生存的土地，终归要回到农村去生活。而新生代农民工却没有父辈那么强烈的乡土情结，因为他们中的大多数是在城市长大甚至出生在城市，对于城市的依赖感和归属感要远远大于农村，再加上没有务农经验，所以他们更希望留在城市中生活。

4. 新老两代农民工生活方式差别显著

两代农民工群体在娱乐活动方面有着明显的差别：新生代农民工从小接触的多是城市的大众文化，他们受城市的大众文化和流行时尚文化的影响，所以和城里同龄人的差距相对较小，日常穿着、谈吐以及生活习惯基本与城里人一样。闲暇娱乐方式也与老一代农民工截然不同，新生代农民工更倾向选择听音乐、上网作为自己的城市生活方式，而老一代农民工却鲜有娱乐休闲活动。

5. 新生代农民工维权意识不断增强

虽然农民工已经成为我国工人阶级队伍中的主要组成部分,但是与城市的工人相比,农民工做同样的工作却往往是“同工不同酬”。农民工的收入和普通工人的收入有很大差距,农民工务工月均收入只有城镇职工月均收入的六成左右,且每年工资的增长幅度也比城镇职工小。大多数农民工少有节假日,基本权利也没有受到尊重,不少企业没有为他们提供相应的保险和社会保障。面对这一情况,老一代农民工为了保住自己的饭碗,对这类不公正待遇往往是逆来顺受、能忍则忍。而新生代农民工在遇到矛盾时,不再像父辈那样忍气吞声,他们重视自己的尊严和自身付出得到的回报是否合理,他们对法律知识有一定了解,在面对不公正的待遇时,他们更倾向于通过合法的手段和自身不懈的努力维护自己的权益。

综上所述,新生代农民工所显示出的主要特征已逐渐成为农民工群体整体上的重要特征:与城市的联系越来越紧密,对于城市的依赖性也越来越强。因此,分析新生代农民工的特点,对于理解农民工这一群体的发展变化以及针对这些特征制订适合他们的培训方案是十分重要的。

三、农民工学员的主要特征

农民工职业技能培训是农民工人力资本投资和积累的重要途径,它对于提升农民工的劳动技能,增强农民工的职业适应性,改善农民工的就业部门和工种岗位,增加农民工收入和提高其城市适应能力具有极其重要的意义。在国家政策的大力推动下,在全国各地开展农民工培训的工作取得了较好的成绩,但同时也由于农民工本身的因素在一定程度上制约了农民工培训工作的顺利开展。

1. 农民工学员的学历较低

必要的文化知识水平是农民工接受教育培训的基础,没有相应的学历教育,没有必要的文化知识学习,会对农民工教育培训形成很大障碍。学历低已成为农民工接受教育培训的一个重要问题。目前,我国农民工学历均以初中水平为主。① 虽然许多农民工有接受教育培训的强烈愿望,但由于自身文化水平较低,对培训内容难以理解,因此不敢参加或不得不半途而废。

2. 技能水平起点不同

技能培训是农民工进入城市工作生活所必须的,但是许多农民工在打工前往往没有机会接受培训。多数的农民工培训都是以“边干边学”形式进行的,接受政府和学校组织的培训的农民工比例较小。缺乏必要的培训预备增

① 刘奉越. 农民工培训的障碍因素及对策分析. 成人教育,2009.

加了农民工跨行业流动和农民向城市流动的难度。据有关调查显示，农民的收入水平与其科技文化素质呈明显的正比关系。我国农村劳动者科技文化素质不高，不仅直接影响着农民的经济收入，也严重制约着农业劳动效率的提高，影响了国民经济和社会的可持续发展。

3. 接受培训的经济障碍和时间缺乏

农民工工资收入低而城市生活费用高是一个困扰农民工城市生活的重要问题。农民工家庭负担比较重，劳动时间长，劳动强度大，在一定程度上影响了农民工接受教育培训，使农民工的培训可能性变小。

4. 对培训的重要性缺乏认识

虽然大多数的农民工学员有接受教育培训的愿望，但有的农民工学员由于受自给自足自然经济思想的束缚，认为没有必要接受培训也能丰衣足食；有的安于现状、止于惰性，认为生活过得去，不愿意再学习；有的视野较窄、目光短浅，认为参加培训影响赚钱，纯粹是浪费时间；有的对学习知识没有兴趣或对掌握新知识没有信心，认为自己无法掌握一门技能或者是抱着会什么就干什么的态度，不能正确认识培训对自己技能提高与收入增加之间的关系；等等。① 因此，许多农民工学员参与培训的积极性和主动性并不高，导致培训流于形式。

第三节　农民工学员的知识储备状况

“三农”问题是社会主义新农村建设中的重要问题。增加农民收入，使农民由温饱进入小康是一个重大的历史任务。而做好农民工培训工作就是要以科技知识武装农民的头脑，让农民工通过参加培训掌握技能，尽早富裕起来。②

一直以来，农民工以其廉价的劳动力为中国的经济发展、城市的工业化和城市化进程做出了巨大的贡献，但是农民工群体的自身职业状况并没有随着经济的发展而得到提升。我国农民工主要集中在建筑业、制造业、餐饮业及家政服务业等劳动密集型行业，这些低附加值、低回报的行业由于并不需要掌握大量的科学技术，使得农民工在自身职业发展上裹足不前。

一、农民工学员文化程度状况

2003 年《全国新型农民科技培训规划（2003—2010 年）》指出：我国农民平均受教育年限不足 7 年，农村劳动力中，小学文化程度和文盲、半文盲占总数的 40.31%，初中文化程度占 48.07%，高中以上文化程度仅占 11.62%，系

---

① 于伟，秦玉友. 农民工教育培训状况及对策研究. 东北师范大学学报，2007.

② 王一群. 浅析当前农民职业培训中的问题及对策. 益阳职业技术学院学报，2004(2).

统接受农业职业教育的农村劳动力不到5%。6年后,2009年的统计数据中:外出农民工文盲占1.1%,小学文化程度占10.6%,初中文化程度占64.8%,高中文化程度占13.1%,中专及以上文化程度占10.4%,高中及以上文化程度占23.5%。从年龄组看,低年龄组中高学历比例要明显高于高年龄组,30岁以下各年龄组中,接受过高中及以上教育的比例均在26%以上,其中21~25岁年龄组中接受过高中及以上教育的比例达到31.1%。

2010年在对苏州职业技术培训中心的餐厅服务员、计算机操作员、维修电工这三类农民工培训工种进行的调查中,农民工学员小学及以下文化程度占2.1%,初中文化程度占44.7%(其中90.5%的样本年龄在30岁及以下),高中及职高文化程度占34.1%(其中87.5%的样本年龄在30岁及以下),大专及以上文化程度占19.1%(其中77.8%的样本年龄在30岁及以下)。这说明在30岁及以下年龄组中,文化程度都比第一代农民工明显有了提高。

科技的发展对技术的要求越来越高,用人单位需要高技能员工的比例越来越大,而高技能要求较高的受教育程度。大多数农民工学员在学校时间都比较少,这使得他们的知识储备严重不足,知识水平较低,从而影响了其职业知识素养的质量,进而在专业知识以及专业技能方面非常欠缺。

有越来越多的农民工开始通过勤奋学习丰富自己的专业知识储备,学习职业技能,提高自身文化素养,并逐步成为企业的生产骨干甚至管理者,在一定程度上摆脱了职业"苦力"的底层困境,真正融入到城市的工作生活中。

二、农民工学员职业技能培训状况

随着我国经济的快速发展和工业化进程的加快,我国产业结构也在不断优化和升级,各种加工制造业对人才素质的要求也越来越高,已经开始由体力型向技能型转变,没有一定技术的农民工就业的空间变得越来越小,他们的就业竞争力也会变得越来越弱。正如邓小平所指出:"劳动者只有具备较高的科学文化水平,丰富的生产经验,先进的劳动技能,才能在现代化的生产中发挥更大的作用。"①

必要的职业技能培训是农民工进入城市工作生活之前所必需的,但是许多农民工在打工之前都没有接受过任何职业技能培训。在2009年的统计数据中,从外出农民工接受技能培训的情况看,51.1%的外出农民工没有接受过任何形式的技能培训。且文化程度越低,接受过技能培训的比例也越低。在接受过技能培训的农民工中,文盲、半文盲占26.3%,小学文化程度的占35.5%,初中文化程度的占48%,高中和中专以上文化程度的分别为54.8%

① 李文彪,夏兰.城市农民工职业教育的现状、问题及对策.农业参考,2010(6).

和62.5%。在接受过培训的农民工中调查表明,他们主要也只是接受过短期的劳动技能培训。据国务院研究室发布的《中国农民工调研报告》显示,我国农村劳动力接受过短期职业技术培训的有20%,接受过初级职业技术培训或教育的有3.4%,接受过中等职业技术教育的有0.13%。在针对苏州市农民工学员的调查中,61.7%的农民工学员以往没有接受过任何形式的技能培训,接受过培训的农民工学员66.7%为高中及以上文化程度。

经济的发展需要大量掌握科学技术知识、职业技能过硬的人力资源。农民工在原本文化知识水平相对不足的情况下,每天重复着低附加值、低回报的劳动密集型工作,以单一的技能获得满足生活的报酬,这无论是对于国家还是企业甚至农民工个人都是不利的。他们急需通过继续教育和职业技能培训来提升自己各方面的能力。新的技术、新的设备更新迅速,农民工每天都面对新的挑战,不学习、不接受培训将直接面临优胜劣汰。在调查中,很多农民工学员都已经意识到没有一门过硬的技术会给自己的工作带来很多问题。文化水平低,劳动技能缺乏,将难以适应城市的需要,只有参加一定的培训才能适应市场的竞争,使自身从劳动力市场进入到人才市场。

农民工是参加培训的直接参与者和受益者,通过继续教育与职业技能培训,农民工可以提升自身素质和职业技能,提高就业能力,扩大就业空间,提高个人收入。并且可以通过不断学习,逐渐提高技能学习的难度,最终成为行业中职业技能的佼佼者,成为城市发展不可或缺的人才,真正融入城市的生活中。

三、农民工学员参加培训的意愿

相对于老一代的农民工,新生代农民工眼界更加开阔,他们逐渐具有了通过继续教育和职业技能培训改变自己生存状况的愿望。在针对苏州市的农民工学员调查中,78.3%的农民工学员参加培训的原因是为了掌握工作的技能,92.6%的学员认为自己所做的工作需要接受培训。这说明目前农民工在参加培训方面有了主观的需求。

但是农民工职业培训的意愿仍然受到多种因素的影响:一是经济因素。调查中发现,因为城市生活水平较高,而农民工收入低,这样他们在基本生活支出后已没有经济能力支付培训所需要的费用。为此,苏州市对进城务工农民工全面实施免费职业指导和职业技能培训,这解决了部分农民工对于经济压力带来的不能接受培训的问题。二是未来职业取向。大部分农民工在开始进入城市时,并没有明确考虑从事什么样的职业,多为老乡和熟人介绍,或者通过劳务中介,觉得只要有工作干就行了,率先考虑的多为收入因素。随着时间的变化,对城市有了更多的了解后,开始考虑行业、工作环境、今后发展等各方面的问题。对于培训的需求也会根据自己的需要发生变化。当没有把现在的工作作为自己长期的职业目标时,就会影响他们对目前职业技能培训的投入。三是个人学习能力与意识。农民工普遍文化程度较低,有部分是在学校期间就不爱学习或者不愿学习,所以参加培训有时也会半途而废,没有坚持下去。安于现状,缺乏学习意识也是影响参加职业技能培训的原因之一。另外,当前农民工的劳动时间长,劳动强度大,在一定程度上也影响了农民工接受教育培训。

目前大多数农民工都有接受职业技能培训的愿望,认为在打工前应该接受就业及职业培训,他们会倾向于针对自己可能从事的或者感兴趣的行业进行培训。部分农民工认为用人单位应该集中培训考核,然后择优录用较为理想,这样对于培训的积极性也会提高。也有相当数量的农民工希望能够按照个人兴趣接受培训,然后自己寻找合适的单位就业更加理想。

第四节 农民工学员的能力发展状况

一、农民工学员的能力发展状况

(一)农民工学员的学习能力

学习能力一般是指人们在正式学习或非正式学习环境下,自我求知、做事、发展的能力。它实际上就是指个体运用科学的学习方法独立地获取信息,加工和利用信息,分析和解决实际问题的一种个性特征。学习能力的高低直接影响到个体完成任务的效率和成绩。学习能力强的个体,会更加迅速地认知到学习的方法,并经常演练这些方法使之成为习惯,使自己对学习内容又快又透彻地领悟,同时促进能力和知识的加速成长。

大多数农民工只接受过基本文化知识的教育,老一代农民工的文化程度以小学和初中文化为主,随着九年制义务教育的普及,农村人口的文化水平有所提高,现在新生代农民工以初中文化为主。但是,新生代农民工的文化素质还是处于较低的状态,这使得他们所能从事的岗位受到限制,绝大多数人都只能从事低技术含量工作或体力活,他们几乎承揽了城镇无人问津的所有脏、苦、重、累的体力劳动。[①] 同时,这样的工作环境又制约了农民工学习能力的培养,因为这些岗位更多要求执行能力,而较少的需要主动学习和思考,所以大多数农民工从事低技术含量工作或体力活又限制了其自身能力的提高。

笔者在调查中发现:喜欢看书和思考的农民工学员占样本数的62.9%,

---

① 戴建春.影响农民工收入增长的主观因素探思.吉林农业科技学院学报,2009(18).

说明大多数农民工学员具有一定的学习能力并且对知识有较强的需求；总样本中有55.5%的农民工学员在实际工作遇到问题时或是在工作结束以后，会想想自己是怎么做的，说明大多数农民工学员在遇到工作、生活中的问题时，可以在一定程度上运用自己的思考能力并且也乐意对已完成的工作进行反思；而在实际培训中，只有极为少数的农民工学员在没有老师教导的情况下，可以完全看懂教材内容，这类学员在总样本中的比重为7.4%，这说明虽然大部分的农民工学员能够在教师的指导下掌握和应用知识，但是他们的自学能力普遍较低，同时学习积极性也不高。

（二）农民工学员的问题解决能力

问题解决是一种极其复杂的心理过程，它是由一定的问题情境引起，经过一系列具有目标引向性的认知操作，使问题得以解决的心理历程。问题解决者的最初状态称为当前状态，而所要达到的目标称为目标状态。问题解决受到许多因素的影响，如问题的性质、个人的能力和经验等。如今全球化和现代化正构建着一个不断变化和交融的世界，科学技术迅速发展，自然问题、社会问题层出不穷，这就意味着个体每时每刻都在面临着各种各样的问题，能否解决这些问题对个体而言有着非常重大的生存意义，因此只有拥有了问题解决的能力，才能够面对并立足于这个世界。

农民工的问题解决能力主要是指农民工处理问题时的态度和行为方式。在每天的生活中，农民工都会面临并解决各式各样的问题，这些问题不仅出现在生活中，而且也会出现在工作中，所以发展其问题解决的能力就显得至关重要。调研结果显示：大多数农民工学员在解决工作和生活中的问题时，能够举一反三并能通过思考减少定势对问题解决的不利影响，这表现为农民工学员在做比较复杂的事情时，会事先思考、做计划并且会把整个操作过程分成具体步骤来进行，而他们在生活或工作中遇到难题时，也会经常回想以前遇到过的类似难题，从中找出解决眼前难题的办法，这类农民工学员占样本总数的63%；但在面临比较复杂的事情时，调查的总样本中仍有63%的农民工学员无法使用几种不同的办法来解决问题，这说明大多数农民工学员不能瞻前顾后、未雨绸缪、按部就班的解决问题，且采用的方法也比较单一。农民工学员的文化水平对问题解决能力有较大影响，主要表现在对问题情境的分析、计划能力和变通能力等方面，农民工的问题解决能力也受到相关经验的影响。

（三）农民工学员的社会认知能力

社会认知是指人对来自他人、自己和周围环境的社会信息，如社会性客体之间关系（人、人际关系、社会群体、自我、社会角色、周围环境）的认知，以及对这种认知与人的社会行为之间关系的理解和推断①。一个人可以通过对他人的言谈、举止、仪表神情以及行为习惯等方面的观察和了解形成关于他人的印象,对他人及其行为做出判断与评价,并进一步解释和推论他人的行为。社会认知受到认知者的原有经验、价值观念、情感状态、认知偏见等认知者本身因素以及认知对象的魅力、知名度、认知对象的自我表现等认知对象本身因素的影响。

国内相关研究发现,农民工作为一个特殊群体,在特殊的处境中塑造了特殊的社会心理,如:大部分农民工进城后,由于自身受教育程度、职业技能、工作经验以及社会交往层面都处于劣势,常会产生失落感,而且在城市生活中的不适应感导致的焦虑心理,会促使他们更加地自卑和敏感,造成民工与城市主流社会和主流文化的疏离,强化他们独在异乡的孤独感。因此,他们大多抱着一种过客心态,认为现在只是在城市挣钱,最终归属还是自己的家乡。农民工要真正融入城市的生活,就需要内化城市的文化价值观念、生活方式,在心理上获得认同,在情感上找到归宿。因此,良好的社会认知是农民工适应与融入其城市生活的基础。

笔者的调研结果显示:在培训中,大多数农民工学员对自己的学习能力和工作能力并不自信,他们不能肯定自己能很好地完成各项学习任务和领导安排的各项工作任务,并且在学习的坚持性方面也表现出不自信,他们不能肯定自己能否坚持学习,这类农民工学员占总样本数的55.6%;虽然绝大多数的学员认为培训是有必要的,但也有极少部分的学员认为自己的能力已经能够胜任工作,不需要参加培训,这类学员占样本总数的7.4%。因此,在进行学习和工作时,这些学员可能会受到这种自我认知的影响,采取一些消极的态度,从而直接影响了学习效果和工作绩效的提高。同时,在对生活环境的认知方面,总样本中有70.4%的农民工学员认为所接受的培训对自己在苏州的生活和工作有较大帮助,这说明大多数农民工学员能正确的评价周围环境并运用自己所学到的知识经验积极的调节自己的行为,使自己能更好地适应环境。

(四)农民工学员社会交往能力的状况

社会交往是指在一定的历史条件下,人与人之间相互往来,进行物质、精神交流的社会活动,是人们在生产及其他社会活动中发生的相互联系、交流和交换。从不同的角度,把社会交往划分为:个人交往与群体交往;直接交往与间接交往;竞争、合作、冲突、调适等。社会交往有利于个人成长,是人的本质的内在要求,同时也是文化传播的手段和社会构成与发展的基础。

---

① 刘电芝,马前广,杨会会.农民工社会认知状况的调查研究.心理科学,2008(31).

大多数农民工进城后，普遍缺乏平等交流，以至于社会资源积累较少。这主要有两方面的原因：一方面，部分城市居民不愿意与农民工交朋友，认为他们所占有的资源十分有限，与其交朋友太麻烦同时代价也太大；另一方面，农民工面对陌生的环境，也无法在短时期融入城市社交圈，他们的交往圈子基本上还是自己的亲友、同乡。这使得农民工与城市居民之间缺少了互动与对话，客观上形成了农民工与城市主流社会、主流文化相疏离的社会隔离状况。

笔者的调研结果显示：大多数农民工学员是愿意主动与同伴亲近并分享经验的，如：在培训时，许多学员经常会在学习或课余时间和同伴讨论学习中碰到的问题，这类学员占总样本的66.7%，而且绝大多数学员能得到身边的人的支持。

二、对农民工学员的培训重在提高能力

1. 农民工的就业形势和现状

随着新生代农民工的大量涌入，对城镇本已严峻的就业形势形成新的威胁。一方面是劳动力供给市场的膨胀，另一方面却是需求市场的萎缩，这就会造成大量劳动力无业可就，大大影响了社会的稳定和发展。同时，随着我国现代化进程的推进，科学技术水平的不断提高，社会对劳动者的素质要求明显提高，沿海地区劳动密集型产业已经朝着技术密集型产业发展，因而对技术工人的需求量增大，对低级劳动力需求减少。虽然如今农民工文化水平较以前有所提高，但技术水平却仍旧很低：他们对新兴的技术掌握甚少，缺乏对计算机的基本操作技能，提取和利用信息的能力低下，因而无法满足市场对高级专业技术工人的需求，仍然只能在低级劳动力市场徘徊，从事对技术要求不高的职业或者传统的建筑行业的工作。①

2. 培训重在提高能力

针对农民工这样一个特殊群体，城镇应为其专门设立灵活多样的、具有较强针对性的普及高中阶段教育和实用性教育的培训项目，为他们提供学习和培训的机会，有效提高他们的学习、问题解决、社会认知、社会交往等能力，从而提高其就业能力，为他们在城镇生存和发展创造条件。这些培训工作要加强现代科学文化知识的学习以提高文化素质，加强思想道德教育和现代文明礼仪教育以提高思想素质和文明素质，加强职业技能培训以提高劳动素质。

除此之外，还要注意调动他们学习的积极性，让其主动地充实提高自身综合素质以及增强城市适应能力，尽快实现自身价值观念和行为方式的转变，从

① 朱秋莲，刘艳文. 农民工城市融入过程中的现状、困境与对策分析. 湖南行政学院学报，2005(33).

而全面融入到城市主流社会中去。

在国际经济和劳动力市场竞争日趋激烈的背景下，提升农民工的各项能力对国家产业结构升级和走新型工业化道路都将具有重要意义，也是实现其自身职业向上流动和融入城市社会的关键因素。因此把为提高农民工能力提供一个教育支持作为一个急需解决的课题是有其现实意义的。

第二章　农民工培训的师资

农民工培训的成效取决于培训项目的选择、培训课程的设置、培训过程的组织控制等多种因素，其中，培训师资的选择无疑是影响培训效果的重要因素。农民工培训的师资队伍由不同渠道的教师组成，不同来源的培训教师各有其特点，对于具体的培训项目而言具有各自不同的适应性。如何整合区域优势，通过资源的合理配置调整农民工培训教师的结构，以形成一支多元化和专业化并行、知识型和技能型并重的培训师队伍，已经成为优化我国农民工培训体系的一个迫切课题。

第一节　农民工培训师资的来源与遴选

就目前而言，我国农民工培训的师资队伍主要由中职和高职院校教师、劳动部门专职培训师、企业内部培训师、企业优秀员工等成员构成。不同来源的培训师在知识结构、专业优势、教学能力、培训风格等方面各有其特点。

一、中职和高职院校教师

中职和高职院校教师是农民工培训师资队伍的主力军。在笔者调研的三个农民工培训项目中，就有计算机操作员培训、维修电工培训两个项目聘请了技工学校、技师学院和工业职业技术学院的教师担任培训师。无论在专业技能培训方面，还是在农民工引导性培训方面，学校教师都发挥着极其重要的作用。例如，上海举办世界博览会期间，徐汇区总工会就依托社会教育资源，请专业的学校教师为农民工上课，在迎接世界博览会农民工基本素质教育培训中取得了实效。

专业的学校教师在进行农民工培训时，优势主要集中在专业知识和教学能力等方面。很多农民工培训的课程与职业院校的课程相似或者相同，甚至具体的教学内容也是大同小异，与此相关的就是培训方法也与学校的教学方法没有太大的差别。有位教授基础电路课的教师就明确表示：“农民工学员和学校学生、企业员工对教师教学方面的要求基本上没太大区别，都一样的。”

当作为培训对象的农民工和作为教学对象的职业院校学生在学习的内容、要求甚至方法上都没有较大差异时,教师在职业院校从事教学所形成的知识结构、能力结构、教学经验等因素就可以顺利迁移到农民工培训的实践中,从而大大提升培训的效率和效果。

尽管有的教师认为授受培训的农民工与在校学生区别不大,但这仅仅是就操作技能方面的要求这个微观环节而言的。事实上农民工与在校学生还是存在着很多方面的不同,对于中职和高职院校教师在担任农民工培训工作时应有更复杂的要求。

首先是基础不一样,尤其是在知识基础方面,农民工较之于在校学生存在较大差距。这种知识基础的差异导致教师在农民工培训时,必须对培训内容做差别化的处理。一般来说,职业院校的课程设置有比较完备的体系,课时也较为充分,可使在校学生掌握较为系统的理论知识。而接受培训的农民工,大多数是初中或者职高毕业,关于工业生产方面的知识积累非常薄弱,他们在学习相关技能时,需要得到的帮助必然有异于在校学生。例如,同样是学习电机原理课程,职业院校在一年级时就开设了基础电路、基础电机等理论课,在进行实验课时,教师就不需要对在校学生重复相关的理论知识内容。而农民工由于欠缺基础的理论知识,在培训时,教师就需要在实验课上专门介绍相应的背景知识。

其次是学习时的投入不同,农民工往往表现出积极的学习愿望与消极的学习行为并存的矛盾。很多参与农民工培训的教师既感到"农民工本身也是很不稳定的,很多来培训的农民工在培训中因各种原因半途而废,除此之外,能坚持下来的农民工往往都是很用功的。他们自己也很矛盾",又觉得"问题主要表现在学习时间上不能保证,有些人整个培训中至少有一半时间不来。还有一个说因为是政府买单嘛,今天我来一次,后天我不来,你就得让我过,反正要是你不给过的话政府是不给钱的。所以就有部分学员存在混的想法"。这种有异于在校学生的特点,特别要求教师在教学中体现人文关怀,注重对农民工学员积极性的激发和调动。

再次是农民工学员构成差异比较大,这和在校学生同质性较强的特点非常不一样。有教师做了归纳:农民工学员"也有各种情况,可能会参差不齐,存在这样的差距——有的是有一点基础的,他们想通过这个培训拿一张证,比如岗位合格证之类;也有的之前没有任何基础,他们想通过这个培训学习电脑的基本操作,以适应今后工作的需要"。学员个体差异大,对于教师个性化教学、因人施教的要求就更高。

二、劳动部门专职培训师

各地的人力资源和社会保障局都有隶属的职业培训部门，除了承担包括农民工培训在内的各种培训的组织与管理外，还拥有一支专门的培训教师队伍。调研中，承担计算机操作培训的教师，就隶属于苏州市人力资源和社会保障局职业指导培训中心。

劳动部门的专职培训师在承担农民工培训任务时，投入的时间和精力更有保障。因为他们不像职业院校教师和企业培训师那样有本职工作的羁绊，作为劳动部门的专职培训师，农民工培训就是他们自身本职工作的组成部分。此外，作为劳动部门的专职培训师，他们对农民工培训的要求和标准理解更透彻，对国家的相关政策了解更全面，对农民工学员的情况把握更准确，拥有的农民工培训资源更充足。同时，劳动部门的专职培训师长期从事农民工培训工作，积累了非常丰富的经验。这些有利条件都能在一定程度上保证他们培训的针对性和有效性。

但相比较而言，由于劳动部门的专职培训师在专业知识的更新、教学科研能力的提升等方面不如职业院校的教师，在实际操作技能技术的专门性方面不如企业培训师，所以他们在农民工培训中一般更侧重于通用技能和基础知识的教学。

三、企业内部培训师

目前，世界500强跨国公司中已有100多家先后落户苏州，其中多家外资企业进入全国外商投资企业500强行列。提高员工素质，加强企业内培训已成为现代企业发展的战略需要，现代企业培训制度已有雏形，并形成了一定规模的培训专员队伍。他们在本企业甚至本行业的发展战略中，积极策划和实施适应性培训，并全面规划技术技能人才的分层培训。如果能建立起规模型的企业培训师队伍，积极创造学校和企业联合的培训平台，把企业的实验室建到培训基地，并联合开发，使优质培训课程在企业、学校和全社会共享，优势互补，将有助于实现人力资源能力建设的多赢。

在农民工培训中，企业内部培训师是一支非常重要的力量。他们充分了解企业需求，拥有良好的培训教学能力，无论是在作为员工内部培训组成部分的农民工培训中，还是作为外聘的农民工培训教师，都具有独特的优势。但他们在培训中往往更强调企业的要求，而容易忽视对农民工的引导性培训；更注重培训过程的吸引力，而忽视了对农民工基本素质的培养。

四、企业优秀员工

在国外很多企业中，由优秀员工来承担培训工作，已经取得了不少成功的经验。例如，迪斯尼公司创办于20世纪60年代的迪斯尼大学专职负责研究与分析公司员工的需要，并不断设计出训练计划来满足这些要求。他们根据各个营业点面临的不同问题，成立了众多的训练基地。如对待扮演“卡通人”的工作人员，学校会教会他们“这件事不仅仅是在做一项工作，而是在扮演一个角色”。这些培训的指导教师全部由公司杰出的卡通人物担当，他们除了像往常一样工作外，还需要承担给新工作人员上课的任务。迪斯尼公司为了让新人了解公司的历史和待人接物之道，首先对他们进行8小时的新人指导课，然后让他们了解自己所要担任的角色，学习并扮演这些角色，使其练就更加敏锐的市场感觉。紧接着是16—48小时的“配对练习”，在此期间，老员工带着新员工按训练单上所列的项目进行训练，新员工全部掌握后，方可独立接待游客。

“他山之石，可以攻玉。”从企业专业技术人员和高技能人才中聘请教师为农民工授课，是丰富完善农民工培训师资队伍的重要路径。有的地区建立了农民工培训教育师资库，凡致力于从事农民工培训和权益保护的工作人员，包括各企业主管人事劳资工作的负责人、项目经理、劳务负责人、技术人员等，均可积极报名参加。调研中，参加得月楼服务员培训工作的教师就是饭店的资深员工、大堂经理，由她完成的摆台、口布折花等内容的教学效果非常好，得到了学员的充分肯定。

担任培训师的优秀员工有着非常丰富的工作经验，能把各种场合下的工作环境描述得生动逼真，让受训学员用所学的知识、技巧和态度来应付、处理具体的问题。由于这些优秀员工多数就是参加培训的学员的直接上司，他们在培训时不仅可以直接向他们的员工介绍自己的经验，为员工做当场指导，同时还可以观察本部门的员工在集训班的学习表现。

但是，由企业优秀员工承担农民工培训，往往会在突出强调传授具体技能技巧和细节的同时，在一定程度上忽略了文化知识和基本素质的培训。而且这些优秀员工由于长时间从事某个岗位的工作，久而久之，其视野和思路有一定的局限性，在农民工培训过程中，这种由岗位而导致的定势可能影响到培训的全面效果。

第二节　农民工培训师资教学胜任力的分析

“胜任力”是当代心理学、人力资源管理、教育学等学科领域的热点研究问题之一。在英文中，描述胜任力的词汇有“competency”和“competence”；在中文里，我们经常用“能力”、“胜任特质”、“职能”、“素质”等词汇来描述胜任力所包含的意义。而在教育领域中，教师胜任力则是强调在一定工作情境中教师的价值观、态度、动机、个性或技能、能力和知识等特征。其特点主要表现在：与教师的工作绩效有密切关系，可用来预测教师的未来工作绩效；与教学任务相联系，具有动态性；依靠对教师胜任力的评价可以清晰地区分出教师的教学水平。

胜任力最早是由 McClelland 提出，1973 年他在《美国心理学家》杂志上发文提出用胜任力取代传统智力测量。胜任力的研究思路是试图找出绩优者和绩效平平者相比较那些最显著的特征，把直接影响工作业绩的个人条件和行为特征称为胜任力。从心理学上看，具有代表性的观点是：胜任力是指在特定、组织环境和文化氛围中绩效优秀者所具备的可以客观衡量的知识、技能、态度、价值观、人格特质及动机等个体特征，能将某一工作中有卓越成就者与普通者区分开来的个人的深层次特征。胜任力通常由两部分构成，一是外显胜任力，主要包括知识和技能等，是对胜任者基本素质的要求，但它不能把表现优异者与表现平平者准确地区别开来；二是内隐胜任力，主要包括价值观、态度、自我形象、个性、动机等，通过它才能区分优异者和平平者。胜任力在后来实际中的发展与运用在于它将工作绩效和任职者的能力、素质等个人特征联系起来，不仅可以用于直接甄选出合格的员工，还可通过培养与提高个人的胜任力特征来提高组织绩效。

虽然说不同的培训师各有其不同的特点，这种差异在很多时候表现为类型差异，但在现实中存在着的培训效果卓越和培训效果平庸的差异，这种差异则取决于培训教学胜任力。优秀的农民工培训教师有以下五点共同之处：

一、对农民工培训的热爱

（一）专业伦理

对农民工培训的热爱表现出的是农民工培训教师应具有的专业伦理。专业伦理是专业教师教育实践中涉及的道德观、价值观，教育实践的道德与价值观，最核心一点是要尊重学生。这种尊重，不仅要求把学生看作是独立的个体，教师与学生是人格上的平等者，关键是要确立以学生为本：一切为了学生、为了学生的一切、为了一切学生的“全心全意为学生服务”的价值理念。这就要求教师重视学生的差异，实施有差异性的教育并具有严谨治学、求真务实的精神。近年来，随着农民工培训师资队伍建设的加强，培训教师为维护和发扬良好的道德观、价值观做出了不懈的努力，取得了不小的成绩，但其中仍存在着一些不容忽视的问题：一是有些培训教师缺乏严谨治学、求真务实的精神；二是敬业意识淡薄，注重自身利益，部分培训教师在从教过程中敷衍了事，在向学员传授知识和职业技能的同时不能引导他们树立正确的道德观、价值观、人生观，把教师工作仅仅当作一种获取报酬的谋生手段，而未看成是传承人类科学文化知识、传播崇高理想的一项崇高事业；三是师表意识淡薄，缺乏自尊自爱精神，自身素质与教师的行为准则相差甚远；四是精力投入不够，功利主义思想比较严重。培训教师专业伦理的不完善是农民工培训教师不能胜任的主要表现。

（二）职业承诺

对农民工培训的热爱还表现出了农民工培训教师对其所从事工作的一种职业承诺。职业承诺指的是一个人与其所从事的职业之间的一种心理联系，即由于个人对职业的认同和情感依赖、对职业的投入和对社会规范的内化而导致的不愿变更职业的程度。教师职业承诺包含了教师对自身职业的认识与情感依恋，对自身职业的投入程度以及对教师规范的内化程度而形成的是否忠于职守的态度。从结构上来看，农民工培训教师职业承诺包括情感承诺、持续承诺和规范承诺三种成分。情感承诺反映出他们从事农民工培训的强烈愿望和喜爱程度；持续承诺反映出他们从事农民工培训的一种义务感；规范承诺是指他们对离开农民工培训工作的代价的认知。

农民工培训教师专业伦理的不完善，对农民工培训职业承诺感的缺失，会直接影响到农民工对培训的感受、评价和态度，导致培训效果的不理想。美国怀俄明大学的研究人员戴和詹姆斯把因成人教育本身不合理而给成人学习者带来的额外负担归结为四类：

（1）教师态度。具体表现为：学习者被视为下级；学习者的意见得不到尊重甚至被忽视；教师极不耐烦；教师过于严格等。

（2）教师行为。具体表现为：准备不充分、教学内容条理不清；教师讲课自顾自喃喃而语；教师与学习者缺乏眼神交流；上课抽烟、接听手机；教师有一些分散学习者注意力的怪癖等。

（3）学习任务。具体表现为：不适当的任务分配；学习效果评价标准模糊；忙碌的工作；几乎没有时间从事分配下来的工作等。

（4）教室环境。具体表现为：教室太热或太冷；光线不足；桌椅不舒服、发出响声等。在这些负担中，源于教师态度和教师行为范畴的负担相当于学习任务范畴的三倍，这意味着多数成人学习者可以想方设法调整他们的余力去处理教师分配给他们的学习任务，即便这些学习任务是不合理的，但是对于成人教师的态度和行为特征给他们圆满完成学习目标过程中造成能量上的无谓损耗，则表现得比较难以容忍。

农民工培训教师只有具备对农民工的人文情怀，对农民工培训工作的持久而深刻的热爱，才会在培训课程内容的选择与加工、培训方法与过程的创新等方面下工夫，也才会有助于师生间的广泛交流，从而实现对农民工的真正帮助。

二、对成人教育规律和原则的把握

由于农民工培训的对象主要是成人,因此培训教师必须依据成人学习的特点组织培训,才能收到较好的培训效果。而成人学习具有以下的特点:逻辑记忆能力较强,机械记忆能力较弱;有学习欲望时才能学习;联系过去、现在经验的内容较易学习;通过实践活动较易学习;联系未来情景,较易学习有指导意义的内容;在一种非正式的、无威胁的环境中,学习效果较为理想。据此,在农民工培训时必须遵循下列教育的原则:

(一)激发学习动机原则

在农民工的学习动机方面,有培训教师感受到:“农民工和学校的学生的兴趣是不一样的,学生的接受能力比较强而且在学校已经养成了这个习惯;而农民工主要就是为了工作,他们要求的是学到的东西能派上用场,以便于他们更快的投入工作赚更多的钱。”作为个体的农民工虽各不相同,但在追求不断完善自身、发挥潜能以获得更好发展这一点上,大都是相同的。如果在农民工培训时,注意激励手段的运用,充分承认和重视农民工的尊重和自我实现的需要,使他们意识到培训是提升自己的有效方式,那对于激发他们参与学习的积极性是极为有益的。应该指出的是,影响农民工学习积极性的因素一方面来自于培训将给他们带来怎样的益处,另一方面来自于培训和学习本身对他们的吸引力——满足他们好奇心、探究欲和好胜心的程度。培训教师在培训时既应充分调动农民工学习的外部动机,又要大力激发他们学习的内部动机。

(二)因材施教原则

农民工培训的目的是要提高农民工的工作能力。而企业的不同岗位对人的能力要求是不同的,此外,农民工在能力、经验、技能,以及气质、性格等个性方面也存在个体差异。因此,在培训时既要掌握集体培训的总原则,又要考虑到因材施教的培训特点。正如麦德龙公司中国区董事总经理 Heil 先生所说:“我们的操作方法是公司准则对每个人都一样,人人平等。但每个员工的工作职责和操作规范培训不同。”培训教师要力争根据每个人的职业生涯为每个人制定个性化的培训计划。

(三)反馈原则

在培训过程中要注意对培训效果的及时反馈和评价。反馈对于学习者的学习来说是十分重要的。所谓学习,我们可以这样来描述:学习者吸收信息并输出信息,通过反馈和评价知道正确与否的整个过程,称为学习。这就意味着只有吸收信息、输出信息,没有反馈信息和评价信息,并不是一个完整的学习。如果接受培训的农民工仅仅是进行各种尝试,但是不知道自己做的正确与否,这样并不是真正的学习，效率必然不会高。农民工培训时不仅要强调反馈和评价，而且还要及时反馈、及时评价，不然也会影响培训的质量和效果。这就要求培训师在培训时要把“问题—解答—评讲—改错”紧密结合为一个整体；把“看书—思考—讨论—评价”紧密结合为一个整体；把“讲授—测验—改卷—评讲”紧密结合为一个整体。

任何一门具体的培训项目都有具体的目的。在农民工培训中，要随时通过反馈信息掌握现状与目的的差距，从而去解决难点和关键、调整培训的速率、改进培训的方法。对受训农民工来说，反馈信息可使其强化正确、改正错误、找出差距、促进努力。对于培训师来说，反馈信息可使其掌握情况、改进教法、找出差距、提高质量。

（四）实践原则

培训的一个很重要的任务是要提高员工的工作能力，这就决定了农民工的培训不能等同于学校中的理论教学，必须为接受培训的农民工提供实践或操作的机会，使他们在实践中体会，在培训中学习要领，从实践中提高能力。对于培训师来说，无论是培训的方法、培训的组织形式的选择，还是培训手段的选用，都必须突出实践性。

三、扎实的理论知识功底

农民工培训教师的专业知识主要包括专业学科知识、农民工培训教育教学方法知识、专业课程知识、专业教学法知识、有关农民工学员的知识、有关教育情景知识以及其它课程知识等。农民工培训教师专业知识的储备是从事教学工作的前提条件，专业知识水平的高低直接或间接影响着农民工培训教学的好坏。教师的专业知识水平可以从教师的基础资料，即教师的专业背景、知识结构、学历水平、科研水平、教学经历等中得到准确的反映。通过调研了解到，目前农民工培训教师本科以上学历占 80% 以上，其中来自职业院校的教师达到 100%，具备高级职称的达到 100%。单从数字上看，本地农民工培训教师的专业知识水平是比较高的。但深入了解后不难发现，大多数的农民工培训教师是非师范院校毕业，缺乏普通教育学、心理学和学科教学论及成人职业教育学与成人职业教学论的知识；个别新教师是在没有任何教学经验的基础上就直接走上课堂教学，缺乏教育情景知识和教学经验；有些教师所上课程与自己的专业不吻合或只是基本吻合；有些教师因毕业时间太久，现今知识更新快，致使学科知识与专业课程知识相脱节；有些教师是对农民工培训教育教学方法和农民工学员的特点缺乏了解。农民工培训教师在专业知识上的不足致使他们在教学内容、教学方法和教学手段等方面难以达到较高的水准，因此很难满足市场、用人单位和农民工自身对农民工培训的实际要求。

四、丰富的实践经验

农民工培训的职业性直接影响到其培训内容的特殊性。因此，农民工培训教师不仅应掌握专业知识，也应掌握职业过程的知识、掌握专业实践技能。但从调研的情况看，虽然有一部分农民工培训教师具有"双师素质"资格，实际上具备"双师素质"资格的教师大多没有到过企业实践，更没有深入企业进行实践和锻炼，缺少行业一线的工作经验。其余更多的教师既没有接受过"双师素质"培训，更谈不上深入企业实践和学习。农民工培训教师职业过程知识和操作技能以及实践能力的缺乏正是目前农民工培训较为普遍存在的现象，这既对受训农民工未来的职业发展非常不利，也造成了教师在教学中很容易理论脱离实际。

五、高超的培训教学技能和能力

农民工培训教师的胜任力包括四个方面：一是概念胜任力，即理解专业理论基础的能力；二是技术胜任力，即履行专业所要求技巧的能力；三是整合胜任力，即在实践环境中把理论与技能结合在一起的能力；四是职业市场胜任力，即在专业或相关领域市场上的竞争力。农民工培训教师的胜任力应是双重的"四力"：所授专业的"四力"和教学专业的"四力"。具体地说，农民工培训教师应具备的概念胜任力，既包括理解所授专业理论基础的能力，又包括理解教育科学理论基础的能力；应具备的技术胜任力，既包括履行所授专业所要求技巧的能力，又包括教学技巧的能力；应具备的整合胜任力，既能在所授专业的实践环境中把理论与技能相结合，又能在教学中将教育科学理论与教学实践结合起来；应具备的职业市场胜任力，是在所授专业领域有一定的知名度，同时在教坛上、在学员心目中占一席之地。农民工培训教师的双重"四力"，在培训过程中最核心的就是要转化成高超的培训教学技能和能力。

例如，在一个关于防范工伤和职业病伤害的培训中，培训教师通过对工作现场致危案例的分析，就如何在工作场所运用简单有效的教学道具给受训学员作了很好的示范。这位教师用铁锤敲打物体来展示所产生的超标噪音，通过打火机和针尖引爆气球来展示压缩气体可能造成的恶性职业伤害等，在学员中产生了共鸣。通过培训，学员们还在他们所应当掌握的职业病基本原理和正确防护的方法上得到较大提高，包括如何正确选用劳保用品，掌握佩戴防尘口罩和防护耳塞的正确方法等。

这样的培训，由于适合农民工特点，使用了贴近受训农民工的语言教学，改进了以往枯燥无味的被动式教学方式，更多采用浅显易懂、图文并茂的方法，与农民工学员分享相关的理念和知识技能，从而更能激发农民工学员的上课兴致，他们也才能听得专心、学得认真，培训效果也才有了保证。

第三节　强化农民工培训师资力量的建议

当前我国已经初步形成了一支来源广泛、构成多元的农民工培训师资队伍，并正发挥着积极的作用。但同时，这支农民工培训师资队伍在年龄结构、学历层次、专业结构、能力素质等方面都还存在着不尽如人意之处，亟待完善和提高。

一、农民工培训师资队伍存在的不足

（一）年龄结构方面

农民工培训教师队伍年龄结构不合理，总体年龄偏大，这与成人高校教师的年龄结构状况颇不相符。据2006年《中国教育年鉴》，全国成人高校教师队伍的年龄结构30岁及以下、31—40岁、41—50岁、51岁以上大致呈2.5∶3.8∶2.6∶1分布，中年教师占总人数的大多数，青年和老年也有合理的比例。而在针对农民工培训教师的调研中，除了一位担任计算机操作指导的教师外，其他的培训教师年龄都在40岁以上，超过60%的教师年龄在50岁以上。年龄偏大的培训教师固然有其教学经验丰富的优势，但同时也可能存在着培训教学热情不足、知识更新不及时等问题。

出现农民工培训教师队伍年龄偏大的原因，一是因为农民工培训报酬偏低，教师参与培训的意愿不强烈。调研表明，农民工培训的课酬通常在25元/课时，这个薪酬标准在经济相对发达的苏州来说，缺乏竞争力，难以吸引优秀的中青年教师投入到农民工培训工作中去。二是与职业院校教师队伍的整体状况相关，职业院校的教师是当前农民工培训教师队伍的主力军，而在这些职业院校中，兼有双师型素质、高水平培训教学能力的教师本身就数量不足，年龄偏大，这也加剧了农民工培训教师老龄化的趋势。三是劳动部门的专职培训师队伍相对固定，新陈代谢周期较长。劳动人事局的职业指导和培训中心属于事业单位，参照公务员管理，其培训师队伍也是定编定岗的，新教师进入比较困难。四是企业培训师和优秀员工的成长需要一个较长的过程，特别是一些管理者和领导者担任的培训师角色，一般年龄都比较大。

（二）学历层次方面

学历结构反映了教师队伍的整体素质，国际上对高等职业教育教师学历都有较高的要求，如法国高等职业院校要求教师必须具有博士学位，德国《高等学校总纲法》规定，高等专科学校的专职教师原则上要有博士学位。高等职业教育如是，对于农民培训亦如是。发达国家采用严控教师录用标准、建立教师进修制度，保证培训师资质量，以达到良好的培训效果。为了输送高素质的

农业技术人才和农业工人，发达国家对从事农业职业教育的教师都有比较高的要求，实行了严格的录用标准，尤其看重教师的实践技能。如在德国，只有取得相当于中国硕士学位的农业工程师资格，才能从事农业培训；在美国，甚至是在高中教授农业课程的教师，不仅必须取得相当于农业教育的本科学位，还要在大学里学习过教育学和农业等相关方面的课程；日本的农民培训教师主要来自农业推广机构的专门技术员、改良普及员和农业实验场职员等；英国的农民培训教育学校在聘用教师时，也会着重审核应聘者的学历、经历和技能等，同时强调教师的实践技能，被聘用者一般还要有6个月的试用期。

相比较而言，我国的农民工培训师资队伍在学历要求上还存在一定差距，甚至远远没有达到教育部在《关于新时期加强高等学校教师队伍建设的意见》中所提出的“具有研究生学历教师的比例……职业技术学院和高等专科学校达到30%以上”的目标。在调研中发现，农民工培训师资队伍的学历层次基本都是本科，很少有研究生以上学历的培训教师。其中第一学历是本科的比例不到30%，大多数都是后学历。后学历教育所带来的问题是：一方面教师的初始学历较低，另一方面由于这些培训教师承担的工作压力比较大，使得其在知识结构、能力结构等方面存有的不足很难得到根本改变，他们没有更多的时间和精力去进修和提高，更没有时间和精力就某一个学科或教学方法作深入钻研。这种现实决定了教师在学科知识与教育理念自我更新上的局限性，同时，在某种程度上也使他们发现问题、分析问题和解决问题的能力受到制约。

（三）专业结构方面

发达国家高校在招聘和引进人才方面制定了非常严格的标准，确保引进人才的高质量和高水准。德国要求高等专科学校的所有教师要具有教育学、心理学、教学法等专业知识，有运用现代化教学媒体和方法的能力，还要有相应专业岗位上的工作经历。有些高等专科学校还要考察应聘教师与企业界的联系能力。还有些学校很注重应聘者的专业能力、教育教学能力以及人品等方面的素质。美国社区学院要求教师一般要达到研究生水平，专职教师需硕士以上学位，兼职教师原则上也要有硕士以上学位，还需要有一定的教学工作经验。英国高等职业院校教师的任职资格由各学院自己确定，但至少要有大学学士学位，有的需要具有硕士或以上学位，要有文章发表。与此同时，发达国家的高等职业教育还十分重视教师的实践操作能力。一方面在选拔和任用专业教师时，要求必须具备较强的工作实践能力。例如，澳大利亚TAFE（Technical And Further Education）的师资必须是“双师型”，教师至少要有3年的实践经验，35岁以上的教师要有十几年的工作经验。另一方面强调专业教师在实践能力方面的继续教育。例如，德国高等职业教育师资中专业理论课教师在大学毕业后，还要修完三门课程，即与职业教育有关的专业课、教育学选修课，然后到工厂企业实践3—5年，再经过2年培训，通过国家的第二次考试后，才能担任教师。同时，为了保持现任教师的技术先进性，许多发达国家安排现任教师到企业进修，一般3—5年进修一次。如瑞士有关法律规定：职业学校的理论课教师，必须毕业于工程师范学校，有4年的学徒经历，再有2年以上的工程师实践经历，然后到职业学院学习一年的教育学、心理学、教学法课程后才能任教。国外的高等职业院校无论是专业理论课教师还是实训教师，一般都是"双师型"。

要缩短与发达国家的差距，我国农民工培训教师队伍发展的一条捷径就是实现教师来源多元化。教育部高教司司长张尧学指出："我们要不断减少专职教师的比例，加大兼职教师的成份，使我们的教师队伍始终保持在一个比较前沿的、先进的水平上。"农民工培训中大量聘用兼职培训教师，可以把生产中的最新技术引入教学内容，还可以与企业加强联系，协助解决生产实习、农民工就业等方面的问题，另外重要的一点是可以降低培训成本。相当一部分农民工培训教师来源于企事业单位和各职业院校，有利于农民工学员的职业能力培养，避免教师的知识老化和"近亲繁殖"。

尤为重要的是，培训教师来源多元化还是实现农民工培训教师队伍"双师型"发展的一条捷径。"双师型"教师是农民工培训教师队伍建设的目标，也是农民工培训教师专业发展的方向。在中国高等职业教育研究会五届三次常务理事会上，教育部高教司刘军谊处长提出，今后五年高职高专教育发展目标之一是："加快'双师型'教师队伍建设，专业教师要有80%达标"。据《2006年中国教育年鉴》，2005年我国普通高校专职教师中有"双师型"教师79 168人，占专职教师人数的8.2%，兼职教师中有"双师型"教师26 594人，占兼职教师人数的12%；在成人高校专职教师中"双师型"教师有7 844人，占专职教师人数的9.3%，兼职教师中有"双师型"教师3 774人，占兼职教师人数的8.3%。这说明我国高等职业教育"双师型"教师的数量还较少，比例偏低。高等职业教育如此，在农民工培训中"双师型"教师的匮乏就更是一种无可回避的现实。在这种情况下，拓宽农民工培训教师的来源渠道，借助专业结构多元化的教师构成，可以在很大程度上弥补"双师型"教师数量不足的问题。

（四）能力素质方面

农民工培训师资队伍在能力素质方面的不足集中体现为学科专业与教育专业的张力失衡。农民工培训教师的个体专业发展的一个重要体现是学科专业与教育专业均应得到适切的发展，并在两者之间保持以合理的张力。然而，现实中农民工培训教师大部分在这两者之间往往存在顾此失彼的现象。如农民工培训教师的高学历化已成为一个趋势，近年来，大量教师通过在职学历进修等渠道提高了学历，但却由于学历进修重视理论知识的学习却忽视了实践能力的提高，这造成目前大多数农民工培训教师的专业知识储备比较扎实，而没有在企业或生产一线工作过的经历，动手能力和实践能力相对不足。教师没有企业实践的经历，讲课就像是让学生“坐在井里学”，课程讲得很深但是没有融入系统的岗位能力，培养出来的人还是“应试型”的。应该通过产学合作的方式打造农民工培训教师队伍，如此方能培养出适应流水线作业需要的、能够直接顶岗工作的技能型人才。

教师专业发展应该包括学科专业的发展和教育专业的发展。农民工培训因为要强调教学的实践性、实用性、技术性，因而对教师的学术水平要求上认识不统一，造成了教师在专业发展上的不均衡。这种不均衡主要表现在两个方面：一是过于强调专业技能和动手操作能力，而忽视专业基础理论的发展，这样可能使教师从一个传授知识、技能，塑造健全人格的教育者蜕变为一个“技术师傅”；二是过于强调学科专业的发展，而忽视教师本身也是一个专业，是一个需要教育理论支持的专业；三是由于人们对“双师型”教师的过分强调，从而使教师们忘记了作为一个专业人员应该具有的作为一个“教师”的本分，而只关注自己“技师”的资格，专业发展受到影响。

二、强化农民工培训师资力量的对策

（一）实行培训项目制，优化培训师资的结构功能

所谓结构是指在社会现象背后处于支配地位并赋予事物以秩序的力量。从功能主义的角度来看，任何社会活动都是在特定的结构中展开的，活动的构成要素相互联系、相互影响，按照一定的规则结合在一起，每种要素和每个环节都具有特定的功能，其功能的展现过程也就是活动的运行过程。同时，任何系统只有通过相互联系形成整体结构才能发挥整体功能；或者说，没有整体联系，没有整体结构，要使系统发挥整体功能是不可能的。系统的整体具有其组成部分在孤立状态中所没有的新质，即所谓“整体大于部分之和”。对于一个系统来说，使要素具有良好的功能固然重要，但尤其重要的是要使整个系统具有最佳的结构。我们尤其要重视研究要素的性能怎样通过合理的结构转变成系统的功能。根据这个思路，要想强化农民工培训的师资力量，一方面要着眼于每个培训教师的提高，而更重要的是要找到对于培训教师进行最佳配置的方式，即能发挥出具有培训教师最大效能的组合结构，而这个能实现最佳功能的结构就是培训项目制。

例如，中国和加拿大就通过实行培训项目制，高效地组织了建筑行业职业卫生与安全的培训。为了使这个培训班密切联系行业实际，内容翔实并富有

成人教育特点,中加项目办公室按照项目年度计划,认真做了培训需求评估,用半年的时间对建筑行业的职业卫生与安全现状和目前现有的培训机制进行了分析,制定了初步方案。项目办以重庆专家为主,挑选出部分核心教员和专家为学员授课。这些专家中既有活跃在建筑、卫生行业第一线,长期从事职业卫生安全监管执法、实际经验丰富的专业骨干,又有理论和实践能力俱佳的大学教师。他们均经过加拿大方专家关于参与式教学的培训指导。项目办在培训活动结束前,收集了每位学员填写的培训教学效果评估表,对学员的积极建议和反馈意见将在今后的工作中予以采纳。实践证明,这种组合各方培训师资,分工协作的培训方式,有利于充分发挥培训资源的整体优势。

农民工培训项目制的项目管理包括四个环节:

(1)培训需求分析。这是农民工培训活动过程中的首要环节,它要回答为什么要培训以及培训要达到怎样效果的问题。

(2)培训项目设计。这个环节是指农民工培训项目组要根据培训需求,结合本地、本区域的战略目标来制订培训计划,主要包括设定培训目标和内容,确定培训人员、培训方法和形式以及培训预算等。

(3)培训项目实施。这一环节要求对农民工培训项目进行跟踪、监督,以确保培训项目的顺利实施。

(4)培训效果评估。这一过程重点是检测培训是否达到预期的目的,是否满足了用人单位的需求,参训的农民工学员是否在知识、能力、技能上有所提高,等等,从而为下一步培训的改进提供信息。

农民工培训项目制的有效施行,有赖于完善企业与院校、社会培训机构等联合开展培训的政府激励机制,各级政府和有关部门要积极支持企业开展农民工培训,鼓励企业特别是劳动密集型大型企业与院校联合举办产学结合的农民工培训基地,鼓励中小企业依托职业学校、职业培训机构培训在岗农民工,鼓励有条件的企业为职业学校和培训机构提供实习场所和设备,鼓励有一定规模的企业举办农民工业余学校。人力资源和社会保障局负责农民工培训的同志就认为:"在加强农民工培训的过程中,一定要利用现有资源,避免重复建设。"而且,"从国际经验和我国国情来看,政府应该以购买培训服务为主的方式加强农民工培训,同时建立鉴定、考核机制。"考虑到"目前包括党校在内的很多学校生源不足,完全可以利用它们的师资和场地进行农民工培训"。当然,"除了培训机构,还应建立农民工实习基地"。

(二)通过胜任力的培训,提高培训师资的综合素质

教师专业发展已成为当今世界教师教育和师资队伍建设的主题。通过促进农民工培训教师专业水平的发展,可以调动教师的积极性,提高教师的整体

素质,从而提高教师的教育教学能力,促进农民工培训质量的提高。现有的教师在职培训往往以教育行政部门和学校为主导,采取自上而下的方法,搞统一内容、统一要求和统一进度,脱离教师岗位,脱离教育实践,忽视学校教师个性发展与个体差异,不利于教师专业发展。这种传统的教师培训将培训的重点放在了教师的专业知识和技能等表象因素的培训和开发上,而忽视了对社会角色、自我概念、特质以及动机等潜在因素的开发,而基于胜任力的教师培训体系则可以弥补传统培训的这一缺陷。

首先要进行基于胜任力的教师个体培训需求分析。基于胜任力的教师培训需求分析与以往的培训需求分析有许多共同之处,都是在组织分析、任务分析和人员分析的框架之下,探讨培训需求分析的参照标准。所不同的是,基于胜任力的需求分析涉及的层面更深、更全面,实际评价的可操作性也更强。可以设计调查问卷或考评量表,收集数据,通过分析找出自身的差距,从而确定出培训的内容。问卷或量表设计的主要依据是培训教师的胜任力模型,特别是以模型中对各胜任特征的分等级行为描述为标准,采用360度评价法对培训管理部门、同事和农民工学员发放调查问卷来收集相关数据。问卷回收后,经过数据的筛选、整理和分析,可以得到该教师实际胜任力水平与模型确定的胜任力标准之间对比的结果。这时就可根据培训需求标准,来确定该教师在哪些胜任力项目方面有授受培训的必要。

其次是进行基丁胜任力的农民工培训教师培训设计,主要包括培训类型的确定和培训方法的选择两部分。培训类型的确定:一方面以教师的个体培训需求分析结果为依据,统计出针对每一个胜任特征需要进行培训的教师占所有教师的比例,同时结合农民工培训项目的实际情况,确定一定的比率范围作为划分培训师培训类型选择的标准。培训方法的选择:在传统的教师培训体系中,使用最为广泛的就是课堂式教学和讲座。基于胜任力的农民工培训教师培训同样也可以采用这两种方式,但在培训课程的设计方面又须加以改变,以教师的胜任力模型为依据,根据胜任能力项目设计培训课程和课程目标,确定课程内容,使设计的培训课程和开发的培训内容与教师胜任力发展的实际需要密切相关。

基于胜任力的高校教师培训与传统培训最大的不同在于前者更关注教师深层次的对绩效起关键作用的胜任特征因素。因此对于培训方法的选择,仅仅使用传统培训中常用的课堂教学、讲座等方法是远远不够的,还应更多地寻找针对教师隐性特征的培训方式。例如案例研究、项目教学、方案设计、小组讨论、情景模拟、角色扮演等。这样才有可能挖掘出农民工培训教师的深层次胜任特征,达到好的培训效果。

再次是培训实施。要按拟订好的培训计划,准备好相关的培训师资、设备、场地、培训时间安排以及对参加培训者的通知等事宜。在培训的实施过程中要注意做好培训记录,收集受训的农民工培训教师的反馈意见,从而不断地修正和完善培训计划。除此之外还需要做好相应的服务工作及沟通工作,准备相应的应急方案,以确保培训工作的顺利进行。

最后是农民工培训教师培训的评估与反馈。培训评估与反馈是一个完整的培训流程的最后环节,它既是对整个培训活动实施成果的评价总结,同时评估的结果又是对以后培训活动的重要输入,为下一个培训活动确定培训需求提供重要信息。在对培训的效果实施评估之前,先要明确此次评估的目的是什么;然后建立培训评估数据库,将培训前后发生的定量及定性数据收集齐备,以保证培训评估的有效实施;着重要评价农民工培训教师对培训的态度和意见、通过培训后农民工培训教师胜任力的提高情况以及成本收益的状况;在得出培训评估的结果后,还要将这一结果反馈到农民工培训教师培训的各项工作中去,发现其中的不足,从而便于拟定对策,不断改进培训的效果。

在实践中,很多地方卓有成效的农民工培训教师培训已经积累了丰富的经验。例如,为建立一支具有较高素质和高度责任感的兼职农民工业余学校师资队伍,广州市举办了建筑工地农民工业余学校师资培训班,培训内容包括广州市建筑业农民工的现状、问题及国家对农民工工作的相关政策;如何对农民工进行文明素质培训;如何对农民工进行文化知识培训;如何对农民工进行职业技能培训;如何对农民工进行权益保护知识培训;如何对农民工进行心理素质辅导;如何对农民工进行计生及卫生常识培训等。培训班围绕"如何给农民工兄弟上好一堂课",对教学设计、教学组织及教学艺术进行辅导,介绍了建筑业农民工职业技能培训和班组长、作业队长、建筑劳务企业经营管理人员培训系列教学文件开发课题研究成果,并作应用说明,同时以具体教学模块为例开设教材教法指导讲座等。

除了对农民工培训专职教师的培训外,培训师培训还应包括项目工作人员、辅导老师等的培训。曾有弹性课程开发组专家以既分组又合班的灵活授课方式,以青年农民工的《职业入门与发展》课程初稿为例,对项目工作人员、辅导老师等展开了丰富多样的研讨培训活动。包括职业概览与职业兴趣、培训者培训技术和技巧、求职与应聘、职场做人与职场保护等内容,通过课外自修、小组集体备课编制特定教学方案、试讲职业生涯规划课程等环节,不断深化学员们对课程的了解,进一步提高授课能力和水平。

(三)实施政策倾斜,吸引高水平人才充实农民工培训师资队伍

优秀的农民工培训教师要求的是岗位型、技能型、复合型及综合素质较高

的应用型高级技术人才,而这样的人才往往也是市场激烈争夺的人才。面对拔尖人才严重不足的现实,目前国内人才竞争没有健全的配套制度作保障,人才竞争呈现出无序和不规范的状态,这就导致了优秀的农民工培训教师流失较为严重。一方面人才竞争往往以高物质条件承诺为前提,形成了人才的恶性竞争趋势;另一方面既有的农民工培训教师也因工作条件、工作环境不尽如人意等原因,人心不稳。实事求是地说,农民工培训教师教学工作量大,工作条件和环境不理想,难以吸引优秀人才来任教,同时优秀人才亦往外流,主要表现为显性流失和隐性流失两种情况。显性流失表现为优秀培训教师的离职或跳槽,尤其是青年骨干教师留不住;隐性流失表现为相当一部分教师不安心本职工作,把主要精力或相当一部分精力放在农民工培训之外。针对这种现状,需要政府实施政策倾斜,在农民工培训教师的物质待遇、政治待遇以及职称评定、职务晋升等方面出台一系列优惠和鼓励的举措。同时对于承担农民工培训工作的学校和企业,也应提供资金支持、项目支持、税收减免等优惠政策,以提高它们在农民工培训教师派出和培养方面的积极性。

除了政策上的直接支持以外,还应通过公共媒体的宣传,营造一种"农民工培训是全社会的责任"的舆论氛围。"今后,越来越多各行各业的志愿者将走上农民工学校讲台。"杭州市建筑企业管理站党总支书记余子华介绍说,目前杭州有一定规模的建筑工地全都建立了农民工学校,但以往给农民工讲课的几乎全是建筑企业的负责人,讲课内容也以安全生产等方面的知识为主,而如今农民工们对如何维护权益、如何融入城市生活以及对精神文化层面知识的渴望愈来愈强烈,这促使他们萌发了招募志愿者为农民工授课的念头。于是,在杭州市有关部门向社会发出倡议后,报名要求为农民工讲课的志愿者纷至沓来。"我们经过筛选,从这些热心的报名者中遴选出了一支由 1 026 人组成的教师队伍,这也是目前国内首个农民工学校师资库。"在这支教师队伍中,有社区工作人员、派出所民警、大学教师、法律工作者……杭州市建设部门对这 1 000 多名志愿者分批进行培训,培训合格后将结合工作特点给农民工上课。杭州建立农民工学校师资库还得到了国家有关部门的支持,建设部已将杭州列入中国建筑业农民工培训试点城市,并申请到了世界银行的资助。杭州的成功经验,为拓宽农民工培训师资队伍打开了一条思路。

(四)运用政府和市场力量,发挥社会培训机构的师资优势

高素质的教师队伍是农民工培训质量的重要保障。目前许多发达国家在对农民培训教师素质设定严格的准入制度的同时,为保证农民培训机构的培训质量,还纷纷引入了市场机制。例如,澳大利亚十分重视农业职业技术培训的发展,国家投入巨额资金,引入竞争机制,颁布有利于职业培训发展的配套

政策法规，使各类培训机构不断发展壮大，形成了多层次、多形式培训的格局。联邦政府鼓励各大农牧场主、企业集团等开办农业职业培训机构，参与培训市场的竞争，并提供职业培训经费总额的20%—30%予以资助。同时对培训计划和培训项目公开招标，并逐年提高招投标经费比例。国家对各类培训机构的培训质量定期进行评估，以劳动力市场的“就业率”、产业部门的“满意率”作为考核培训机构是否合格的惟一标准。凡就业率低于60%的培训机构，国家取消当年培训拨款计划，连续几年不能达标的将予以关闭。通过培训市场的激烈竞争，保证了职业技术培训事业的健康发展。通过对各培训机构的考评确定政府补贴水平，对考评不合格者取消其培训资格。市场机制是一种优化资源配置的有效机制，且从国外经验来看，引入市场竞争机制是各国保证农民培训质量的一个有效手段。

我国的民办培训机构发展缓慢，大多数职业技术学校以学历教育为主，承担着新增农村劳动力的中长期职业技术培训任务。由于受场地、设施、师资不足等的限制，难以大量承担对农民工的短期技能培训，而民办培训机构由于很少或根本享受不到政府投入，在组织生源上受资金、设备、师资等因素的困扰，导致办学成本高、收费高、生源少、发展缓慢。因此，多数培训机构基础条件较差，经费缺乏，培训机构的设施、设备和高水平的教师队伍都显得很不到位。目前很多职业学校校舍简陋，教学条件落后，缺乏现代教育所必要的配套设施，大多数学校没有自己的网站，与企业、市场的信息沟通还依靠原始的方式，大大降低了信息的流通效率。因此，借鉴国外的做法，通过引入市场机制保证和提高农民工培训质量的做法值得中国学习，这就要求合理运用政府和市场力量，充分发挥社会培训机构的师资优势。在这方面，“上海模式”是一个成功的范例。上海模式的核心是“社会力量培训，政府购买培训成果”，调动社会力量进行大规模职业培训。其基本流程是：根据劳动力市场的需求情况在网上发布培训项目——社会培训机构进行投标——中标者实施培训——政府购买培训成果。这种培训模式能有效整合社会培训机构的资源，调动社会力量开展农民工培训工作。

要充分发挥社会培训机构的师资优势，必须加强对农民工技能培训机构的资质审核，坚持遴选那些社会信誉好、教学水平高的培训机构参与培训，确保培训质量。对申请参加农村劳动力技能培训的机构，由劳动保障部门组织考察小组，就办学设施、师资力量、管理制度等六个方面进行综合评分，选优弃劣；并会同财政等部门，做好培训过程中的监督检查工作，确保培训“不走过场”、“不搞形式”。要以职业学校和民办培训机构为主渠道，发挥多种培训资源的作用，充分调动行业协会和用人单位的积极性，多渠道、多层次、多形式开展农民工培训。加强培训基地建设,由人力资源和社会保障部门牵头,各有关部门配合,组织力量对具备培训能力的教育培训机构、行业协会、重点企业进行资格认定,对符合布局要求、师资力量、实验操作设备等资格条件的,报请政府统一授予"农民工培训基地"资质,并予公告,以确保培训质量。

除了遴选合格的农民工培训机构外,还要加强对社会培训机构师资队伍的建设,从培训机构教师和企业技术人员中筛选部分人员作为农民工培训的师资力量,建立培训师资库,定期组织开展师资培训,加强技能实训平台特别是公共实训基地建设,提高农民工实际操作水平。培训师资遴选方法和步骤包括确定决策人员;制定农民工培训师遴选原则和相关政策;采集教师需求信息;制定农民工培训师岗位规范;建立遴选师资库;选择评价方法;运用评价方法确定各待遴选师资的优先顺序;集体讨论、综合评审,选出合适的师资等。

第三章　农民工参加培训的动机与目标

农民工从乡村来到城市，能否找到一份稳定的、能够维持生计的工作，从而在城市里生存下去，是他们面临的第一个问题。为了得到稳定的工作，掌握一技之长、拥有安身立命的本领是必需的，而许多农民工在家乡时没有学过技能，到城市后缺少基本的工作技能，因而激发了他们接受培训的愿望。当然，农民工之间存在着非常显著的个体差异，他们参加培训的目标也是多种多样的。这些目标可能是合理的，也可能是不合理的。动机与目标无疑会影响培训的成效，所以有必要分析农民工参加培训的目的与动机，并设计合理的方案引导他们在培训中树立正确的动机，以及科学可行的目标。

第一节　农民工参加培训的动机与目标的合理性及不足

与在校学生相比，农民工参加培训的目的明确，学习热情高、动机强。当然，他们的学习目的也存在着不尽合理的期望，学习动机也不是一直稳定的。为了更好地激发和维持农民工在培训中的学习动机，不仅需要了解他们参加培训的动机与目的，更需要对此给予理论上的分析以求得解决的办法。

一、学习动机的含义与作用

要解释农民工参加培训的动机，评价他们的目的，首先必须界定动机以及学习动机的概念。在心理学的许多领域中都出现了动机这一概念，并且在很多情境中居于核心地位。长期以来，有关动机的研究十分活跃，涌现出了形形色色的理论流派。然而，专注于学习动机的严谨研究的心理学家并不多。实际上，学习动机的研究常常被包含在对一般性行为的动机研究之中。在心理学中，动机一般是指引发并维持活动的倾向，被定义为激励人们进行某种活动的内部动力或内部原因。

根据对“动机”概念的界定，我们可以把学习动机界定为唤起个体进行学习活动、引导行为朝向一定的学习目标，并对此种学习活动加以维持、调节和强化的一种内在心理历程或内部心理状态。由于学习动机是中间变量，而且学习活动具有与其他行为不同的独特之处,因此学习动机与学习活动的关系是复杂的,换言之,学习动机是否总能促进学习、提高学习结果,不可一概而论。大多数心理学家都把动机看作是促进学习者努力学习的有效因素,但也不是学习过程中不可缺少的条件。研究发现,在一定范围之内,动机的增强有利于提高学习效果,特别是在学习力所能及的内容时,此效果尤为明显;动机作用处于适宜强度时,学习效果最佳;动机作用的强度超过一定界限时,学习效率反而会下降。

二、动机理论与农民工参加培训的动机及目标

在对动机的含义有了大致一致的看法的基础上,研究者发展了动机理论的诸多流派,各派都会有不同的侧重点,因而对学习动机的解释也会有差异。在众多的动机理论中,有的能够解释农民工的学习动机,有的则不适合。下面就选择几种动机理论对农民工的学习动机进行分析。

1. 需要层次说与农民工参加培训的动机

在众多的动机理论中,马斯洛的需要层次说(A. H. Maslow,1970)是一种产生了广泛影响的动机理论。马斯洛认为,人类所有的行为都有其特殊的目标,这种目标来源于我们的需要。他在解释人类行为的动机时强调需要的作用。他把人的基本需要分为七种,分别是生理需要、安全需要、归属与爱的需要、尊重的需要、求知与理解的需要、审美需要、自我实现的需要。这些需要从低级到高级构成一个层级结构,如图 3.1 所示:

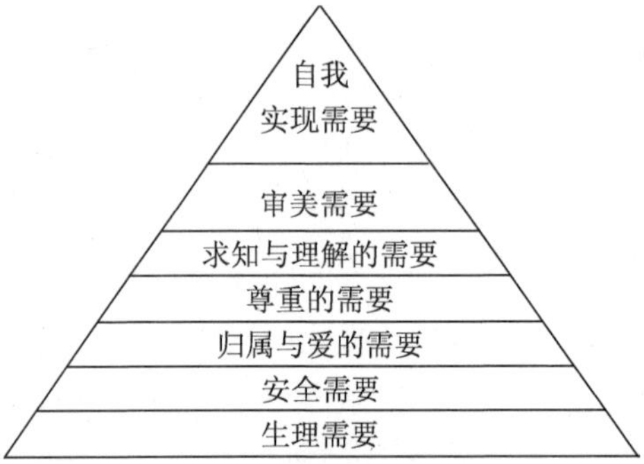

图 3.1　马斯洛的需要层次图

在图 3.1 中,生理、安全、归属与爱、尊重等四种需要属于人的基本需要,而之上的求知与理解的需要、审美需要、自我实现的需要则是人的成长性需要。所谓基本需要,也称作缺失需要,是指我们生存所必须的需要,它们对生理和心理的健康非常重要,不可或缺,必须得到一定程度的满足。但一旦得到了满足,由此产生的动机就会消失。后三种成长性需要虽然不是人的生存所必须的，但对于适应社会而言却具有非常重大的价值，而且它们很少能够得到完全满足。换言之，基本需要使我们得以生存，成长性需要使我们能够更好地生活。就人的这七种需要而言，低级的基本需要必须至少得到部分的满足以后，才会出现对较高级的成长性需要的追求。就是说，基本需要主要是物质性的需要，当未得到满足时，人往往会千方百计地追求它们；而一旦物质需要得到了满足，人就会积极地、永不停歇地去追求高级的精神需要。

从我们调查所得到的资料看，生存需要是农民工参加培训最重要的动力。农民工从乡村来到陌生的城市，他们本身一无所有，必须找到工作才能在城市里生存下去。在我国城乡分立的二元社会结构下，城市没有为农民工的生活提供必要的支持，城市下岗工人或低保户可以从政府那里得到救济，农民工则不能，虽然他们也生活、工作在城市里，为城市的发展做出了贡献。另一方面，农民工的流出地即他们的家乡也无法为他们在城市里的生活提供帮助。农民工的流动实际上处于自发的、无序的状态，在缺少管理、信息、支持的情况下，农民工要找到收入足够养家糊口的工作并不容易，即使找到了工作，也不能保持稳定，有时还拿不到应得的报酬。农民工经常要为生计奔波、担忧，为了找到工作、或者得到更体面的工作，他们才积极参加培训。因此，生理需要及安全需要是农民工参加培训最显著、最重要的动力，而成长性需要、爱与归属的需要、尊重的需要，对于他们来说都在次要位置。农民工的培训一方面要切合农民工更好地在城市生存、工作的需要，另一方面还要适时加以引导，使农民工的需要更加多样化，从而为他们参加培训、掌握多方面的技能提供动力。

2. *动机的行为理论与农民工的学习动机*

行为主义的动机理论从 20 世纪初在美国兴起，其代表人物包括桑代克（E. L. Thorndike）、华生（John. B. Watson）、斯金纳（B. F. Skinner）等。关于人类行为的动机，行为主义心理学提出了独特的主张，其总的观点是认为动机是某种行为受到外部强化的结果。

桑代克是行为主义学习理论的先行者。他用动物——通常是白鼠或猫——做实验，提出了著名的学习“效果律”。该定律的意思是，如果一个刺激-反应联结伴随着或紧接着满意的事态，联结力量就增加。相反，如果一个刺激-反应联结伴随着或紧接着恼怒的事态，联结力量就减弱。就是说，奖赏或惩罚加强或削弱了先前的反应。而学习就是刺激-反应联结的生成，因此，学习的动机就是为了得到外部的奖赏（或惩罚），即外部的强化是学习活动的动力根源。斯金纳进一步指出，所谓强化，是指使有机体在学习过程中增强某种反应重复出现的可能性的力量，强化物是指使反应发生概率增加、或维持某种反应水平的任何刺激。虽然同属于行为主义，斯金纳与桑代克的观点是有区别的。以桑代克、华生等为代表的传统行为主义认为，用某种刺激可以引发某种反应，这种刺激-反应的联结是该刺激与另一种刺激多次配对的结果，没有刺激就没有反应。斯金纳认为，这种经典性条件作用的理论能够解释人类与动物的某些行为，但数量非常有限。事实上，人类与动物的许多反应并不是由明显的刺激引发的，存在两种不同类型的反应：由刺激引发的“应答性反应”；有机体自我发出的“操作性反应”。前者大多是不随意的行为，而后者则是随意的或有目的的行为。经典性条件作用只能用来解释基于应答性行为的学习，对于操作性行为的学习，则必须用操作性条件作用的模式来解释。该模式指出，如果一种反应——不管有没有引起这种反应的刺激——之后伴随一种强化，那么，在类似环境里发生这种反应的概率就增加。斯金纳认为，重要的刺激是跟随反应之后的刺激(强化物)，而不是反应之前的刺激。人类的绝大多数行为都是有意识、有目的的，即是操作性的，所以，操作性条件作用的模式更能解释人类学习的动机。与经典性条件作用相比，斯金纳注意到了人类学习的社会性内涵，这是两者的不同之处。斯金纳强调指出，在人类的学习中，最重要的强化物是二级强化物。二级强化物与初级强化物不同。初级强化物与满足动物性需要相关，如食物、性、消除痛苦等，与这类强化物相联的是本能性反应，不需学习就能发生的反应。而二级强化物是在良好的学习发生时所出现的用于强化的东西，数量众多，且往往具有社会性的含义，如注意、奖励、高分、金钱、允诺、威胁等。这类强化不直接与本能性反应相联系，换句话说，属于衍生性动机，但这类动机是人类学习中最普遍的动机。衍生性动机虽然以原始性动机为基础，但一经成为某种行为的动机之后，常与其原来的基础动机脱离关系，而具有一种独立支配个体行为的功能，即习得的动机，其本身就具有支配行为的功能。在人类的学习中，最基本、最普遍的是衍生性动机而非原始性动机，人类的学习动机必然具有社会的规定性。

行为主义的动机理论具有一定的合理性。例如，我们常常能够观察到，老师的表扬或批评会影响学生的成绩。受表扬的学生和看到别的同学受批评的学生，成绩上升；受批评的或看到别的同学受表扬的学生，则成绩下降。在这里，老师的表扬或批评实质上是一种外部的刺激或强化，它无疑与学生的刺激相关。如果从长时段的角度观察，这种相关很明显，是高度相关。然而，行为主义的动机理论也有不可克服的缺陷。它把动机归结为单纯的外部刺激及外部强化的作用，只强调行为产生的外部原因，否定了人的主动性和自觉性，是一种机械论的观点，与人类行为实际上的复杂动机状况不符。这种机械论的观点也导致操作层面上的困境。如果忽视人的主体性，则需要对刺激或强化的时间、强度、类型、性质、连续性等诸多要素进行周密、细致甚至烦琐的安排，而这在人类的活动——包括教学实践——中是不可能的。因此,行为主义的动机理论仅具有非常有限的合理性。

那么,对于农民工参加培训的目的,行为主义的动机理论能否解释其动机来源呢?仔细分析访谈、问卷等得到的材料,可以看出,行为主义的动机理论部分地适用于农民工培训的学习动机。例如,一些学员最主要的目标是拿到证书,以便找工作或转换工作。一些企业规定某类工作或某个工作岗位必须符合一定的条件才能上岗,比如电工就要求必须持有电工证,或者把培训、证书等与员工的报酬挂钩。这些都构成了农民工参加培训的动力。从行为主义的动机理论看,证书或收入其实就是外部刺激,只不过这类刺激不是低级的生理需求,而是略高一层次的社会性需要。农民工把获得证书作为直接的动力,目的是希望能够更好地生存。同时据观察,培训学校或教师给予农民工学员的刺激远远不够。农民工培训一般时间较短,不少教师属于兼职,因而师生之间的关系并不密切。虽然教师认真传授知识、教授技能,但师生之间的感情关系比较疏远。在教学中教师与学员的情感交流不多,教师几乎不提问、不表扬、不批评。课后作业也几乎没有,偶尔要求学员自己有时间练习一下,但从不检查。考试与考核的要求也不是十分严格,学员基本上都能够通过。所以农民工学员得到的外部刺激或强化很少。虽然农民工学员都是成年人,然而渴望得到关注、特别是肯定与赞许是每一个人心里的愿望,因而适当增加外部的刺激与强化,以合适的方式肯定和鼓励学员,无疑有利于提高培训的效果。

3. 动机的认知失调理论与农民工的学习动机

在现实生活的许多情境中,个人常常会感受到自己在某些事情上的表现与头脑中原有的自我形象不符,为了维护原有的自我形象,有必要采取积极的行动,这种行为的动机就是认知失调的动机。认知失调动机理论的首创者是美国的心理学家费斯汀格(L. Festinger)。他认为,个人具有维持积极的自我形象的需要,但在许多行为中,个人所感觉到的自我形象与已有的积极的自我形象或信念不一致,或与他人的行为或信念相冲突。当一个人深信不疑的价值观或信念遭遇到心理上相矛盾的信念或行为的挑战时,就会体验到一种不适与压力。为了解决心理上的矛盾冲突,他就可能努力改变自己的行为或信念,或寻找一种解决矛盾的理由或借口,即这一压力产生一种动力,促使个人采取行动。费斯汀格指出,来自认知失调的动力具有普遍性,因为现实世界不断变化,事物本身往往是非常复杂的,而个人的知识、经验、理解和认识世界的能力具有很大的局限性,所以,对现实世界的认知总是不断地与已有的知识或信念(包括自我形象)产生矛盾,两者之间的差距是不可避免的,而这种差距与矛盾无疑会成为推动行为的内在动力。总之,费斯汀格的认知失调动机观包含三层意思：认知因素具有相对独立性，因而认知矛盾不可避免；认知矛盾造成特定的心理压力，因而认知矛盾具有动力作用；认知矛盾具有特殊的心理表现形式，即认知不协调，因而其运动方向总是指向消除矛盾，减小失调。

认知失调的动机理论可以解释学生在学习活动中的一些行为。例如，当一个学生取得的成绩与自我形象不符、或学习的新知识与已有的概念不一致时，心理上就会产生压力，从而促使他采取行动。假设小学生甲在数学考试中总是得100分，他就会认为自己数学成绩好，能力强，应该得100分，而别的同学也会这样认为。某次考试该同学只得了90分，这与他的自我信念不一致，在心理上会产生不适。为消除认知失调，他可能决定以后努力学习，但也可能寻找借口使自己的这个分数得到合理的解释，比如说："考试的前一夜我没有睡好。""这次考试的题目太怪了。""老师考前没有划重点。"实际上，这些借口仍是为了维护他心目中的自我形象。由此可见，要激发学生的学习动力，当认知失调产生时，要避免学生寻找消极的借口去消除心理压力。当然，认知失调的动机理论能够解释某些人类行为的动机，但也不是适用于所有的学习行为。

由认知失调动机引起的学习动力在农民工的培训中还是比较常见的。对于农民工来说，认知失调动机主要包括三种类型：一是原有的知识主要来源于书本，过于理论化、抽象化，操作能力欠缺，导致他们不能胜任操作性的工作。大部分农民工接受过一定程度的教育，读过高中或初中，甚至大学。然而，中学教育中的书本知识与他们的工作关系不大，普通中学教育只是提供了一个知识基础，他们还需要接受针对具体工作的知识与技能教育。二是原有的知识基础很薄弱，无法满足现在的工作需要。一部分农民工仅仅读过小学，或者虽然读了中学，但成绩很差。他们一般性的知识基础差，思维不够敏锐，导致他们在现在的工作与学习中遇到很大困难。比如在调查中发现，在中级电工维修班的学员中，一些学员对中学的物理知识没有掌握好，致使他们在培训中遇到困难，在做简单的计算时都会出错，而且不能理解其中的原理。个别学员甚至因之而退学。三是缺少与工作有关的技能基础，或者虽然有一点技能，但缺乏系统性。例如，一些学员本来是做销售的，或者是生产线上的操作工，他们现在想转行做电工，但他们电工操作的能力很差。还有的学员很少接触、使用电脑，现在想做计算机操作员，他们在学习中就会明显比有基础的学员吃力。不论是什么类型的认知失调，都会促使农民工学员参加培训，并努力学习。当然，认知失调并不会自然而然地产生积极的动力，失调的程度过于严重、学员过度焦虑，也会挫伤他们的学习积极性，因而还需预防他们遇难即退。

4. 动机的本能论与农民工的学习动机

本能论的动机学说具有悠久的历史，从19世纪初到20世纪20年代曾盛极一时。许多心理学家包括美国心理学家詹姆斯(James)、奥地利心理学家、精神分析学派的创始人弗洛伊德(Freud)等都认为,人类的行为是由本能推动、受本能控制的。所谓本能,是指有机体在进化过程中形成并由遗传获得、不学就会的行为倾向和行为模式。弗洛伊德认为,每个人都有两种基本的本能,其一是生存的本能,包括饮食、性、自爱、他爱,等等,这是人类日常生活行为的动力来源;其二是死亡的本能,包括自杀、杀人、侵犯,等等,人类的攻击性行为,其动力就在于此。由此可见,人的所有类型的行为都是由一个或多个内在的生物本能所发动的。当然,一些行为能直接满足人的本能需要,而另一些行为只能间接满足人的本能需要。换言之,在人类的文明社会中,人类虽然受遗传来的动物性本能冲动所控制,却不能像动物那样不受约束地表现出来,也不能被容纳在由传统、文化、伦理等所构造的个人意识之中。在人类的文明社会中,由于有组织的社会生活的需要与压力,人们必须抑制本能冲动,然而,这些本能冲动虽然被压抑,却并未消失。实际上,经过伪装与适当的改变以后,它们会被意识所容纳,成为人们行为活动的根本动力。经过观察可以发现,有三种类型的行为活动可以满足这些本能冲动的需要,或者说,有三种类型的行为活动实质上是由这些本能冲动所引起的:① 直接的象征性活动:与性和暴力相联系的、但又是人类社会所允许的行为活动,如跳交谊舞、现代舞、练习拳击等;② 间接的象征性活动:主要是人类各种形式的“高雅”的文化活动及其产品,作者在利用绘画、写作、音乐等活动来发泄自己内心的欲望;③ 不会伤害社会的、压抑性的活动,就是梦。所以关于梦的研究与解释是精神分析学派的重点内容之一。

在最广泛的意义上,学习是人类最基本的活动之一,它与生产实践、娱乐等一样,是人类的一种基本生存状态。从教育哲学的观点看,“学习是人类(个体或团体、组织)在认识与实践过程中获取经验和知识,掌握客观规律,使身心获得发展的社会活动,学习的本质是人类个体和人类整体的自我意识与自我超越。”[①]也就是说,人类的学习活动同人类的物质生产活动一样,都属于人类最基本的社会实践活动,二者相辅相成,互为因果。遵循自然界的普遍规律,每个人都有学习的本能冲动,这是我们日常生活与工作中的许多学习、特别是非正式学习的动力源泉,农民工也不例外。在笔者的调查中,一些学员表示来参加培训第一个原因就是觉得应该学习,喜欢学习。对他们来说,学习是生活的一种基本方式,就像吃饭、睡觉一样,不需要问为什么。“活到老、学到老”是他们的本能想法。他们甚至从未想过要追问学习的目的,参加培训的目的并

① 邓晓丽.我国农民工教育培训问题研究.硕士学位论文.四川师范大学,2007.

非直接与找工作联系在一起。这是农民工学员的一种不很明显、但比较持久的学习动力。只要加以引导,这种类型的动力就能够较好地为提高培训质量而服务。当然,这种动机不是农民工参加培训的主要推动力,实际上,它的作用可以用"微弱"来形容,因此也不能过分强调它对农民工学习动机的解释力。一方面,动机的本能说与农民工培训的主要动机状况不符;另一方面,它自身也存在不足。换言之,本能推动的动机既有优点,也有不足。如果每个农民工学员都把学习作为生活中的一种本能活动而不是受制于外在压力的话,学习无疑将会是持久的、有效的。实际上,虽然当前农民工的学习动机主要受制于生存的压力,可是,若没有遗传的、本能的基础,学习就无法进行。在他们的学习中,本能的驱动作用之所以很微弱,是因为它遭到了生存压力这种动力的削弱。当然,本能推动的学习也可能具有某种盲目性,它需要外在方向的引领。许多研究者认为,用本能论来解释人的一切行为在理论上是荒谬的,在实践中是有害的。"首先,强调人类与动物的连续性是有积极意义的,但是把人还原为动物则是错误的,因为它抹杀了人类意识的存在,否定了人类行为的自觉性和目的性;其次,把人类的一切活动都解释为本能的推动作用,等于什么也没有解释;最后,把社会看成是由像动物一样只有本能冲动的人类个体所组成,无疑会导致把某种社会制度所固有的剥削、暴力、战争等丑恶行径强加给人类的本性,给帝国主义的剥削和侵略找借口。"①基于此,笔者认为,学习的本能是农民工参加培训的动力之一,但不是重要的动机,动机的本能部分地适用于对农民工学习动机的解释。

5. 成就动机论与农民工参加培训的动机

成就动机理论是一种具有广泛影响的动机理论,其杰出的代表人物当推阿特金森(J. Atkinson)。成就动机是指一个人对自己认为重要的、有价值的工作乐意去做,并力求达到成功的一种内在推动力量。成就动机是人类特有的动机,是后天获得的具有社会意义的动机。成就动机的大小受成就需要、对成功的期望等内部心理因素和诱因、目标等外部环境因素的综合影响。阿特金森用数学公式表示如下:

$$T_S = M_S \times P_S \times I_S$$

其中,T_S 表示趋向成功的倾向;M_S 表示成就需要,即追求成功的动机,是一种长期的、稳定的、追求成功的情感意向;P_S 表示在完成任务时获得成功的可能性,指的是认知的目标期望,或预期工具性行动导向的目标。简言之,就

---

① 王小和,张艳. 农民工进城就业状况分析与对策探讨. 农村经济,2006(2).

是行动者主观上认为获得成功的可能性；I_S 表示成功的诱因值。阿特金森认为，成就目标的诱因值是一种情感，标志着成就上的自豪感。在困难任务上的成功比容易任务上的成功会更多地体验到这种情感①。例如，学生在容易学习的科目上得到高分时并不感到自豪，但在难学的科目上取得高分时，会感到非常自豪。

成就动机是成就需要、成功的可能性、目标的诱因值三种因素的函数。一般的说，成就需要愈强烈，成就动机就愈强。当要解决的任务难度适中时，成功的可能性和目标的诱因值各占一半，在这种情况下，成就动机的强度将随成就需要的变化而变化。如果任务太难，虽然目标的诱因值加大了，但成功的可能性大大降低，成就动机必然会减弱。同样，如果任务过于容易，成功的可能性大大增加了，但目标失去了魅力与快乐，成就动机也会受到很大影响。因此，成功的可能性与目标的诱因值是反比关系。这样的函数关系蕴涵了三个假设：① 假设每个人对活动的结果都有两种同时存在的预期，一种是感到不一定有好的结果，另一种是期望达到优异的结果；② 假设在活动中的反应有两种趋向，即追求成功和避免失败；③ 假设期待与诱因是相关的，如果成功的可能性大，达到成功后的愉快感降低，成功的可能性小，获得成功后体验到的满足感就强烈。

从学习的角度看，人类的学习有这些成就取向：① 求知取向。在学习活动中，人类具有认识和理解周围世界的需要，具有独立思考有一定难度的问题、乐于进行智力性活动、希望能够合理地、合逻辑性地解决问题等欲望，这种以获取知识、理解事物为目标的动机是成就动机的一种类型，它表现在人类的好奇、领会等心理活动中，也表现在探究、操作等外在活动中。一些心理学家认为，这一类的成就动机是本能性的、生来就有的。② 社会认同的取向。人们具有因自己能胜任工作而赢得相应社会地位的需要，显示在学习中努力自我提高，追求成功，从而在集体和他人心目中赢得较高的地位。就是说，取得成就成为赢得地位和受到尊重的根源，这是一种成就动机。同样，学生由于不能胜任学习任务而造成的失败结果有可能导致在集体中地位降低，面临受不到他人尊重、自尊心丧失等威胁，这也会增强学生的学习动力。社会认同的成就动机无疑属于外部动机。③ 情感取向。许多学生对获得老师、家长或同学的赞许、认可具有强烈的需要，这促使他们认真学习、获得成功，即是一种学习动力。这种动力不指向学习内容，也不指向社会认同，而指向对后者在情感上的依附，他们希望与后者保持亲密的、受宠爱的情感关系。例如，许多学生为

① 吴慧燕. 农民工生存状况及培训政策探析. 职业教育研究，2005(12).

自己喜欢的老师而努力学习，而毫无理由地拒绝接受他所不喜欢的老师提出的学习要求。应当注意，以上三种类型的成就动机在学生的学习活动中发挥的作用不是固定的，通常随着年龄、性别、个性特征与社会历史及文化背景等因素而变化。例如，求知取向的成就动机一般会随着年龄的增长而提高，而情感取向的成就动机在儿童的学习中经常能发挥重要作用。

成就动机在农民工的培训中也有体现。农民工是一个特殊的群体，与在校学生不同，他们认为有价值、标志着获得成功的事情主要包括两个方面：其一，能够在城市中较好地生存下去，找到可以多挣钱的工作。生存始终是农民工关心的头等大事，如果能够做到这一点，他们就觉得获得了成功。虽然从城市富裕阶层或白领阶层的角度看，农民工的成功微不足道，但在农民工这个群体中，能够在城市中站稳脚跟就会被认为是成功的。为了达到这一目标，农民工乐意付出努力。其二，掌握知识与技能对于获得工作非常重要，而培训则是学习知识、发展技能的重要途径，所以，农民工愿意参加培训。农民工通常没有一技之长就来到了城市，流出地没有对他们进行必要的培训。而城市里的公司、工厂等往往只给予他们最基本、最简单的培训，让他们能够参加劳动就行了。农民工自己认识到，没有一技之长、仅仅依靠出卖体力，不仅吃苦受累、收入低，而且工作不稳定。因此，当遇到有组织的培训时，农民工是积极参加的。他们渴望通过培训掌握一定的工作技能，为改善自己的生活状况服务。这样，农民工参加培训的成就动机主要属于社会认同取向的动机，而认知取向与情感取向的成就动机则很微弱。这种动机也是促使农民工参加培训、刻苦学习的重要动力。

三、农民工参加培训的动机存在不足

由上述分析可知，农民工参加培训最主要的动力来自生存需要，即生理需要与安全需要。从成就动机的角度看，对农民工而言，能够得到稳定的工作、在城市里生存下去就是值得追求和渴望的成功，也是满足他们自尊心的重要途径，尊重的需要也在一定程度上促使他们努力学习。希望能够获得证书、找到收入更高的工作直接刺激了农民工积极参加培训，对于本来就喜欢学习的学员来说，参加培训和学习就是一种主观能动性的活动，不一定直接指向具体工作的需要。所有的农民工都发现原有的知识与技能不能满足现在的工作需要，无法使他们胜任自己的角色与任务，因此，认知失调也是推动农民工参加培训的重要动力。再者，每个学员不是只有一种单一的学习动机，而是常常具有几种不同的动机，他们的学习动机是复杂的、变化的。总体上看，与在校学生相比，农民工学习的动机是强烈的，但他们的动机也存在一定的不足，这主要表现在以下几个方面：

1. 以外部动机为主，内部动机不足，学习动力难以持久

掌握必要的技能、找到稳定的工作、从而能够在城市里生存是农民工参加培训最重要的原因，而这些动机都是来自外部的刺激，短时期内可能是强烈有效的，但容易随着外部环境的变化而改变，难以持久。一旦培训结束，外部的动力消失，这些学员基本上不再坚持学习。因此，不能仅仅把知识、技能视作谋生的手段，它们还是人类智力劳动成果的结晶，反映了事物运动的规律，具有内在的智力价值，而不仅仅是外在的操作性价值。就是说，学习知识、练习技能，在具有外部效用的同时，也具有内在价值，能够给学习者带来智力上的愉悦与挑战，促进学习者智力和情感的发展。如果能够体验到知识技能的内在价值与乐趣，就能不为外部环境左右，发自内心地喜欢学习，持久地、高效地学习。很显然，农民工的内部学习动机还比较弱，他们较难体验到学习的乐趣。

2. 以直接动机为主，间接动力不足，学习动力狭窄

动机越是多样化，就会越有利于促进学习。从调查的结果看，农民工的学习动机基本上属于低层次的缺失性需要，比如为了找到或变换工作，为了拿到证书等，而高级的成长性需要对他们学习的推动几乎可以忽略不计，出于本能的学习动机也不是很明显。而实际上，虽然农民工面对的主要问题是生存，但并非不能有成长性需要。不论在什么处境下，人都有物质的需求，同时也有精神上的需求。农民工的需要首先是物质上的，然而他们也有精神上的需求。成长性需要也可以促进他们的学习，并能够强化基本需要。若学习动机过于直接，反而会把不重要的东西当做追求的目标，妨碍对知识技能的掌握。这一点从下述对凌老师的访谈中可以得到佐证：

笔　者：关于农民工培训的问题你提了几点，刚刚有老师提到企业里面不认这个证，这跟我们的培训质量有没有关系？

凌老师：是有一点影响的，有些地方部分学校不怎么培训就发证。但苏州市区大部分学校由劳动局发放的证书还是有一定含金量的。

笔　者：苏北那边情况我们也了解一些，像农民工培训这一块不是太规范。

凌老师：我以前就是从苏北过来的，那里的学生预科班就是职中也可以考大学，考大学的时候必须有个中级技能证，中级工证全部是通过教学发放的，他们一方面是高中学生，另外一方面是培训机构，有一点鱼龙混杂。苏州做职业培训还是相当规范的。不规范操作，企业会怀疑这个证的含金量。

笔　者：是的。

凌老师：一方面正规培训机构论证花了两个月，时间精力材料都花进去了。但是有的地方就是你交点钱就可以了。

笔　者：这样拿了个证，真正让你去干活你干不来。企业里面不认这个证也很正常。

凌老师：有的，你让他做这个事情他肯定能做出来，但是有些他是真的不能做的。

——对中级电工培训班凌老师的访谈

以上的访谈资料表明，如果学员是为了拿到证书而参加培训，当能够通过其它的渠道得到证书时，他们就不会认真学习。把拿到证书作为最重要的直接目的，就无法提高学员学习的效率。因此，应该想方设法扩大学员的动力来源，重视间接动机的重要作用，使他们拥有多样化的学习动机。

3. 农民工学员的学习动机没有较好地与兴趣配合

兴趣是人类学习持久、恒定、有效的动力源，“知之者不如好之者，好之者不如乐之者”，这很好地说明了兴趣对激发和维持行为的重要作用。如果不喜欢某些知识或技能，即使在外力驱使下付出了很大努力，很可能效果仍然不理想。农民工参加培训，最重要的是为了掌握具体的工作技能，以便找到工作或变换工作。对他们来说，能够找到工作是最重要的，即使不喜欢某个工作，为了维持生计，也不得不做。因此，他们为了工作而学习，学习的内容不一定是他们喜爱的知识技能。比如，在中级维修电工班中，来参加培训的学员都希望能够成为电工，但原因是因为电工比原来的工作轻松、收入高，在调查中，没有学员提到内心里喜欢做电工的工作，他们甚至没有意识到自己是不是喜欢电工这份工作。农民工培训的内容大多是基础性的工作技能，绝大部分学员没有想过是否对这样的培训内容感兴趣。可以说，兴趣在农民工的学习动机中是缺失的，从长期发展的角度看，这会影响他们的学习效果。

第二节　农民工参加培训的实际动机与目标

为了了解农民工学员参加培训真实目标与动机，笔者挑选了餐厅服务员培训班、中级电工维修培训班、微机系统操作员培训班三类工种的培训进行了现场调研。笔者观察了学员的学习状况和教师的授课情况，并分别对4位教师和8位学员进行了深度访谈。在这些资料的基础上，笔者分析了农民工学员参加培训的动机与目标。由于农民工培训的管理体制有待进一步完善，信息发布的渠道还需要拓宽、规范,农民工、特别是新进入城的农民工往往是因为偶然的机会才得到了农民工培训的信息。不论是从什么途径得到的信息,只要客观条件许可,绝大部分农民工是积极报名参加培训的。

一、培训教师访谈

从总体上看,农民工学员的学习态度是端正的,学习的动机与愿望强烈,学习目标明确,学习态度刻苦努力。培训教师对学员的学习态度基本上是肯定的,这从以下对培训教师的访谈中可以清楚地看到这一点:

笔　者:上次问起林老师时,他提到这帮学生(指农民工学员)愿意花功夫,态度是第一位的。

陆老师:对。因为这个技能考试毕竟没有太大难度,中级工,这部分内容实际上每个人都能学好,关键是态度决定教学效果。

——对中级电工培训班陆琦老师的访谈

姚老师:农民工和学校里学生的兴趣是不一样的。学生的接受能力比较强,而且在学校已经养成了这个习惯。而农民工主要就是为了工作,他们的要求是学到的东西能派上用场,以便于他们更快地投入工作,赚更多的钱。

笔　者:这目标非常具体,很明确。

姚老师:非常实际。

——对餐厅服务员培训班姚老师的访谈

潘老师:农民工本身也是很不稳定的。一般来说,来培训的农民工要么他培训中途因为各种原因半途而废,除此之外,能坚持下来的农民工往往都是很用功的。他们自己也是很矛盾的。

——对计算机操作员培训班潘老师的访谈

笔　者:你觉得对农民工的培训存在的最大问题是什么?比较严重的问题是什么?

凌老师:问题主要表现在学习时间上不能保证,有些学员整个培训时间至少有一半不来。还有一个就是说因为是政府买单嘛,今天我来一次,后天我不来,你就得让我过,反正要是你不给过,政府是不给钱的,所以部分学员就存在混的想法。

笔　者:我看大部分来的学员还是比较认真的。

凌老师:不来的有各种原因。有的晚上加班,他来了之后就是露个脸,我是这个班的。还有一个问题,我们这个培训好像是为培训而培训的,学员们考到了中级工,他以后用不用得到呢。还有就是用人单位承不承认，培训之后用人单位会不会因为学员有了这个证或有了这方面的技能，会对他们待遇、工种和其他方面有所改善。企业也有可能不承认。政府做的是好事，但企业还是按部就班，根据员工的业务水平慢慢来的。

笔　者：就是说，有的学员拿证就是想工作好找一点？

凌老师：有个证嘛，毕竟有个敲门砖。但是企业不一定认这个证。企业和政府之间的沟通还存在问题。开始找工作的话，还是有点用的。同样两个人找工作，就像一个高中、一个初中一样，肯定会选有证书的。但是进了企业之后，企业不会因为这个证就给你待遇好一点，它不认证的。

——对中级电工培训班凌红军老师的访谈

笔　者：作为负责管理的老师，对学员印象如何？

顾老师：我接触到的学员中，极少数不是很想学，90%以上的学员都是很刻苦的，都想学点东西。但矛盾的是社会支持力度不够，特别是外企和私营企业，晚上要加班，学员没办法来上课。这期25人报名，昨晚参加结业考试的只有20个人，3人出差了，还有两人说厂里忙，根本没时间出来，说下次补考。外企可以照顾一下学员，不要安排夜班，晚上可以上课的。有些学员也不敢给厂里提要求，对于学员来说，生存是最重要的，保住饭碗，然后才是提高。

——对苏州技师学院培训办公室顾海华老师的访谈

由上述访谈材料可以看出，不论是上课的专任教师，还是负责教学管理的教师，对农民工学员的学习态度一般都是认可的，培训教师认为他们目标明确，学习积极努力。当然，从教师的角度看，农民工学员的学习动机也不是无可挑剔，比如潘老师、凌老师都提到有学员缺课或迟到的问题。分析其原因，主要不是学员不愿意学，而是诸多客观条件的限制，比如企业要求上夜班导致学员无法来上课、培训单位颁发的证书效用不够高、家庭有事需要做，等等。据笔者在课堂上的观察，能够来上课的学员听讲、动手操作都是很认真的，下面是笔者观察到的一个例子：

一名学员（薛景涛）在练习接线路板时，在旁边放一块手表计算时间，表情非常认真。

——对中级电工培训班实训课的观察(2009.12.20)

二、农民工参加培训的种种目标

进一步分析，农民工参加培训的动机是各种各样的，他们的需要与目标有共同的特点，但同时也存在着很大差别。概括起来，他们的目标主要包括以下几种类型：

1. 为了转换工作

彭张红同学2005年从苏州农校毕业，现在参加了中级电工培训班的学习。之所以接受培训，他的想法就是为变换工作做准备。

笔　者：你是哪年毕业的？

彭张红：2005年毕业的。

笔　者：毕业后就在这里（指苏州）工作吗？

彭张红：开始是做业务的，因为我这个专业不太好找（工作），做了半年业务，才找到了公司。

笔　者：为什么要参加这次培训呢？

彭张红：感觉到电工在公司里优势比较大，很多方面涉及电工技术。要做电机维修的工作，我们公司有规定，没有电工证是不能做电工的。如果出现问题，公司是要负责的。我想学一下，因为很多做电工、电器的做得不错。

笔　者：那你现在的工作是什么？

彭张红：现在主要是水处理，像空调、冷冻机处理。

笔　者：你参加了这个培训后想转工作吗？

彭张红：想往电器维修方面转。今年刚考了苏大（指苏州大学）的机械设计自动化，是苏大北校区机电系的，去读本科。本科结束后肯定要接触电这方面，现在学对将来有好处。

——对中级电工培训班学员彭张红的访谈

2. 为了获得证书

陆晓军也是中级电工培训班的学员。他是苏州本地人，在苏州一家美资企业上班。他参加培训的目的除了为变换工作做准备，还为了要拿到中级电工证。

陆晓军：我是读完初级以后，因为还有时间，不想浪费青春，再深造一点，读个中级。

笔　者：你现在在做什么工作？

陆晓军：我现在做保养维护，设备维护。

笔　者：你学习初级电工证之前，接触过电器维修吗？

陆晓军：接触是接触过，但没电工证。假如要跳槽的话，没电工证现在很难找到工作。以前我进厂的时候早，对电工设备维修上还没有这种强制要求，现在必须要有这个证。

笔　者：那你就是在做维修这个工作，再来学习就是拿电工证。

陆晓军：我一开始在生产线上工作，因为内部人员调整，我去申请电力维修的位置，成功了。

笔　者：应该说电力维修比在生产线上做要好一点，可能还有点竞争啊。

陆晓军：生产线上没有东西可学，都是流水线。但维修可学的东西就多些，接触的人也要多点。

——对中级电工培训班学员陆晓军的访谈

3. 为了掌握工作技能

孔爱霞是开电器维修部的个体户，他参加培训主要也是为了找到一份稳定的、甚至体面的工作，同时也想尽可能多掌握技能。即使所学的东西不会马上用到工作中，他也尽可能去学。

笔　者：在参加这个培训之前你参加过类似的培训吗？

孔爱霞：参加过，原来在北京培训过，包括海尔。

笔　者：你以前在北京也做过关于电器维修吗？是在公司里做吗？

孔爱霞：关于热水器的维修，属于办事处的那种性质。

笔　者：不像你现在一个人做吗？

孔爱霞：也是我自己掏钱。

笔　者：我不明白。

孔爱霞：说这话也有十年的时间了，在北京除了工作也有业余时间，下了班以后，对电器维修比较感兴趣，就去学习空调制冷这方面的技术。

笔　者：你指的是培训的学费，我的意思是当时你在公司而你现在是自己干，这个肯定不一样。

孔爱霞：对。

笔　者：你在公司上班时，不是公司派你去培训的吧？

孔爱霞：不是，我自己自愿的，我自己掏钱，相当于提升一下自己，充实一下自己。

笔　者：你自己去参加培训是不是想直接在你的工作中用到？

孔爱霞：用不到，当时用不到，空调对家庭来说是个必备的家用电器，离开这个公司以后，我还有一技之长，工作面广一些，择业轻松一些，当时是这个出发点。

笔　者：那你还蛮有心的。

孔爱霞：这个谈不上。

笔　者：你以前参加过，为什么还要参加这次的培训呢？

孔爱霞：我自己目前是开店，这边一年的房租蛮高的，一年要三万块钱，在胥江路那边，一年到头忙下来除去房租就所剩无几了。后来一个朋友介绍说有个电工证，可以介绍工作单位，一个月有三四千，抱着这个想法想拿张电工证，我想凭我多年的工作经验应该是足够的。

笔　者：不管是接线路，还是机床操作，相对来说比较容易。

孔爱霞：对，相对来说比他们有经验。

笔　者：那你这次参加培训的目的就是要拿这个电工证，以后好找工作，是吧？

孔爱霞：目的是这个目的，总归还是想学点知识，这也是其中之一吧，不能为了拿证而拿证。

——对中级电工培训班学员孔爱霞的访谈

对培训教师的访谈也表明，的确有一部分学员是为了掌握工作技能而参加培训的。

潘老师：如果是给农民工上课，就是按照实际的基础知识来授课，可能会在某一个方面多讲一点，如在技能方面。

笔　者：也就是对农民工侧重技能方面的培训？

潘老师：是的，而对学生侧重理论方面的培训。

笔　者：您是做计算机培训的，那您的培训目标是什么？比如针对农民工培训。

潘老师：我的目标是让他们掌握计算机的基本技能，了解一些基本知识，能够胜任他们今后的工作。因为现在计算机是每一个人都需要掌握的基本生存技能，就像以前写字、计算是用笔，而现在要使用电脑。需要用电脑做临时票据，数据处理等问题日常生活中会用到许多，离开了电脑很多工作就无法完成了。

笔　者：那您的培训目标是自己定的还是按照上面的要求来定的？这些目标之间的关系你是怎么处理的？

潘老师：这些目标是按照教科书和自己授课过程中的感受来制定的，我觉得计算机的普及应用学生需要掌握哪些技能，当然有的学生提出来了，也有的在工厂工作的学生把表格或是在单位上无法处理的问题带到课堂上来了，这些学生的针对性比较强一些，农民工一般就是这样的。

笔　者：在教学中这个目标是如何体现的，让学生能够领会这堂课或者整个培训是要达到这样一些目标？您是用什么方式让这些接受培训的农民工理解的？

潘老师：这还是通过教材来体现的。

——对计算机操作员培训班潘老师的访谈

4. 为了改善知识和技能结构

薛景涛的情况比较特殊，他毕业于山东理工大学，本科文凭。虽然他在苏州的身份也是打工的，但他的知识基础明显要好于其他学员。薛景涛主要是想获得动手操作的能力才来参加培训，因为在大学里学的知识过于理论化，不足以应对实际工作的需要。

与大学以理论知识的学习为主的教学不一样，农民工培训非常重视实践操作能力的训练，与大学的教育形成了互补。教师和学员虽然都有这个观念，但想法还是有所区别，教师会顾及到学员结业以后的学习与发展。比如，在对中级电工维修班凌老师的访谈中就显示了他的这一观点：

笔　者：对于电工培训来说，抛开考试，这个培训的目标是什么？

凌老师：这个目标就是掌握电子设备方面的知识，要达到中级电工水平需要掌握哪些知识，能力会因为不同的工作岗位而有所区别，知识一定要具备，但是根据我们考核的要求，操作是放在第一位的。

笔　者：这个考核和培训的目标在实际教学当中能起到哪些作用？

凌老师：像我们在教学过程当中，尽量多花一点时间在前期讲理论知识，2/3 放在理论上，1/3 放在实践上，因为以后他不一定从事这个工作，但是他有了知识后就会有所选择。我把知识给他们全部罗列出来，只是给他们引了个头，做什么样的事情应该具备什么样的知识，应该从这个头开始，我就做了导引这样一个作用。但是呢，我也不会讲得很详细，一个因为没有那么多时间，二是你讲了他也不一定能够接受下去，需要积累，不是我今天讲了，他明天就能会了。

——对中级电工培训班凌红军老师的访谈

5. 本身具有喜欢学习的习惯

有的学员参加培训并没有非常直接明确的目标，他们只是想多掌握一项技能，以便在找工作时能够用得上。潘慧是计算机操作员培训班的一名学员，她参加培训一方面是为了转换工作，另一方面就是比较爱学习，即使是没有直接、迫切的要求，也喜欢学习。

笔　者：我想问一下你以前是否参加过培训？

潘　慧：有，参加过。我高中毕业以后，当时是在东北师大培训班。那时要交学费，现在这个不交学费。当时学的是WPS，就是最初级的那种，十年前了。我挺喜欢这种的，如果有时间的话，就是活到老、学到老。

笔　者：那你为什么想到选择参加电脑的培训呢？

潘　慧：本来我在东北，就是十年前，那时是WPS，现在是Windows。后来我自己去参加过培训，学的是Windows、Office。但是我现在想从事和电脑有关的工作，我就想把这个拣起来，所以说我才参加了这个培训。

笔　者：你十年前学过这个，然后中间就没有怎么用过？

潘　慧：对。我十年前就学过这个，后来一直在打字，我在房地产行业工作，我现在打字很快的。

——对计算机操作员学员潘慧的访谈

从对上述几位农民工学员的访谈来看，他们参加培训的目标有所不同。有的有直接的目标，有的不是；有的目标单一，有的则抱着多种目标；有的目的明确，有的则含糊。为了找工作或变换工作是最为明显的动机与目标，掌握知识技能、获得证书也是重要的目标之一。另外，改善原有的知识与技能结构、不断学习以备将来所用也是一部分学员的想法。由此可以看出，生存的压力是农民工学员参加培训最重要的动力，他们对自己在城市中能否安身立命普遍有着较为强烈的忧患意识。这从问卷调查的数据中也得到了证实。笔者共发放问卷52份，其中有效问卷47份。调查发现：大多数农民工学员参加培训是为了掌握知识技能，占总样本的78.3%。部分学员参加培训的目的只是为了掌握工作技能，占总样本的34.8%；还有部分学员的目的比较复杂，一些学员参加培训除了学习工作技能外，也为了取得证书，他们占总样本的6.5%；一些学员因为工作单位规定同时也为了学习工作技能和取得证书而参加培训，他们占总样本的2.2%；而另一些学员是为了学习以前在学校没有掌握的知识，同时也希望能学到工作技能，他们占总样本的30.4%。

通过分析农民工学员的学习动机与目的，发现他们大部分都热切地渴望学习，珍惜学习机会，学习的自觉性、主动性很高。这在一定程度上与学校中学生的学习动机形成了对比。在学校环境中，学生被动学习的现象相当普遍，缺乏学习的积极主动性。那么，农民工学员是不是夸大其词，所表达的学习动机或目的是不是虚假的呢？笔者认为，他们所说的动机具有可靠的真实性。农民工都是成年人，思想比较现实，努力掌握新的知识、技能的确是改善其处境的必由之路；如果虚假地表达动机、抬高自己，他们也得不到什么利益。同时从任课教师的反映看，他们所表达的学习动机与目的是可信的。

第三节　引导农民工学员树立正确动机与目标的措施

农民工学员在培训中的学习动机总体上是强烈的，目的明确，但他们学习的目的与动机也存在一定的不足。针对其学习动机中存在的问题，可以采取下述措施来完善他们的学习动机：

一、强化培训内容与农民工具体工作的切合度

掌握针对具体工作的技能、方便找工作或更换工作是农民工参加培训最重要的目的，从认知失调的动机理论看，实际工作也需要从业者具备完成真实任务、解决实际问题的能力，而不仅仅是掌握一些原理类的理论知识，这就要求培训的内容必须实用，切合学员的实际工作需要，这样才能激发他们强烈的学习动机。

1．合理选用教材，强化应用性

从调查的情况看，农民工培训的内容基本上遵循了实用、具体、突出能力的原则，但也存在一些问题。在教材的选择上，农民工的培训没有专门教材，教师一般选用职业学校学生使用的教材。这类教材是针对职业学校在校学生的需要编写的，既突出实用性，又兼顾理论性。例如，中级电工维修班的培训选用的教材是《中级维修电工工艺学》（机械工业出版社，2006 年），该书共五章，分别是：

第一章：电力变压器的修理

第二章：直流电机的修理

第三章：电焊机的修理

第四章：交流电机的修理

第五章：电气控制设备及维修

从该书的章节目录看，该教材的实用性非常显著。但是，该书的具体内容中，每一章都是先叙述原理，然后再讲述维修的内容。例如，第一章的内容是

“电力变压器的修理”，其中第一节是“中小型电力变压器的结构、联结与制造工艺”，这是讲解变压器原理的内容；第二节是“中小型电力变压器的修理”，这才是需要动手操作的技能部分。该书的结构安排都是如此。对于在校学生来说，这样的内容结构是合理的，学生也需要懂得各种电力设备的原理，然而农民工的培训是短期的，没有学生那样长的学习时间；农民工的知识基础也比较薄弱，对于原理的理解存在不少困难。因此，按教材教学，对于农民工的培训而言就不合适。据观察，教师在授课时仍然按照教材的要求上课，原理类的内容占用大量时间，这无疑会削弱学员的学习积极性。所以，有必要对教材内容做适当调整、简化原理类内容的教学，这样才能更好地调动学员的学习积极性。

2. 强化教学的实践性

除了需要进一步强化实用性以外，从激发和维持学员的学习动机的角度看，农民工的培训还需要强化实践教学，并及时更新教学内容。操作性技能必须在实际动手操作的过程中才能养成，实践教学环节特别重要。在承担农民工培训任务的教学点中，有的培训机构硬件教学条件较好，有完善的实习场地，仪器设备齐全，能够较好地开展实训实习等教学活动；也有的教学点教学设施较差，缺少必要的教学仪器设备，无法正常开展实训实习，甚至为了保护仪器、节约费用而故意限制学员使用教学仪器，只由教师的讲授代替动手操作，学员的技能学习大受制约，学习的积极性与主动性也受到影响。另外，如果是在职业类学校中培训农民工，教材的内容往往比较陈旧、过时，学校里的仪器设备也容易老化，不能及时更换新的设备，不能与企业的需要同步。学员学了知识技能以后，发现在企业里早已过时了，这无疑也会影响他们学习的积极性。因此，及时更新教学内容和仪器设备对维持农民工学员的学习热情也很重要。

3. 改善教学管理，激发学员的学习积极性

为了激发农民工学员的学习积极性，在培训内容上还需要关注他们多样化的需求。一些学员读中学时成绩不好，文化基础较差，这导致他们在听课时感到困难，个别学员甚至因之而退学。对这部分学员，需要给他们适当补习一些文化基础课的知识。还有些学员参加培训不仅仅是为了掌握工作技能，他们还希望能够通过培训开阔眼界，结交朋友，更多地了解当地的生活习俗，更好地融入当地的生活。农民工离开家乡，在落脚的城市往往举目无亲，缺少朋友，孤独无助的感受很强烈，因此，一些学员参加培训还有潜在的精神层面的需要。以下对中级电工维修培训班彭张红同学的访谈就说明了这一需要：

笔　者：你现在这个班，有没有跟你是一个单位的同学？

彭张红：没有。

笔　者：和班上的同学熟悉了吗？

彭张红：熟悉的。有几个熟悉的。

笔　者：平时相互交流吗？

彭张红：交流的。有些不懂的问题相互探讨一下，懂的不一样，经验可以相互学习。可能他们懂的我不懂，我懂的可能他们不懂，相互学习可以提高自己的技能。

笔　者：以前的工作，包括现在做的工作都不太一样。

彭张红：想认识一下，交个朋友。有什么困难可以相互请教。

笔　者：课后联系吗？

彭张红：有时会打电话，有几节课我可能有特殊情况，来不了。就问他们老师讲了什么东西，再把笔记拿过来借我抄一下。

——对中级电工维修培训班学员彭张红的访谈

虽然这些需要不是农民工培训中主要的学习动机，而是属于较高层次的成长性需要，但满足这些需要无疑能够大大激发他们的学习积极性。因此，培训单位应该适当增加个性化的教学，在可能的情况下丰富学员们的课余活动，这对于激发和维持学员们的学习热情是大有裨益的。

要达到加强培训内容与农民工需要相切合的目的，改善教学管理也是必要的。现在学员虽然可以选择要参加的培训的工种，但在培训内容的选择方面是被动的，基本没有发言权，无法表达他们个性化的需求。为了使学员对培训的内容感兴趣，有必要采用有效方式调查学员对培训内容的要求。不能因为是短期的培训，农民工学员对培训的内容、甚至培训单位不熟悉，就假设学员对培训的内容没有自己的看法，就不重视学员在学习中的主体地位与作用。实际上，学员选择了参加某个工种的培训，他通常对该工种已经有了一定的了解，对希望学习、掌握哪些知识技能也有自己的要求。例如，我们在调查中得知，许多学员希望培训的教学组织形式更加灵活，最好是模块课程的组织形式，这样能够扩大他们选择的自由度，便于他们选择渴望学习的内容，而不在已经掌握的内容上面多花时间。下面是我们对孔爱霞同学的一段访谈记录，他表达了希望培训的教学组织更加灵活的想法：

笔　者：你觉得又要工作又要到这边参加培训，精力够用吗？能不能应付过来？

孔爱霞：可以可以，关键是看你觉得值不值得。我希望学到自己想要学的东西，其余的呢，我不进工厂的话，一辈子都用不上。

笔　者：我知道你的意思，你希望这边的课程就像是个菜单似的，像自助餐。

笔　者：上次林老师也跟你提过，说你最好上专门的家电维修班，这个班可能完全不适合你。

孔爱霞：苏州这边没有，南京有过的。

笔　者：专门的家电维修班没有。它如果是那种专门的职业性学校，估计也不是菜单式的，你要学什么就是什么的，它是按照学校的规矩来，一个学期一个学期的，很多课程你不学也得学，肯定还是那样子。

孔爱霞：所以我觉得教育机构有必要改革一下，就像进饭馆吃饭一样，你想吃西餐，给你端中餐，你爱吃不吃，让人很难消化。

——对中级电工维修班学员孔爱霞的访谈

这段访谈资料表明，学员对如何组织课程与教学是有他们自己的看法的。了解学员的意见，可以提高他们对培训的满意度，帮助他们保持高昂的学习热情。培训单位应该制订规范的制度，采取有效的方式收集学员的看法与建议。可以利用问卷的方式，也可以通过谈话了解他们的想法。可以调查正在接受培训的学员的想法，也可以追踪调查已经结业的学员的看法。虽然这样的调查会增加教学管理人员的工作量，但对激发学员的学习动机、提高农民工培训的效果很有帮助。

二、建立和谐、密切的师生关系

师生关系是影响培训效果的重要因素。融洽的师生关系有助于维系学员的学习热情，而冷漠、疏远甚至恶劣的师生关系无疑会减弱学员的学习动力。根据动机的行为理论，老师积极、正面的评价会激励学员更努力地学习，即使是批评或暗示对某个学员的不满，也可能会促使学员关注自身的学习。如果老师对学员的表现不置可否，不予反馈，则不利于维持学员的学习动力。再者，一些农民工学员参加培训还有满足心理需要的目的，亲密的、富有人情味的师生关系也有助于他们更努力地学习。农民工学员大都是成年人，有些学员的年龄甚至比老师还大；他们来自不同的地方，个性差异也大。另一方面，培训单位教师的构成状况也比较复杂，有本单位的专任教师，也有外聘的教师，甚至是企业里有经验的老员工或管理者兼职做农民工学员的培训教师，除此之外，农民工的培训时间不长，教师与学员交流的机会较少。所有这些因素都决定了农民工培训中的师生关系与学校中的师生关系具有很大的差别。那么，农民工培训中良好的师生关系是否有利于维系学员的学习热情？以下是几段访谈材料：

笔　者：教你们的有三个老师，陆老师、林老师、徐老师。你和老师们关系怎么样？接触密切不密切？

彭张红：还可以，比较谈的来。

笔　者：下课以后和老师联系吗？

彭张红：看到老师会当面问一些问题，毕业以后有联系方式，工作上有问题可以向他们请教的。

笔　者：有手机号码吗？

彭张红：有电话的，号码都给我们的。

笔　者：电邮有吗？

彭张红：电邮没有。可以把所有学员的电话号码或者电子邮件统计一下，每人发一份，两个月学完后，学员之间可以相互帮助。

笔　者：培训结束之后工作中碰到难题可以请教老师。除了培训之外，生活方面和老师聊过吗？

彭张红：聊的。

——对中级电工维修培训班学员彭张红的访谈

笔　者：你在这里有过一段培训，你觉得跟老师的关系很熟吗？

薛景涛：还行啊，没有太深的了解，不像学校的老师，聊的都是学习。

笔　者：假设你在这儿培训结束以后参加工作，有没有想过和老师保持联系啊？如果以后工作碰到困难会不会想到向老师请求帮助？

薛景涛：以后有问题感觉可能性不大，要是有问题的话，上面都有师傅，现场就可以解决，这里教的和我的工作中用的不太一样。

——对中级电工维修班学员薛景涛的访谈

笔　者：这一段的培训快结束了，你觉得跟老师的关系如何？

孔爱霞：我觉得还可以，还好。

笔　者：那你觉得老师的水平怎么样？总体来说还满意吗？

孔爱霞：理论水平还可以，但是实践就不知道了，知道的范围很有限。就他教的内容还是满意的。

笔　者：培训结束之后，你会和老师联系吗？你在工作的时候碰到一些困难解决不了，会打电话求助老师吗？

孔爱霞：说实话我真愿意这样联系，老师愿不愿意联系，他有他自己的看法。老师毕竟是老师，你是学员，他在比较高的一个层面，学生找老师，要看老师有没有空，愿不愿意。

笔　者：这个和我们正规学校的师生关系有区别，作为老师，不管什么样的学生打电话来找我们，只要有问题，我们一般来说都不会推脱的。

孔爱霞：我觉得性质不一样，我们是社会的办学，跟学校里的师生关系不一样。

笔　者：我觉得跟你自己开店有关系。前面几个学员的回答不是这样的，他们认为离开学校再去问老师问题的机会都是没有的，另外他们也觉得没必要，他们也有师傅和上级，不可能越过他们。除非一个人在家里悄悄打电话，否则就是对师傅和上级的不尊重。

笔　者：你碰到困难的时候，一般找谁？

孔爱霞：自己先查资料，上网看一下有没有类似的资料可以找。没有师傅来指导，整个苏州市都没有一家家电维修组织，我倒是想自己出来做这个事，一个人肯定不行的，需要一个组织。

——对中级电工维修班学员孔爱霞的访谈

笔　者：总共有几个老师给你们教课？

服务员A：姚经理、唐科长、夏老师，还有一个老师是教我们英文的。

服务员B：挺多的。

笔　者：那你们和授课老师的关系怎样？除了姚经理是你们直接领导以外。

服务员A：关系很好的。

笔　者：你们与其他老师平时的关系密切吗？

服务员A：老师给我们的感觉是很和蔼的，每次见到要打招呼的。

服务员B：感觉关系都是蛮好的，他们上了课后都会和我们聊天。

笔　者：除了姚经理、夏老师是得月楼的，其他的老师是外面的。像这样的老师，如果培训结束后在工作中碰到了问题，会想到向这些老师请教吗？

服务员A：有不懂的问题可以问这些老师，是吗？

笔　者：是的，就这个意思。比如说张科长是教你们各种菜系流派的老师，那么如果工作中有些问题不懂，会不会想到打电话问张科长呢？

服务员A：有这种想法。

服务员B：也有这样的想法。

笔　者：在工作中遇到问题，希望能找以前的老师帮忙，会有这样的想法对吗？

服务员 A：是的。

服务员 B：是的。

笔　者：那如果是单位里的老师呢？

服务员 B：如果是单位里的老师，那当问题不能解决时，我们当时就会去找他的。

笔　者：不是培训的时候，而是你们现在工作的时候。

服务员 B：是的，如果我们现在工作时遇到无法解开的难题、困惑，我们就会去请教姚经理找出解决的方法。

——对得月楼餐厅服务员培训班学员 A、学员 B 的访谈

分析上述的访谈资料可知，在农民工的培训中，由于学员与教师的成分都比较复杂，因而师生关系也呈现出多样化的特点。总体上学员对教师是满意的，但大多是对教师的授课表示满意，而对师生关系则没有很高的评价。事实上，教师在课后很少与学员交流，而上课时也不大表扬或批评学员，总体上师生关系处于不好不坏的状态。因此，为了激励学员更认真地学习，教师应多给予他们正面的评价与反馈，有时也可以批评，但不能不关注学员，不对他们的学习与表现给予反馈。培训单位和教师还可以通过各种途径增加与学员交流的机会，与他们建立密切的联系，不仅关注他们的学习，也关心他们的生活，与他们交朋友，使他们在感情上接受、亲近老师。这将会大大促进学员对培训内容的学习与掌握。

三、努力促使学员的外部动机与内在兴趣相结合

兴趣是动机的一种重要形式，也可以说是动机中最活跃的因素，具有强烈的积极情绪色彩。兴趣是先天性情绪，人可以在没有任何生理需要的情况下由兴趣驱使去从事某种活动。兴趣驱使人趋向所愿意接近的对象，驱策人对事物进行专研和探索，给人以机会发现事物的新线索，从而有利于人进行建设性的、创造性的活动。兴趣促使人从事创新性的、有趣的或个人喜欢做的事情，并能导致成功和成就。兴趣的这一特点使人易于保持积极情绪状态，因而，兴趣不会导致消极情绪，人的体验不会由兴趣转化为愤怒、恐惧、忧郁或焦虑；与此相反，兴趣能够使人产生快乐、安逸、舒畅、满意的积极心理体验。简言之，“兴趣是一种带有情绪色彩的认识倾向，它以认识和探索某种事物的需要为基础，是推动人去认识事物、探求真理的一种重要动机，是学生学习动机中最活跃的因素。有了学习兴趣，学生会在学习中产生很大的积极性，并产生

某种肯定的、积极的情感体验。①”

农民工参加培训的主要目的是掌握具体的工作技能、获得证书等，便于找工作或更换工作。这样的动机是直接的，属于外部推动力，容易变化不定。一旦学员习得的技能或获得的证书未能帮助他们得到渴望的工作，他们就会贬低培训的价值，失去学习的动力。相反，如果学员对培训内容具有内在的兴趣的话，他们就不大会受外部环境的制约，而一直保持高涨的学习热情。因此，要引导学员在选择培训的工种时不仅考虑找工作的实际需要，也要适当兼顾自己的兴趣所在。如果一个学员喜欢做的是动手操作的工作，却为了所谓的体面而选择了电脑培训，可以预见，即使他找到了与使用电脑有关的工作，也不过是谋生的手段，从长远看难以增加他的幸福感。另外，要创造条件，给予学员在选择、变换培训工种上更大的自由空间。教师在授课时也应尽可能生动、风趣，努力挖掘教学内容中学员感兴趣的东西。据观察，不少教师认为农民工学员都是成年人，意志力、自控力较强，因而忽视了他们内在的学习兴趣。如果能够精心组织教学，在教学过程中充分利用学员的内在兴趣，就会极大地激发学员的学习积极性，从而收到事半功倍的效果。

四、努力强化培训质量，加强与企业的沟通，提高证书的含金量

一些学员参加培训的直接目的就是获得证书，便于找工作。另一方面，企业在招工时虽然要求应聘者拥有某种证书，但更重视员工的实际工作能力。如果学员得到了证书，但没有很好地掌握相应的工作技能，对他们找工作并没有太多帮助。而对于在岗的农民工学员来说，如果企业并没有把证书与薪酬挂钩，即没有给接受培训的农民工学员提高工资，或给予他们更大的发展空间，那农民工学员也会觉得失望，从而影响他们的学习热情。从调查的资料看，这种情况是存在的，下述的访谈资料就说明了这种状况：

笔　者：拿到这个证后去找工作，简单吗？

陆　琦：实际工作更复杂。毕竟现在基本上只是理论分析，要你真正去修机床，可能它的故障和我们设想的不一样。我们学的目的是掌握一个方法，实际操作中的特殊情况，是要把学的东西运用起来。还是有点区别。

笔　者：我问过一个学员，他说他们公司里面要排除故障最快大概要半个小时。

陆　琦：企业里不能停工，不能影响生产。

① 岳红伟. 我国农民工职业培训问题研究：基于人力资本投资视角. 硕士论文. 河南大学，2007.

笔　者：即使拿到这个证，和实际还是有距离的。找工作时，拿着这个电工证，还是有用的吧？

陆　琦：对。有些企业招人明确指出要这个证，招进去有实习期，期间还要看工作能力怎么样，才决定是否录用你。

——对中级电工维修培训班陆琦老师的访谈

笔　者：我看你们这个培训最重要的是培训动手能力，是吧？

薛景涛：报这个班，大多数目的都是为了这个证来的，基本上这个学校含金量还是高一些的，其他学校基本上就是交钱就能拿到的。

笔　者：有的学校只是挂个牌子，根本不招生的。

——对中级电工维修班学员薛景涛的访谈

由此可见，提高农民工培训的质量还有很大空间。现在的农民工培训仍然处于起步阶段，规模有待扩大，管理需要完善，质量更需要提高。如果仅仅是发个证书，就不会有实际价值，学员培训的热情就会大大消减。另外，在政府有关部门的帮助下，培训单位还可以与用人单位建立紧密的联系，促使用人单位重视农民工学员获得的证书，采取各种可能的形式对获得证书的员工给予奖励。只有确保证书的含金量，杜绝滥发证书的现象，才能使证书具有吸引力，才能促使那些以获得证书为直接目的的学员维持学习动力。

第四章 农民工培训的课程

为了实现可持续发展,我国经济发展模式正从依赖物资资源投入向依赖高素质人力资源转变。作为产业工人的重要组成部分,要适应这种转变,就必须着眼于大力提升作为劳动力的素质,在此背景下,农民工技能的提高就显得尤为重要。为了适应经济结构调整和企业岗位需求,国务院办公厅下发的《国务院办公厅关于进一步做好农民工培训工作的指导意见》中,就特别强调要建立农民工培训与就业紧密衔接的机制。这种要求必然要具体落实到科学设置农民工培训课程、合理选择农民工培训内容上。

第一节 农民工培训课程的实际状况

国家人力资源和社会保障部从2006年开始,利用5年时间,对4 000万农村劳动者进行非农职业技能培训,每年培训800万人。这些培训的目的、性质和类型呈现多元化的特点。具体而言,目前我国的农民工培训按其目的和任务可以分为引导性培训、引导性创业培训、职业资格技能培训、岗位技能培训、实用技术创业培训、农村党员干部创业带头人培训、劳动预备制培训等七大类。如果按其培训形式则可以分为在职培训与脱产培训两大类。如果按农民工的培训经历划分,则可以分为初次培训和多次培训两种情况。如果与职业生涯发展相联系,则可以把农民工培训分为职前培训、入职培训、职中培训、回归学习等多种形式。不同类别和形式的农民工培训,在课程上表现出各自不同的特点。

一、不同目的的农民工培训课程

农民工培训按其目的和任务可以分为七大类,其培训课程具有不同特点。

1. 引导性培训

引导性培训的目的主要在于帮助进城农民工,即拟转移到非农产业务工经商的农村劳动者开展的专项技能或初级技能培训,以使其尽快适应城市的生活和工作环境。这类培训课程从进城农民工的基本需要出发,侧重于城市背景和工作基本要求的介绍。引导性培训课程包括农民工进城指南、农民工安全生产指南、农民工综合素质、农民工维权和法律常识、电脑常规使用基础等。

2. 引导性创业培训

引导性创业培训主要是对在非农产业领域有创业意愿并具备一定创业条件的农村劳动者和农民工进行提升创业能力的培训。引导性创业培训课程包括政策法规、企业管理、金融知识、营销知识(含电子商务)、专业素养(典型案例)等。

3. 职业资格技能培训

职业资格证书是劳动者具有从事某一职业所必备的学识和技能的证明。是劳动者求职、任职、开业的资格凭证,是用人单位招聘、录用劳动者的主要依据,是我国公民境外就业、劳务输出法律公证的有效证件。国家实行就业准入制度以后,在一些技术要求高、通用性强、关系人民生命财产安全的职业(工种)中,职业资格证书还是一种就业准入证明。为全面提升劳动者素质,促进就业和社会经济发展,原劳动保障部印发的《关于大力推进职业资格证书制度建设的若干意见》(劳社部发〔2000〕27 号)规定,要推进职业资格证书制度建设,并与就业制度、职业培训制度和企业劳动工资制度相衔接,使职业资格证书成为引导培训方向、检验培训质量的重要手段,在全面提高劳动者素质,促进培训与就业结合方面发挥重要作用。

农民工如果通过职业资格技能培训,获得相应级别的职业资格证书,不仅对于他们的求职之路裨益颇大,而且对于提高劳动力队伍的素质也有很大的意义。职业资格技能培训课程包括建筑砌筑工(初级)、服装打板裁剪工(初级)、冰箱空调维修工(初级)、计算机操作员(初级)、电子商务员(初级)、化工工艺员(初级)、维修电工(中级)等。

4. 岗位技能培训

随着经济结构的调整和产业结构的升级,农民工面临的最大问题是自身就业能力和综合素质不高。有没有劳动技能,已成为农民工能不能找到工作,能不能找到一份好工作的关键。岗位技能提升培训主要是针对与企业签订一定期限劳动合同的在岗农民工进行提高技能水平的培训。岗位技能培训是提高农民工素质的重要手段,是改善其知识结构和专业技术水平,不断提高其就业能力、创业能力和职业转换能力的有效途径。岗位技能培训课程包括数控机床操作与维修、模具设计与制造、精密机械技术、机电一体技术、汽车维修、服饰设计与制作、酒店餐饮服务等。

农民工培训中理论培训、技能培训、声像培训、实际操作各环节要有机统一，采取能力模块的培训方式，突出岗位技能培训。培训中以学员动手操作为主，教师面授讲解为辅，全面提高学员的综合素质。培训中通过课堂讲授、现场培训、实际操作和自学等形式开展培训，以实际、实用、实效为目的，提高学员参训兴趣。培训中突出现场培训，采用“师傅带徒弟”手把手传授技能的培训方法，使学员在“学中学会做”，实现岗位技能的提高，培养学员一技之长。

5. 实用技术创业培训

根据人力资源和社会保障部与统计局、农业部等单位的统计和分析，自全球金融危机后，每年返乡的农民工都有10%以上的增长，加上农村部分新成长劳动力，农村劳动力转移和就业形势非常严峻。要从根本上解决农民工就业问题就是要增加农民工就业岗位，由于创业可以提供更多的工作岗位，引导农民工群体自主创业是一条安排就业的有效途径，以返乡创业带动当地就业。实用技术创业培训就是针对有创业意愿并具备一定创业条件的返乡农民工，进行以农村实用技术为核心的提升创业能力的培训，重点在于对从事第一产业的劳动力进行农业实用技术和“绿色证书”培训，使其普遍掌握农业先进实用技术和经营管理知识，逐步由传统农民转变成专业农民，实现农业增效、农民增收。实用技术创业培训课程包括具有典型创业特点和市场实效性的多门农村实用技术课程及配套资源，如家用电器维修、果实套袋、果树管理、畜牧养殖、花卉栽培、化肥农药、疾病防治等。

6. 农村党员干部创业带头人培训

农村党员干部创业带头人培训的对象主要是农村基层党员干部，目的是培育能自主创业并带动广大农民实现农村产业结构调整的领军人物。农村党员干部创业带头人培训课程包括符合中共中央组织部《农村党员干部现代远程教育试点工作方案》规定和要求的，涵盖农村经营管理知识、农村先进实用技术、市场信息、农村经济和农业产业运作等范围的多门课程及配套资源。

7. 劳动预备制培训

据教育部职业教育与成人教育司综合改革处的统计，到目前为止，在我国农村劳动力中，接受过短期培训的占20%，接受过初级职业技术教育或培训的占3.4%，接受过中等职业技术教育的占0.13%，而没有接受过技术培训的竟高达76.4%。农村劳动力自身文化素质较低，部分劳动者年龄偏大，又缺少技术，在劳动市场缺乏竞争力，与城市劳动力相比明显处于劣势，文化素质偏低是制约农民工就业的瓶颈之一。劳动预备制培训就是针对这种现状，主要对农村未能继续升学并准备进入非农产业就业或进城务工的应届初高中毕业生、农村籍退役士兵进行的储备性专业技能培训。

二、在职培训与脱产培训的农民工培训课程

加强农民工培训要力争提高企业的参与度，农民工培训只靠政府是不行的，企业参与进来，一方面可以让培训进行得更为顺利；另一方面也更加有的放矢——作为用工对象，企业培训的目的更加明确，对培训结果的要求也更为实际。企业要把农民工培训纳入职工教育培训计划，确保农民工享受和其他在岗职工同等的培训待遇，并根据企业发展和用工情况，重点加强农民工岗前培训、在岗技能提升培训和转岗培训。在职培训与脱产培训针对的都是在职的农民工。

在职培训即通过日常工作实践锻炼和培训员工，它是指在工作现场，通过工作对任职者进行的一种教育培训。在职培训主要是由工作一线的管理者上司负责开展的一项教育培训，它在农民工的岗位技能培训中经常使用。如得月楼的服务员培训就属于此例。在职培训简便易行，是提高工作技巧和能力的有效形式，它的具体形式包括工作指导法、工作轮换法、个别指导法等。农民工的在职培训课程以明确岗位要求和提升岗位技能为主。

脱产培训是指离开工作和工作现场，由企业内外的专家和教师，对企业内各类人员进行集中教育培训。一般来讲，脱产培训的内容主要有专业培训、管理培训和特殊教育培训，如外语、计算机的培训等。脱产培训的系统性较强，能较为全面地接受理论和方法等方面的教育和训练，是提高农民工工作水平和档次的主要方式之一。脱产培训采用的具体形式有：开办短期培训班、举办知识讲座、员工定期脱产轮训、选送高等院校接受正规教育等。农民工的脱产培训课程以掌握较为系统的知识技能、优化行为和思维方式、转变观念等内容为主。

三、初次培训与多次培训的农民工培训课程

调研中发现，部分农民工是第一次离开家乡进城务工，他们大多是初次接受培训，之前无任何职业技能类培训的经历。有部分农民工则曾经有过不同形式的培训经历。初次培训的农民工与多次培训的农民工，对于培训课程的要求也不尽相同。

农民工初次培训的课程应侧重于两个方面，一是有助于农民工对城市生活的适应；二是有助于农民工在较短时间内的成功求职，同时这两个方面又应该有机地结合在一起。对于第一次离开家乡进入城市的农民工而言，首要的问题就是能在城市中生存下去，其前提就是成功谋求一份工作。而要能顺利找到工作，无疑需要他们表现出对新环境较强的适应性。

对于曾经参加过各种培训的农民工来说，他们对有助于提高自身素质、增强职业竞争力，并进而使自己获得更多发展机会的培训更感兴趣。在对得月

楼服务培训的调研中，就有一名女服务员表示愿意参加美容美发、计算机等其他领域的培训，因为多掌握一种技术对她们总是有好处的，并且还提出了她对培训的希望："我在服务行业就很想去学外语，因为现在国际化了，外国人也特别多，有时感觉交流方面有一点欠缺，所以我很想去学一门外语。"一位接受初级电工培训的农民工学员也表示："我要拥有自己的事业，打工只是暂时的，我希望在这个岗位上多接触一些，多学习一些。"

四、不同职业阶段的农民工培训课程

职业发展阶段理论认为，人在职业生活中的不同时期会有不同的需要，根据人在职业生活中普遍遇到的典型问题和经历的不同，可以将职业生活划分为若干不同的阶段。根据职业发展阶段理论，职业生活可以简单地分为五个阶段，即工作准备阶段、进入组织阶段、职业早期阶段、职业中期阶段、职业晚期阶段。每个人经历这五个阶段的时间可能不尽相同，但是在各阶段中面临的主要任务和问题都带有很大的共性。

一些优秀企业，如海尔集团就注重把企业培训与员工的职业发展联系起来，在员工培训方面采用了多种形式：一是岗前培训，海尔对所有进入海尔工作的员工都进行岗前培训，培训的内容既包括业务知识学习，又包括组织的总体目标、使命、管理哲学和价值观等企业文化方面的教育；二是岗位培训，海尔通过内部设有的专门的培训学校，着重对员工进行专业业务知识教育，同时针对工作中易出现的问题进行重点讲解；三是个人生涯培训，上至集团高层领导，下至车间一线操作员工，海尔根据每个人的职业生涯设计为每个人制定了个性化的培训计划，搭建了个性化发展的空间，提供了充分的培训机会；四是转岗培训，海尔采用转岗培训的方式来培养掌握多种技能的复合型人才；五是半脱产培训，海尔有计划地安排骨干人才以半脱产的方式参加各种培训班；六是出国考察培训，海尔利用各种机会派出有关人员参加各种专题研讨会、专题学术会议、科技博览会，有时还采取让科技人员出国进修的方式对人才进行培训。

从20世纪80年代开始出现的大规模的农民工大潮，当时很多人并没有明确的职业规划，只是把进城务工看作一个短暂的插曲。但对于新一代农民工来说，情况有了很大改变。随着工业化和城市化进程的加快，青年农民工城市化成为一种必然趋势，他们日益关注自己的职业成长和机会，这种关注投入到职场培训上，就表现出他们对培训的特殊渴望：在主观上有强烈的接受教育培训、学技术的愿望；以职业发展准备性为主，具有明显的功利性；多层次、多样化的个体教育培训需求等。对于新一代农民工，如何通过培训实现其职业理想，已经成为他们关切的一个焦点。例如，在对农民工微机系统操作员培训的调研中，就有学员明确表示她将来希望从事金融方面的文员工作，参加该培训就是为了实现这一理想。为了适应这种新的要求，农民工培训课程必须有差别性，例如对新入厂的农民工培训，要加强厂纪厂规、安全操作教育；对岗位熟练的农民工培训，要重视爱岗敬业、乐于奉献的教育；对就业困难农民工的培训，要真情相助、以情感人。教师培训既要备好教材，也要根据产业特点、企业用工情况因人施教。

第二节　农民工培训课程的优势与不足分析

虽然不同性质和类型的农民工培训在课程设置和内容安排上各有其特点，但也具有一些共性。从胜任岗位和提高农民工自身素质这两个根本要求来看，目前农民工培训课程既有其优势又存在着很多不足与缺陷。

一、农民工培训课程的特点

目前我国农民工培训课程的特点可以用“多、快、活”来形容，即培训课程项目多，培训课时比较短、培训周期快，培训方式灵活多样。

（一）农民工培训课程项目众多

如前所述，不同性质和类型的农民工培训都有不同的课程设置，从数量上来说，农民工培训的项目众多，培训所开设的课程科目也多。例如，关于农民建筑工培训的课程科目就有建筑施工现场环境保护与卫生、建筑施工料具管理、建筑施工现场管理、建筑施工防火安全技术、塔式起重机安全技术、电焊、气焊与气割安全技术、建筑施工用电安全技术、脚手架工程安全技术、建筑施工机械安全技术、建筑施工高处作业安全技术、建筑工程模板工长、建筑工程混凝土工长、建筑工程架子、起重工长、建筑工程电气工长、基坑支炉操作技术、防水工操作技能、建筑工程水暖工长、混凝土工操作技能、钢筋工操作技能、建筑工程装饰工长、油漆工操作技能、建筑电工操作技能、测量放线工操作技能、抹灰工操作技能、砖瓦工操作技能、装饰优质工程的创建、水暖优质工程的创建、电气优质工程的创建、结构优质工程的创建、建筑工程施工员、建筑工程安全员、建筑工程质量检验员、建筑工程现场电工、建筑工程预算员（土建）、建筑工程暖通预算、建筑工程电气预算、建筑工程资料员、建筑工程材料员、建筑工程计算机管理员、建筑识图、建筑力学、电工基础、建设工程监理、建设工程项目管理、建筑工程弱电技术、施工组织设计与管理、建筑工程班组建设、建筑工程简易计算、建筑识图一日通系列、建筑装饰操作技能等 50 门之多。而农民工新职业教育培训，仅是视频课程就达到 104 门。

不仅在农民工的脱产培训中课程众多，即便是针对性很强的岗位培训，也包括了多门课程。例如，得月楼的服务员培训就包括了岗位纪律、仪表仪容、操作规范、行为规范、酒类知识、餐桌折花等课程的内容。

（二）农民工培训课时普遍较短

农民工培训课程的另一个特点是课时较短。例如，计算机操作员培训的时间一共是4周，每周3节课，总共12节课，再加半个月复习训练，也就18节课。这是在学员全勤参与的情况下，如果培训和学员日常工作有冲突，存在缺课的状况时，培训内容对受训的农民工来说就缺乏连续性，必然会影响到培训效果。调研中，从事农民工初级电工培训的教师也抱怨：“农民工培训最大的问题还是在教学时间上，两个月时间本来就短（20课时左右），他们有的还忙于工作，时间上不能保证，报名有20多人，来上课的16个人左右，肯定有人缺课了，今天你缺，明天他缺。”

针对课时较短的问题，可以考虑在农民工的培训中，逐步把1～3个月的短期培训延长到6～12个月的中长期培训，让参训农民工真正掌握一门单项职业技能或具备初级技工甚至中级技工的水平。同时还应细化分类标准，按标准开展培训。如电子电器类、焊工类、计算机应用类等培训专业，短期不能达到培训目标的，培训时间不能缩短；知识技术要求不是很高的，如科学种植、家政服务等专业，则可以适当缩短培训时间；或根据各种专业的精细化程度，分阶段培训。

（三）农民工培训课程方式灵活多样

在培训内容上，既有理论知识的学习，又有实践操作的训练；在培训时间上，既有全日制的培训，又有双休日的培训，还有晚上的培训；在培训机构上，既有依托职业技术院校的培训，又有劳动部门职业培训中心的培训，还有企业内部的农民工培训；在培训方法上，既有课堂讲授，又有现场教学，还有多媒体教学；在培训教材上，既有国家统一指定教材，又有劳动部门自选教材，还有企业和教师自编材料；在培训考核上，既有国家规范的职业资格考试，又有正式的理论知识考核，还有实践环节的考核。

农民工培训要紧紧围绕就业做文章，根据用人单位需求和对技术人才的标准，灵活设置农民工培训专业课程，并且根据市场需求的变化及时调整专业课程，保证农民工接受的培训符合就业市场发展要求。要根据农民工的文化基础、年龄状况，实行短期培训与长期学制教育相结合，加强对农民工技能培训课程的多层次设置。短期培训和长期学制教育相结合的方式，可以达到灵活培训的目的。短期培训具有随到随学的灵活性，较为适合文化程度不高，迫切需要就业的农民工培训。短期培训要按照不同的培训期设置课程。一年以上的长期学制教育，要按照学制教育设置课程。这适合那些具备一定文化基础、接受能力较强、对技能有较高要求、希望有高起点发展的农民工,为社会培养高技能人才。

在实践中,针对外地和本地农民工不同的状况,有的农业高职院校设立了院内和院外两个培训组。院内以工科类培训为主,包括应用电子技术、办公自动化、计算机组装与维修、机械制造等专业,利用农民工空闲时间,在学院集中教学。院外以农林类培训为主,包括果园管理、畜牧兽医、蔬菜花卉、建筑施工等专业,坚持“走下去”,深入田间地头、农家庭院,送教上门,科技下乡,开展实用生产技术培训,使受训农民工生产、培训两不误。大力推行了理实一体教学模式,理论教学坚持“知道、够用”的原则,重点加强实用技术培训和从业技能训练,理论与实践教学比例达到了3∶7。结合农民工文化基础薄弱,乐于接受直观形象内容的特点,充分利用多媒体教室、计算机房、互联网络资源等,优化培训过程,注重图文并茂,讲练结合,增强了培训的实效性。同时,结合农民工实际需要,强调培训内容多样化,进行了语言交流能力、健康心态、职业道德、维权意识等与农民工生产生活相关的培训教育,拓宽了农民工的知识视野,增强了农民工的主体意识。

(四)农民工培训教材种类繁多

农民工培训课程教材体系的组成种类繁杂,大致可以分为四类:技术工人技术理论培训教材、国家职业资格培训教材、中等职业技术学校专业通用教材、培训机构自编教材。不同的教材类型各有其特点和优势:

1. 技术工人技术理论培训教材

技术工人技术理论培训教材一般根据《工人技术等级标准》的要求,由行业管理部门及其委托的企业、院校和科研单位组织编写。这类教材体现了对技术工人按岗位要求开展技术等级培训的特点,坚持文化课为技术基础课服务,技术基础课为专业课服务,专业课为提高操作技能和分析解决生产实际问题的能力服务的原则。由于这类教材在内容上以基本概念和原理为主,突出针对性和实用性,着重讲授基本知识,注重能力培养,并从农民工队伍素质的实际情况出发,理论联系实际,通俗易懂,同时还注意了初、中、高三级之间合理的衔接,所以非常具有农民工培训教材的特色。

例如,机械工业部统编的《机械工人技术理论培训教材》,由《电机原理》、《电工与电子基础》、《中级维修电工工艺学》三本教材组成一个系列,并配套有习题集、电视教学录像片等。这套教材就深具行业针对性、实用性强和职业、工种覆盖面广的特点,在农民工培训中,无论是培训教师还是受训的农民工学员,对这套教材的评价都很好。

2. 国家职业资格培训教材

国家职业资格培训教材是由人力资源和社会保障部中国就业培训技术指导中心在《国家职业标准》的基础上,组织专家编写的。这类教材主要用于国家职业技能鉴定,在内容上体现了“以职业活动为导向,以职业技能为核心”的指导思想,突出职业培训特色;在结构上,针对职业活动的领域,按照模块化的方式,分初级、中级、高级、技师、高级技师5个级别进行编写。作为农民工培训的教材,国家职业资格培训教材体现了较强的适应性,针对不同层次和基础的农民工学员,都能有与之相适应的培训教材。例如,对从事餐厅服务的农民工学员,在培训中就可以选择《餐厅服务员基础知识》作为培训用教材,该教材涵盖了职业道德、饮食卫生知识、礼节礼貌、饮食风俗习惯、服务安全知识等餐厅服务从业人员必备的知识。

3. 中等职业技术学校专业通用教材

中等职业技术学校专业通用教材相比较于其他类型的农民工培训教材,具有以下几方面的特点:一是坚持以能力为本位,重视实践能力的培养,突出职业技术教育特色;二是采用了理论知识与技能训练一体化的模式;三是教材中较多的呈现新知识、新技术、新设备和新材料等方面的内容,具有鲜明的时代特征;四是贯彻力求使教材内容涵盖有关国家职业标准的知识和技能要求;五是教材编写尽可能使用图片、实物照片或表格等更为直观的认知形式;六是注意了多媒体教学光盘、资料包等在内的教辅资源的开发。

4. 培训机构自编教材

培训机构自编教材是由承担农民工培训的机构或企业自主开发的培训教材,这类教材最大的特点是贴近岗位需求,最大程度的实现了“岗位需要什么就培训什么,学什么用什么”的目标。例如,得月楼开展的新进农民工培训,选用了由酒店自己编写的《餐厅服务员初级技能》这一教材,教材内容具体涉及了接待服务、餐巾折叠、端托服务、摆台服务、酒水服务、上菜服务、撤换菜品及餐酒用具等餐厅服务的七项内容。在农民工培训中,这类教材往往被评价为最实用,因而深受急于寻求就业机会的农民工学员的欢迎。

二、农民工培训课程的优势

农民工培训课程基于“多、快、活”的特点,从内容到效果都表现出了一定的优势。

(一)农民工培训课程选择空间大,有助于增加成功就业机会

培训的目的是促进就业,培训是手段、就业是目的。农民工的就业生态位,主要表现出两大特征:就业在低层次传统劳动力市场,以从事制造加工和建筑施工业为主;从事工种以脏、累、苦、险和收入低为主要特色。农民工所能

进入的是那种收入低、工作环境差、待遇差、福利低劣的次属劳动力市场。劳动力市场的分割造成了农民工在城市就业的弱势和生存状况的边缘化。究其原因,很大程度上是由于农民工本来文化教育水平就比较低,技术技能缺乏,在城市就业中处于不利的地位,但城市的职工培训计划却把他们排除在外,尽管近年来在部分城市、地区启动了针对农民工的技能培训计划,但相对数量庞大的农民工需求量来说,仅是杯水车薪。据调查,农民工进城找工作,因为没有技术而被用人单位拒绝的占57.8%,因为学历层次低被拒绝的占51.4%。

针对上述情况,要大力加强订单培训、校企联办的培训形式,针对就业进行有目的培训。农民工培训就是要充分利用企业岗前培训和企业上岗培训的有机结合,围绕企业要求掌握的技能开展培训,简而言之就是为企业培训熟手工,这应该成为农民工培训课程设置的一个基本出发点。就业是农民工接受培训的最直接的目的。农民工接受培训是为了能从事某门行业或能胜任某一岗位工作,即"有事做"或"有一份更好的事做"。对农民工的培训要以实现就业为目标,以就业培训为主,传授就业知识、培养就业技能、提高就业能力,以促进农民工由"体力型"劳动者向"技能型"劳动者的转变,使培训为农民工劳动力的转移服务。农民工培训的就业导向要求培训的课程开发、课程设置服务于农民工就业的需要,以培养岗位所需的实用技术为核心。

(二) 农民工培训课程注重实践,岗位针对性强

目前这支庞大的农民工大军面对国家经济建设的迅速发展,出现了极大的不适应,主要体现在自身素质,特别是从事经济建设各项工作的知识和技能,急需通过培训迅速提高。近年来,许多地方政府已经意识到这个问题,开始着手摸索对农民工的培训工作,并取得了一定的成效和经验。例如,深圳的劳动力资源非常丰富,但是深圳的产业结构对技术型工种的劳动力需求量比较大,而现实是,农民工普遍缺乏一技之长。为解决这个问题,深圳从2006年启动了"农民工技能提升培训行动计划",计划5年内组织500万在深圳的农民工进行技能提升培训,每年100万。东莞随后也开始了培训农民工的行动。这些地区培训工作最大的特点是针对性强,不是一般的学习培训,而是根据地区经济发展的需要进行技能培训,包括电子、机械、家具、服装、玩具、餐饮及服务业等领域的岗位技能培训。这些不仅是从低到高的技能转型,而且还包括转变工种、转变行业的培训。这样就真正给广大农民工就业提供了广阔的空间,不仅为农民工的自主创业打下了基础,也为新农村的建设培养了力量。

农民工职业技能培训要立足在实践上,对理论课程和实习课程的比例要合理安排,把实习课程纳入到实际教学计划中来,成为课程的一部分,加大实习课的比例,保证实习时间,做到实习全部在校内完成。要改变理论教学和实

习教学各自集中进行的现象，实行“边理论，边实习”的方式，做到理论和实习交叉进行，使理论知识在实习中得到消化。要把课堂带进实习车间，如在讲解汽车发动机的构造时，直接用真实的设备进行展示，而不是单纯在黑板上去画构造图。在实习模式上，学校实习车间可建立学校和企业之间的联系，采用产学结合的订单培训方式，根据企业的需求，直接对企业的生产进行订单制，把企业生产的某个环节纳入到学校培训的环节中来，在生产过程中完成实训，这样既检验了教师的教学水平，又锻炼了学生的实践能力。

（三）农民工培训课程课时短、方式活，有助于解决工学矛盾

农民工是未来市民的重要组成部分，对农民工进行素质教育，不仅能帮助他们快速地融入城市，也能增强他们对城市发展的认同感和对他们将要工作和生活的城市的归属感，以及对城市未来发展的责任感。针对广大农民工工作时间不确定，工作单位不固定，就业流动性强等特点，需要实行全新的培训教学和管理体制，应该倡导“哪里有农民工，哪里就有农民工培训”的理念，铺设起全方位的农民工培训教育网络。

农民工培训网络可以由“基地”和“教学点”组成。高职院校、职工大学、团校和女性就业服务中心可以构成教学基地，无论是师资、还是规章制度都最为成熟和健全。这些基地作为“龙头”基地，不仅承担培训新市民的具体工作，还可以经常深入到各区（市）县培训基地进行指导，提供师资和教学教研方面的帮助，开展示范课教学活动，提供教学课件。在各个区（市）县，则分别建立起培训基地，对辖区内的农民工培训进行指导。这些培训基地有统一的标识、标牌，明确的年度计划和完整的培训记录，包括授课时间、授课地点、授课内容等。

以基地为辐射，各区（市）县逐步在农民工比较集中的区域，在中小学校、街道（社区）、企业（工地）、市属事业单位等设立教学点。在农民工较为分散的区域，则可以开设流动课堂。方便、多样的教学网点，让农民工完全可以根据自己的工作规律和居住区域，就近就便地参加学习。与传统意义上的技能培训不同，农民工培训培养的是农民工面向城市生活的技能和文明素质，帮助他们在城市中实现自我价值，共享社会发展成果。

考虑到农民工工作的实际情况，农民工培训应该打破传统的“学生将就老师”的教学管理模式，而是采用学员学籍管理制。这种管理模式是：农民工在各教学点报名并填报个人基本资料后，凭自己的身份证即可领取一张学员卡，该学员的相关资料和卡号将随后上传到农民工培训的教学管理平台。学员凭该卡可到任何农民工培训教学点听课，每次听课时出示身份证并刷卡即可。而且，农民工一旦报名注册，即可以按照自己的意愿参加培训和活动，可以跨

周期选修全部培训课程,也可以按照个人喜好多次参加同一课程培训。例如,建筑行业农民工相对集中,可以在工闲时集中开展针对性的技能培训,提升技能素质,实现稳定就业。对于工作时间较长,闲暇时间不太充裕的农民工,可以采取全日制、半日制、小时制、夜课等灵活的课时制度,为农民工提供就近就便的职业技能培训。

(四) 农民工培训课程层次分明,有利于满足多样化的需求

对农民工的职业技术培训,应该注意农民工自身的学历、文化程度,不仅要进行分类分工种施教,还要针对不同层次的农民工进行差别化的培训,注重因材施教。参训农民知识水平和能力参差不齐,所能掌握的技能也不尽相同,对于文化较高,悟性较好的农民工可以将培训定位在难度较大、要求稍高的精密技术工种上,如电脑绣花工、服装裁剪工、电机维修工等;对于大多数处于中等知识水平的农民工,可以定位为有一定技术难度但要求不太高的工种培训;对知识水平偏低的农民工可进行一些难度小、要求低、易操作的技术工种培训。

尤其是要注意新一代农民工的培训需求和特点。新生代农民工(青年农民工)已经成为农民工群体的重要组成部分。新生代农民工与第一代农民工相比年纪轻、受教育程度较高。同时,新生代农民工中接受过职业培训的人员比例达到36.9%,高出传统农民工14 个百分点。除此之外,新生代农民工还具有以下群体性特征:他们外出打工,不仅仅是为了赚钱,而且还要寻找发展的契机;他们吃苦耐劳的能力差,而对工作环境、休假制度的要求高,并且更希望能边赚钱边学习技能;他们没有务农经历,没有务农知识,部分甚至失去了土地;他们不愿甚至没有能力退回到农村中务农,但城乡二元体制的壁垒及城市高昂的生活成本,使他们在城市中无法实现真正立足,这种无奈使他们不断积累和体验着不满意和相对被剥夺的感觉,并由此在逐渐地形成一种强烈的反社会情绪和失范行为取向,成为社会的不安定因素,对流入地的社会稳定构成威胁。而加大对他们的培训力度,一方面能使他们获得在城市更好生存的人力资本,同时也加大了他们对城市的认同感,真正地热爱其所在的城市。

在新生代农民工逐渐成为农村外出劳动力主流的形势下,单纯地进行职业技能培训或创业培训已经不能满足他们的要求。如何帮助他们更好地融入城市生活,实现体面就业、全面发展,获得更有尊严的生活,实现从农民到市民的转变,是所有从事农民工培训就业工作的人员下一步需要认真思考、认真准备的课题。针对青年农民工和城市流动人口开发的生活技能培训十分有必要发展并推广开来,为农村劳动力安全有序地转移,为青年流动人口群体获得更体面、更有尊严的生活,为促进整个社会的和谐提供一份力量。

按照哈维格斯特对成年期的划分，新生代农民工属于成年早期的阶段。因此，其生活中会有职业生活、家庭生活、个人发展、闲暇生活、健康生活等不同层面的内容，由此也就会带来不同的发展任务，这些不同的发展任务便会使其产生不同的学习培训需求。据此，新生代农民工的培训课程模块应该包括5个部分：求职就业、城市生活、恋爱家庭、健康保健、学习能力提升。

三、农民工培训课程的不足

从实地访谈、现场观察和问卷调查的结果来看，目前的农民工培训课程还存在着不少亟待改进的地方。

（一）农民工培训课程设置过于强调统一，缺乏弹性

有研究指出，要开展适合农民工特点的教育培训，要经常开展市场调查，加大宣传力度，增强农民工教育与培训内容的针对性和实效性。一要以农民工的现有文化知识水平为基础，对他们进行学历补偿教育，逐渐提高农民工的知识水平和城市生活适应能力，拓展其生活空间。二要以农民工的现有技术水平为起点，充分考虑个人职业倾向，提高农民工个体参与培训的兴趣及实际就业能力，扩大农民工就业择业范围。三要根据农民工流动性强、闲暇时间少等特点，充分利用一切可能条件，通过灵活多样、形态各异的教学培训形式，就近开展便捷式培训活动。四要以市场需求为导向，以培养农民工实际工作岗位所需要的技术为目标，教学过程尽量做到实践性强，直观并且浅显易懂，尽力实现即学即用、活学活用。但调研发现，在农民工培训的实践中，却存在着培训课程设置过于刚性，适应性不强等问题。

调研中发现目前创业培训基本上还是一片空白，而这对农民工尤其是新生代农民工开展创业意义重大。培训机构应当对具备一定条件并有创业意向的新生代农民工开展创业培训，提供创业指导。

调研中，很多农民工培训教师反映："最大的问题是怎样去适应他们变动比较大的情况。农民工本身的差别性、流动性比较强，我们从组织到教学怎样去适应这个问题。"例如，在计算机操作培训中，受训农民工的差异非常悬殊，有的需要从头学习打字，"也有的在工厂工作的学生把表格或是在单位无法处理的问题带到课堂上来，这些学生的针对性比较强一些"。基础几乎完全不同的学员，所学的内容和考核标准却又几乎完全相同，这就直接影响到了培训的实际效果。现实中，培训教师只能"按照教科书和自己授课过程中的感受来制定目标，我觉得计算机的普及应用学生需要掌握哪些技能"，"我的目标是让他们掌握计算机的基本操作技能，了解一些基本知识，能够胜任他们今后的工作。因为现在计算机是每一个人都需要掌握的基本生存技能，就像以前的写字、计算是使用笔，而现在要使用电脑。需要用电脑做临时票据，数据处理等

问题日常生活中会用到，离开了电脑很多工作就无法完成了。”以此来选择内容，是一种无奈之举，又会导致培训考核效度的降低。同样的苦恼也发生在中级维修电工培训中，教师采用的方式是给学生两套教材，劳动部门制定的一套教材主要用于考试，而教师的教学则另外选择一套教材。这不仅浪费了资源，也使得培训效果大打折扣。

（二）有些培训课程内容比较滞后、陈旧，未能充分体现企业用人新要求

当前的农民工职业技能培训普遍存在着难以与企业用人要求和标准有效对接的问题，培训采取“填鸭式”教学，普教化倾向严重，专业教师缺乏，“专职教师不专，兼职教师难兼”，有的教师业务水平偏低；教材建设滞后，缺乏系统的结合农民工实际的培训教材。结果是农民工参加了培训也学不到真正有用的技能。很多培训机构由于资金短缺、设施不完善、对市场信息把握不准确，培训的目标、内容与企业需求相脱节，与农民工的实际需求有差距，培训明显缺乏时效性和针对性。在这种情况下，有的农民工学员对于培训的目的就仅仅只是为了获得一个证书，“这个培训好像是为培训而培训的”，“有个证毕竟有个敲门砖”。

培训课程的内容也显得比较落伍。例如，在对计算机操作培训的受训农民工进行访谈时，就有学员反映“计算机的技术更新比较快，而我们所使用的农民工培训教材仍然还使用 Windows 2000，这显而易见就是淘汰了的东西”。而作为培训教师，也只能表示：“现在就选择了这样的系统，我们就需要使用这种教材和系统来上课。但是可以跟学生说计算机使用前后还是有很大的联系的，我们现在上课用的是 Windows 2000，他们回去后使用的是 Windows xp，使用起来大同小异。”

针对上述问题，就需要不断改革农民工培训课程体系和内容，强调农民工的主体地位，改变过去的“单项选择、被动学习”的做法。目前，部分培训机构不按照生产实际和产业需求组织培训内容。启动性的内容和技术较多，发展性的内容和技术较少，内容空泛，理论原理居多，以课堂教学和传统讲座式培训为主。有的地方农民工培训尚未改变普教化倾向，只注重学时、模式、书面考试、颁发证书、评比检查等环节，却忽略了学习、掌握和验证所学知识、技能的实践环节。培训没有结合当前最新的科研技术，实用性和应用性不强，无法解决生产上的实际问题。因此，培训机构在对农民工进行培训之前，应先对这一特殊群体进行认真的调查研究，根据他们的培训需求，根据本地区的经济、产业发展的方向及农民工自身劳动生产和生活需求来确定农民工培训的内容。而目前我国对培训主体缺少调查研究，只是根据上级分解的培训任务开班授课，培训的内容与农民工生产实际要求相脱离的现象还一定程度存在着，

导致农民工参加培训的积极性不高。开展农民工培训，应从培训内容和方式上向贴近、适合和方便农民工的方向发展。根据区域特点，建立农民工培训需求动态管理模式，采用有效的培训方式举办各种职业技能的培训。

（三）农民工培训课程资源缺乏整合，未能体现系统优势

农民工培训的课程资源主要由以下几部分构成：国家人力资源和社会保障部门制定的培训项目、课程目录、教材、考核标准等；地方政府有关部门以及授权的培训机构确定的培训课程以及培训师资等相关资源；用人单位在进行员工培训时选择的课程项目和培训师等相关资源；职业院校的教师以及开设的农民工培训课程；社会培训机构拥有的培训师以及基于市场需求设置的培训项目和课程等。由于上述课程资源的拥有者不是在同一个系统中，就导致了培训中各自为战、课程资源不能实现优化配置的局面。

调研中发现，现有的农民工职业技能培训工作存在着一个极大的误区：最有条件开展培训和最有资格评估培训效果的用工方——企业很少参与。企业对开展培训积极性不高，也普遍没有履行对农民工进行职业技能培训的义务；农民工获得由企业提供的职业技能培训机会较少；企业在追求经济利益的同时，对农民工职业技能培训问题态度冷漠。很多企业认为农民工只要能够从事简单的操作，不会造成工作上的失误就可以了。正是出于这种短视的心理，一方面，企业由于没能培养出人才，再加上人员流动频繁，深受“技工荒”困扰；另一方面，农民工则陷入不断寻找工作、从事简单体力劳动的恶性循环之中。很多企业寄望于从社会上招用有职业技能的农民工，特别是指望在政府完成培训后直接使用农民工。但由于政府部门和企业实际需求之间的信息沟通传递过程繁琐，经常性的信息失真，政府部门培训出来的有时并不是企业急需的人才，造成了社会培训资源的极大浪费。

那么，实现农民工培训课程资源的有效整合，是否就等同于让用人单位承担农民工培训任务呢？调研中，人力资源和社会保障局等农民工培训管理部门在总结经验教训时就表示，早期开展农民工培训时，由于针对性不强，缺乏就业指导和明确的就业方向，时间短，根本没有解决农民工就业的问题。把对农民工的培训任务完全交给用工企业，实践证明也有问题。实际上，企业对农民工的培训大部分是没有技术含量的，因为企业担心培训后的农民工会流动，或被其他企业挖走。所以许多企业即便也成立了工人夜校，但这种夜校更像是俱乐部，学习培训主要是形势、政策、纪律等方面教育，更主要是从稳定队伍、加强管理出发，避免农民工工余时随便出去惹事，这样的培训起不到真正的职业技术培训效果。

近些年在农民工培训方面的成功经验是整合各家的优质资源，突出整体

优势，坚持集中授课与分散培训相结合，紧紧围绕“方便、有效”的原则，根据农民工特点，采用集中授课和现场指导相结合，脱产与业余相结合的形式开展培训。充分利用职业院校信息技术和多媒体技术的优势，制作教学光盘，提高农民工参加培训的便利性，降低农民工参训成本。社会培训机构贴近市场，有利于针对不同的培训对象和层次进行“因人施教”，分别开展引导性培训和职业技能提升培训。引导性培训主要由政府主导，开展社会公德、城市文明、法律法规等方面内容的培训，通过集中办班、印发资料及利用广播、电视等手段，多形式、多途径开展。职业技能培训以当地经济发展急需的、必须持证上岗的工种为主，通过培训机构、行业协会、规模企业开展培训，推广“校企联训”、“上海模式”等培训模式。

（四）农民工培训课程偏重技能，忽略对农民工素质的全面提升

在对农民工培训课程的实施中，存在一个误区——认为农民工培训就是要解决他们就业的问题，所以只要强调技能和技术就行了，不需要太多的理论知识教学。在由企业自行安排的培训中，只注重岗前培训和安全教育等基本培训，缺乏系统的正规培训。同时，企业内理论教育人才缺乏，有些企业在技能培训上条件优良，但如果让其开展理论教学，则不一定能胜任。而一些民办培训机构由于师资力量弱，培训技能单一，就更不适应农民工素质全面提升的要求。事实上，很多农民工是初中或职业高中毕业，基本上没有理论知识的基础。而理论基础知识的欠缺，对于掌握技能而言无疑是一种制约。对此，有位教电子技术课的老师采用这样的方式来做弥补：“讲到某个方面还得补充补充知识、说说来由，培训实践课时如果是 20 次，我要花一半的时间讲超出实践以外的内容，主要是一些基础知识，包括他们能够用到的知识和延伸的内容。”“像我们这个教学过程当中，尽量花多一点时间在前期讲理论知识，2/3 放在理论上，1/3 放在实践上，因为以后他不一定继续从事这个工作，但是他有了知识以后就会有选择性，我把知识给他们全部罗列出来，只是给他们引了个头，告诉他们做什么样的事情应该具备什么样的知识。从这个头开始，我就做了导引这样一个作用。但是我也不会讲得很详细，一是因为没有那么多时间，二是你讲了他也不一定能够接受下去，需要积累，不是我今天讲了，他明天就能会了。”但是，从农民工培训课程实施的具体现状来看，能在培训过程中有意识地加强理论基础知识教育的培训教师，还是属于少数。

相对于农民工理论知识的薄弱而言，对他们自身综合素质的完善则更是被忽略了。教育和因教育获得的技能、素质，无疑是现代社会主导底层群众向上流动最重要的机制。“大批新生代农民工进入城市，技能和文明素质的高低决定着他们的就业稳定性、择业的竞争力和发展空间，也关系着能否真正融入

城市，实现阶层流动。”南开大学经济研究所郭金兴博士说，帮助新生代农民工全面“提素”，既是个体发展的需要，也是建设人力资源强国的重要支撑。据中国劳动力市场网显示，城市劳动力市场对高中及以上文化程度的劳动力需求占总需求的62%，而2009 年国家统计局对外出农民工的统计显示，新生代农民工接受过高中及以上教育的比例不足三成。在知识和技能逐渐代替简单体力劳动的情况下，新生代农民工的教育和技能水平如果不提升，将很难在职业发展道路上走得更远。对此，培训不能满足形式，更要注重实效，坚持“能力本位”，让接受培训的学员学有所成，学有所获。针对新生代农民工的培训，要以“量体裁衣”为原则进行分类、分层培训引导。充分考虑培训对象在技能水平、工作性质、文化程度、年龄层次、就业心理等方面的差异。要以“学以致用”为目标创新培训内容，可以根据参加培训人员的特殊性，按照培训内容和时间列出不同的培训工种菜单，根据职业资格证的要求设计课程菜单。基础知识和基本技能的训练应该放在核心地位，同时增加政策法规、公共知识、心理辅导、思维转变、企业文化与企业制度等职业素质教育，使职业素质教育尽可能渗透在职业能力培训过程中，帮助新生代农民工尽快掌握所需技能，提高劳动素养和精神素养。

（五）农民工培训课程实施中教师倾向灌输，缺乏学员参与

在农民工培训课程的教学中，课堂气氛比较沉闷，学员参与、师生互动非常不足，往往采用“填鸭式”的教学方法。而在访谈中，学员则反映较受他们欢迎的方式应该是“在教授理论后，马上进行实践”，“老师讲完课后，自己进行实践，这样的话效果会好些”。可遗憾的是，在有的培训项目实施中，教师主要的时间就是讲考试的题目，很多学员评价认为“这样的培训学到的东西不多”。要避免农民工培训课程实施中教师的满堂灌，一要多组织课内外互动交流，二要突出综合职业能力训练的实训课程。

更多地组织课内外互动交流，就要求课堂教学中，教师通过精心设计，让课堂10 分钟内必有互动。可以采取教师讲解、小组合作、分组讨论、角色扮演、案例分析、头脑风暴等常规教学方法，也可以随时让学生登台分享，或阅读指定内容，或让持不同观点的人分组对抗进行辩论，再加上综合运用常规的提问、应答等形式并频繁切换，使课堂保持较为生动活泼的状态。很多农民工学员不善表达，教师就要通过精心设计营造学生踊跃参与的良好气氛。教师要用饱满的情绪、欣赏的眼光、幽默风趣的语言，使自己成为课堂气氛的主导者。教师包容鼓励的态度显得尤其重要，要把“不错”、“很好”、“再想想”、“很有创意”、“很别致”当成习惯性用语，连续大量发问“是不是”、“对不对”、“同意的请说 yes”、“不同意的请举手”，以此引导学生大面积参与；要制定课堂规则，鼓

励学生主动参与；要求学生用点头、微笑等形式给讲课老师回应，同学之间多看对方优点、多加肯定；教师提问时多问开放性问题，强调没有标准答案，不愿回答或者不会回答的问题，只需说一个“过”就不再追究；不论学生做怎样的回答，都能从中找到积极的成分并加以肯定；禁用讽刺、挖苦、打击性语言，以免破坏课堂气氛。

突出综合职业能力训练的实训课程教学，应根据职业分析与课程开发出的综合职业能力项目，确定在本课程中能力培养的具体项目，并分解到每堂课中，实施任务驱动和目标锁定式培训教学。具体步骤为：根据综合职业能力分解的具体内容，制定实训纲要和计划，落实实训需要的设备、器件和环境，为实施农民工培训教学改革奠定基础；转变观念，将“实验”改为“实训”，突出职业能力训练的主题；以综合职业能力细化后的具体能力为考核导向，推动培训教学形式和方法的改革，突出受训农民工的主体作用和综合职业能力训练，引导探索性学习；培训教学方法实施职业知识、职业技能和职业道德的三位一体教学，教师在培训教学指导中，采取“简单、实用、有效”的任务驱动法和目标锁定法；培训考核采用职业知识、职业技能和职业道德的三位一体综合评价方式，进行量化、独立考核。

第三节　完善农民工培训课程的对策建议

要想进一步完善农民工培训课程的设置和培训内容的选择，主要从以下几个方面着手：

一、增设引导课程，提高农民工培训的积极性

调研中，很多承担农民工培训任务的教师反映：“最大的问题在于他们的出勤率较低，往往不能保证能全程按时学习，有的农民工是上下班的问题，有的农民工是因为工作的原因。出勤最好的是那些工厂里组织来学习的，他们都是准时来的。一般个别报名来参加学习的，流失率就比较高，这种情况原因是很多的，有的是离开苏州了，有的是工厂调班，上下班时间就比较晚了。”但在和农民工学员的谈话中，却发现出勤率低的原因不仅仅在于表面上的工学矛盾，深层次的原因是有的培训并不能真正解决农民工在生活、求职、工作等方面的问题，从而使得他们接受培训的意愿和积极性不高。

针对这一现象，可以通过开设引导性培训，有效地解决该问题。所谓引导性培训，就是在接受培训之前，将可选课程的科目、作用以及就业前景进行介绍，让农民工选择自己感兴趣、对其有帮助的课程进行学习，提高他们求学的积极性。开设引导性培训很有必要，可以有效地减少农民工在整个培训过程中“早退”的现象,同时该培训也是帮助农民工转变就业观念的有效措施和重要手段。培训的目的有两个方面,一是引导农民工自主学习、就业、创业,提升就业竞争力;二是帮助其转变学习、就业观念,使其在求职的过程中放平心态,做到有的放矢。引导和转变,便是就业培训当中的“重要章节”。“待业人员经过培训后掌握了一门技能,即便暂时待业,机会来临时总能先人一步。可是短期内培训的效果总是无法立马见效,存在就业延缓期。”人力资源和社会保障局农民工培训管理部门在访谈中也提到了如何评价农民工培训有效性的问题,“不过,就业培训虽然在一定程度上为待业人员就业打下基础,但是如果大环境始终无法改善,自身观念不加以改变,培训也就看不到或者失去了应有的效果。发展才是硬道理,只有经济发展了,社会进步了,就业岗位才会源源不绝,个人财富才能如聚沙之塔,积少成多。”

要鼓励农民工积极参加培训,还应该构建以职业资格为导向的培训课程模式。职业资格导向,就是以职业资格证书为导向,进行教学设计和实施,实行与行业发展接轨的目标,培养符合社会和企业要求的高素质劳动者。具体来说,一是要以通用职业能力的培养为主线,在牢固掌握通用职业能力的基础上,与企业合作,培养特定的职业能力。二是在取得通用的职业资格证书后,再学习活模块课程,这种活模块课程可以有一个或多个。三是表现为与行业接轨、与企业接轨及职业资格证书的变化性;学员学习方式的开放性、多样性;学习和教育培训理念的开放性。四是实行学分制和弹性学制的管理,实施个性化培训,充分尊重农民工学员的愿望和选择,他们自主选择发展方向和职业资格证书的种类。五是课程结构体现大专业、小专门化的特点,课程的类型为宽基础活模块式,并在此基础上形成以就业为导向、以能力为本位、以综合职业能力为考核标准的农民工培训评价体系。实现以职业技能鉴定考核代替专业核心课程考核,以职业资格证书的获得代替课程考核的做法,使培训考核标准与行业标准、企业标准对接,变主观为客观,最终使农民工培训工作更扎实有效,提升广大农民工接受培训的积极性。

二、选择 MES 课程模式,优化农民工培训的效果

由国际劳工组织开发的 MES 课程模式是一种“模块式职业技能培训模式”。MES 是英文 Modules of Employable Skill 的缩写,意为“适于就业技能的模块组合”。MES 课程模式提供了适于自学的学习材料,强调学员的自学,这样能使学员发挥最大的主观能动性,同时能为农民工节省时间、节省费用。

MES 具有明确的培训目标,其目标以所需技能为标准:明确受训后能做什么,用什么设备、工具来做。岗位培训课程设置采用能力模块组合,共设置执业基础、常用工具及术语、设备及其保养和使用方法、业务练习和基础知识的方法等五个培训模块。MES课程模式中，学习单元是学员受训时的学习材料，其内容包括所需的设备、材料、辅助物及相关的学习单元。学习单元具有灵活方便、内容简单扼要、适于自学的特点。MES将传统的课时制改为终点考核制，注意到了学员起点不同，因此不强调学员的“齐步前进”，学员可以根据自己各方面条件选择适于自己的最佳路径学习，可以自定步调和路径，进行个别化学习，最后通过重点考核就行。由于农民工的文化基础各不相同，选择MES后，所学的内容、学习的进度也不尽相同，达到最终目标的学习路径因人而异。教师的责任更多的是对学习有困难者提供更多的帮助和指导。

农民工总体文化理论素质偏低，而且水平参差不齐，培训课程与教材建设必须考虑主体培训对象的这一素质特点。农民工培训教材要切切实实地降低理论难度，着重于技能培养，通俗易懂地将某一职业的基本技能介绍给农民工，便于其理解和掌握。由于劳动者的文化基础决定了教育层次和目标，所以要求学员应根据自身不同的文化程度、不同的技术水平和不同的接受能力，在学习中自主合理选择。初始水平较高的学员可以既学理论又学操作，力求对所学技术有较全面的了解；初始水平较差的学员则应突出操作性学习，即重点学习如何“动手”。

采用“短、平、快”培训模式开展实用技术培训，是在短时间内改变劳动力素质结构，授之以相应的岗位技能，解决农民工文化素质和技能问题的重要途径。“短、平、快”是对当前我国特殊情况下进行农民工培训方式简练而深刻的概括，具有时代性、科学性和实践性。“短”主要是指每一次学习的时间短，总体上以短为主，长短结合；“平”是指要把握生产力发展水平与教育培训对象的接受水平，教学内容及其深度要适应当地的生产力发展水平和农民工的接受水平，做到两者的协调平衡；“快”是指对科学信息、技术信息的捕捉快，对市场变化的反应快，把所学的技术运用到工作实践中的速度快、见效快、收益快。“短、平、快”最核心的内容就是在短时间内，教给人们最迫切需要的劳动技能及从事社会实践的能力，它是把特定的人更有效地融进社会实践中的重要手段。培训特点决定了培训内容的深度和难度，“短、平、快”的特点要求培训内容不能是高深莫测的系统理论。MES课程灵活方便、内容简单扼要的学习单元，正好迎合了“短、平、快”的培训要求。其培训教材即学习单元，是成套而各自独立又内容相关的小册子，每一个学习单元针对一项特定技能或知识。而且MES具有评估反馈系统，对社会生产和经济的发展有快速反应的能力。生产发展对技能的新要求都是在原有基础上的延伸或扩展。由于MES的培训材料是由相对独立的学习单元组成，因此新的培训无须从头设计开发，只需在原MES课程的基础上调整或新编相应的学习单元即可。一旦学习单元所指向的技能过时或陈旧，就能以“实际、实用、实效”的原则，依据农民工劳动力市场需求迅速组合出各种新的培训模块。

三、着眼农民工的职业发展，建构多方共赢的培训课程体系

人力资源社会保障部要求各地要不断健全完善职业培训工作机制：首先是实施分类指导机制，根据各类人员的不同需求，分别组织开展实用技能培训、技能提升培训、劳动预备制培训和创业培训，切实提高培训的针对性和有效性；其次是建立与培训质量、就业效果挂钩的培训考评机制，完善补贴办法，提高经费使用效率；第三是完善培训监督检查机制，逐步建立全省（区、市）统一的信息管理系统，对定点培训机构实行动态管理，对参训人员实行实名制管理，加强对培训过程的监督。通过现场测评、设立举报电话、网上投票、电话访谈等方式，重点了解培训效果、培训后就业率以及培训对象满意程度。国家对于农民工培训的要求体现到课程上，就是要求各利益主体能理顺关系、协调配合、优化资源配置，建构国家、社会、企业、培训机构以及农民工自身等多方共赢的农民工培训课程体系。

很多发达国家在这方面的做法值得我们借鉴。发达国家职业教育系统均设有由工商界人士与教育界人士共同参与的课程开发委员会，主要负责开发、审查和评估所有课程及其实施过程。课程的取舍或更新，均严格按照职业群集或行业、企业的特点与需要来确定，并根据社会变革对人的知识、技能以及品质要求，按个人发展的需要进行课程调整，为在不同层次上提供更为灵活的职业教育服务。例如，德国的“行为引导型教学”新模式，体现了全新的能力为本的理念，实施以职业活动为导向的跨学科综合课程模式，实现以学生（受训者）为中心的主体教育思想。要更加高效、务实地逐步形成具有自主知识产权的职业培训新课程模式，让绝大部分的教师在人力资源能力建设方面实施国际水准的先进教学模式，让更多的劳动者和技能型人才受益，让企业得到更多的适用人才，让有限的培训资源用在刀刃上，并实现师资队伍的全面提高与专业成长。又如，澳大利亚农业职业技术培训经过多年的探索和改革，已经逐步形成了职业培训“市场化”的良性运作机制，使职业培训既适应产业部门的需要，又满足了受训者的个人要求，将职业培训与就业有机地结合起来。

我国的农民工培训必须要有非常强的针对性，要改变有些地方对农民工培训只满足于应付上级要求、做表面文章的现状，这种培训解决不了地区社会经济建设的需求。对于农民工的培训，可以以用工地区为主，由政府出面，劳动部门针对该地区的经济发展、基础建设需求，设置培训内容。为此，应面向市场和经济社会发展的需求，建立多层次、多元化的农民工培训体系。要充分利用职业技术学校、劳动力培训中心、乡镇成人教育学校等各类培训机构，进一步整合培训资源，开展农民工培训。逐步完善以高等职业教育（成人与继续教育）为龙头，以中等职业教育（中专学校、广播电视学校教育）为骨干，以基层职业（成人）教育和社会化服务体系为基础的农民工职业培训体系。要逐步形成“政府统筹、劳动牵头、部门配合、社会参与”的新型农民工培训运行机制。农民工培训体系建设应着重做好：基地成网，建成由省、市、县区、乡镇组成的农民工教育培训网络；建立稳定的从事农民工教育培训工作的较高水平的师资队伍；逐步实现农民工培训设施的现代化，大力发展网络远程教育。

市场机制是一种优化资源配置的有效机制，从国外经验来看，引入市场竞争机制是各国保证农民培训质量的一个有效手段。因此，通过市场机制保证和提高农民培训质量的做法值得我们学习。当然，市场机制在农民工培训课程体系建构中的作用，也要区分不同的情况。

对于农民工的基础性培训，包括普通基础文化教育、职业技术教育和成人教育培训。基础文化教育是整个教育培训的基础，其教育内容是一个人成长的基础，是提高民族素质的基础。职业技术教育是科技转化为现实生产力的重要途径，是教育培训与社会经济的结合点，既传授职业技能，又把现代文化、思想融于职业道德的培养中。成人教育培训是基础文化教育和职业技术教育的继续和补充，科技的迅速发展和社会的变迁使终身教育成为必然结果，且具有很强的针对性和实践性，对提高劳动者素质和劳动技能的作用是其他途径难以替代的。基础性培训具有公共产品属性，模式的选择应以政府主导类为主，通过高等院校、高等职业技术学院、中等职业技术学校、职业高中及乡镇成人教育学校等机构利用学校教育型培训模式来实现对农民工的终身教育和培训。

对于农民工的技能性培训，包括工程项目培训和实用技术培训。工程项目培训指为适应经济和社会发展的需要，各级政府部门为达到特定的目的，提供一定的资金，对要求就业和在职劳动者以培养和提高素质及职业能力为目的的教育和训练活动，通过项目管理的方式而进行的培训。实用技术培训指为了学习某项实用技术而开展的时间较短的培训活动。技能性培训具有部分公共产品属性和部分非公共产品属性，模式的选择应以政企配合类为主，以工业科技园区、龙头企业、科研院所等为依托，通过政府部门的支持和配合来实现对农民工的培训，并不断进行培训投资机制和管理机制的完善，对于一些已形成良性循环机制的龙头企业所组织的培训，要逐步过渡到市场运作类培训模式。

第五章　农民工培训的教学过程与方法

农民工培训是一个复杂和需要不断探索的过程，主要包括两个层面：宏观层面和微观层面。宏观层面的农民工培训属于整个社会教育系统的一个子系统，涉及社会方方面面的资源；微观层面的农民工培训是一个具体实施的过程，教和学是其中最主要的内容。本章所述及的农民工培训的教学过程，即指微观层面的农民工培训。

农民工接受培训的目的是为了能够很快找到新的工作岗位，相比较在校学习的学生，农民工培训的目的更直接和明确，整个培训过程应该呈现立竿见影的特点。因此，农民工培训过程中的教和学必须围绕这一目的展开，这一目的决定了农民工培训过程中的教和学不同于传统学校的教和学，而应该具有一些新特点。

第一节　农民工培训过程的现状

当前，全国各地区的农民工培训工程在国家和各地政府的扶持下正持续进行，并不断探索着新的培训领域。在整个农民工培训工程中，逐渐形成了两类截然不同的培训模式：一类培训的特点是培训场所在学校，培训师资来自学校，接受培训的农民工来自各个行业，这类培训，可以称为“基于学校的农民工培训模式”；另一类培训的特点是培训场所在企业中，培训师资来自企业，接受培训的农民工为企业员工，此类培训，可以称为“基于企业的农民工培训模式”。本节拟通过对农民工培训的两类模式来分析农民工培训过程中教和学的特点。

一、基于学校的农民工培训的教和学

基于学校的农民工培训模式，是农民工培训模式中一种比较常见和成熟的培训模式。其特点是利用农民工就业的当地城市中职业教育类学校的各种教学资源开展培训。此类培训模式中，由于教和学的主要场所在学校，除了学员是农民工外，教师来自职业技术类学校，在教学方法上必定会沿袭学校教学

的一贯方法。但是考虑到教学对象是农民工,是来自外地的农民,系统文化知识基础相对欠缺和薄弱,教师在教学实施过程中必须考虑教学对象的这些特点,对传统的学校教学方法做出一些适当的调整。

从接受培训的农民工学员角度考虑,这些农民工已经接受过基本的义务教育,具有一定的学习经验和有限的学习能力。农民工在学校接受培训,系统的学习务工所需的基本知识和基本技能,学习环境对他们来讲并不陌生,甚至教师的教学方式也比较熟悉。

基于学校的农民工培训模式中教和学呈现什么样的特点? 笔者以苏州市某期中级维修电工班的农民工培训为例进行描述说明:

这期中级维修电工班的学员全部都是外来农民工,共 16 人,都是男学员,平均年龄在 25 岁左右。根据调查,这些农民工学员中大部分来自江苏苏北,另外还有来自山东、河南、安徽、河北的外省农民工,他们中受教育程度多数在高中或者中专阶段,个别学员拥有大学理工科文凭,学员普遍具有一定的电工实践经验。这些农民工学员大部分都有工作,接受培训的目的是为了更好的适应现有的工作岗位要求。由于工作时间的限制,这期农民工学员的培训时间被安排在晚间和双休日。整个培训过程分为两个阶段: 理论培训和实践培训。理论培训的场地在苏州技术师范学院的教室,实践培训的场地在技师学院的实验室,最后要通过市劳动部门组织的资格考试,成绩合格后即发给中级维修电工资格证书。对学员进行培训的是 3 位年轻教师,全部为外聘人员,来自苏州某职业教育高校。

(一) 田野日志的现场记录

为了便于描述和分析农民工培训过程中的教和学的特点,笔者在该模式培训过程中采用了视频录像和田野日志的方法进行记录。田野日志是一种出于研究的需要,现场客观记录教学事件发生过程的文字资料。以下资料为笔者整理的两篇有代表性的田野日志。它们分别是笔者在农民工培训的不同阶段的现场客观记录,可以用来描述说明培训过程中教和学的特点。

1. 关于理论知识培训的田野日志

符号说明: # 授课内容　※ 教师行为　§ 学员行为　★ 其他事件

◆ 额外的相关信息　● 我的思考

时间: 2009 年 11 月 28 号上午 8: 30—12: 00

地点: 阊胥路苏州技术师范学院 206 教室

教师: 陆老师(非本校教师,外聘,苏州工业职业学院教师,比较年轻,苏州大学物理系毕业)

内容: 电力拖动(理论课)

方法：讲授、板书等，无 PPT

学员：全部为外来农民工，全班 16 人，都是男学员，比较年轻，平均年龄为 25 岁左右

\# 考试主要考三块内容，即电动机、控制线路、传动机构。发了四本教材，但不会全讲，只选择与考试相关的内容讲。

\# 今天所学的内容：电气原理图包括总电路和控制电路；安装线路图。

◆ 学员在 8：40 时只来了两个人，上课时间只得后延。9：10 才开始上课，即使如此，仍然只来了 5 名学员。

◆ 教室里灯光比较暗，坐在后排看板书不太清楚。

\# 典型的继电器控制线路。区别：有无自锁回路。

※ 讲课时经常板书，讲的速度较慢。

● 上课没有 PPT，教学手段落后。估计原因：（1）学校的条件有限；（2）对老师的授课要求不严格。

§ 学员听讲较认真。

※ 先讲自锁的概念，然后举例说明。

● 自锁的原理实际上比较简单，如果做了 PPT，应该能够讲更多的内容。

◆ 教室比较破旧。

§ 有两个学员不时记笔记。

◆ 要考的内容，老师讲得比较多。

\# 异地控制

※ 画图用掉的时间比较多。

●# 单向自锁控制线路图。（图略）

★ 走廊里有人走过，学员没有受影响。

※ 针对元器件符号提问，有个别学员能够回答。

※ 强调要把图与实物对应起来。

※ 讲解符号的意思，讲得比较详细。强调不是同一线路的元器件绝对不能连接在一起，否则会造成短路。

\# 控制回路标符号的原则：沿降压方向，以线圈为分界线，上面的单号，下面的双号。

§ 约 10 点，学员的注意力仍然比较集中。

§ 10 点，有一迟到学员走进教室。老师没有停下讲课，没有特别的反应。

※ 讲解接线图。在黑板上画。

● 所教的内容基本上属于程序性知识。

◆ 这是最基本的线路,实际操作时直接接比较复杂的线路。

※ 讲解接线图非常详细,约用了 30 分钟。而且讲解了为什么,让学员知道具体操作的理由。

◆ 至 10:15 时仍然没有下课。

讲解接触器联锁正反转线路。

● 与普通教育中的概念不同。有实物对应,有情境,且比较简单,容易理解。

★ 一学员出去接听手机,老师讲课没有受到影响。

※ 提问:如果 KM_1 与 KM_2 两个线圈同时通电,会出现什么情况?一学员回答:短路。答对了。

◆ 至 10:30 仍然没有下课休息,学员的注意力仍然比较集中。

※ 提问:万能开关图中的符号还记不记得?有学员回答:记得。

§ 有三个学员记笔记。

正反转控制:接触器控制;万能开关控制。在机床维修时可能用到。

联锁:用接触器的常闭触头接入另一个线圈回路。正转到停,再到反转。

◆ 10:35 时有学员伸懒腰,显得有点疲劳。

● 老师不大考虑学员注意力能够集中的时间,原因:(1)老师有自己的安排,上课开始的时间比较晚;(2)学员是成年人。

◆ 10:40 时老师看手表,注意时间。

● 所教的知识就是告诉学员如何做,不需要概念性的理解。这类知识不是理解客观世界的本质与规律。只关注怎样做,不大关注"是什么",或不需要关注。

※ 在关键之处,即使简单,也一再重复、强调。

强调要严格按顺序接,这样思路清楚,不会出现布线凌乱的情况。

※ 10:50 时停止讲课,让学员提问题。开始时没有学员提问,老师走到身边辅导。后来有三个学员提问,老师进行辅导。老师辅导得比较详细,学员围在一起听老师讲,相互讨论,氛围比较宽松。

※ 10:55 时线路板拿到了教室,老师让学员当场认识,讲解什么是正反转。

※ 一再强调要实现正反转不能两侧同时改变,虽然是比较简单的知识。

§ 学员动手辨认,并询问老师。

※ 老师拿实物进行辅导,强调要熟练。

◆ 来上课的学员要签到。

◆ 11：10 左右结束。

◆ 有一学员说第一次接线路时需要 2 小时，第二次再做仅需要 1 个小时。

● 熟练很重要，同样，练习也很重要。这就要求教学一定要以学员为主体，要给学员足够的练习时间与机会。

2. 关于实践技能培训的田野日志

时间：2009 年 12 月 13 号上午 8：40—11：00

地点：间胥路苏州技师学院电工实验室(二)

教师：陆老师(非本校教师，外聘，苏州工业职业学院教师，比较年轻)

内容：接线路(实训课)

方法：练习、演示、个别辅导

学员：有 11 个学员来上课

◆ 因为是操作课，学员来的比较多。有一个学员第一次来上课，经过询问，得知他刚报到，而且有电工工作方面的经验与基础。一个学员没有带工具，无法操作，估计上次没有来听课。有几个学员迟到，也有忘带工具的。

※ 约 9：00 开始上课。讲元器件，把线圈拿给学生看。解释什么是“常开”、“常闭”。学员围着看。按下通电、松开断电，声音很轻微。通电延时、断电延时。

§ 有学员不能判断自己的线圈是通电延时还是断电延时。(时间继电器)判断继电器是通电延时还是断电延时不是很容易，有学员在琢磨，并翻看资料。

◆ 有的线路板上继电器是坏的。

● 设备老化，更新速度慢。估计与经费不足有关。

※ 9：10 开始发电线。

§ 有的学员没有带工具，有的学员不怎么会操作，有的学员以前做过，有基础，所以学员做的快慢速度不同。不会的学员去看会做的学员怎么做，相互交流。

※ 老师到学员身边辅导，不时提醒学员应该注意的地方，比如，电线要横平竖直，线头不要太短或太长，接线的位置要离元器件一指宽，因为下面的线圈还要走线。电线要接触线路板，不能架空。螺钉不能压住绝缘皮等。

● 要求很详细，注意细节。

※ 老师要求学员接线时对照线路图。电线的长短有讲究，太长、太短都

不行，太长了要截断。

※ 老师认为，动作技能主要靠熟练。考试时有时间限制，若不熟练，在规定的时间内就完不成。

§ 有一新报到的学员没有带工具，也没有交学费，与其他学员也不熟悉，只坐在门口的位置上，没有操作。有一个学员也没有带工具，一直在看另一个学员做。

◆ 因为是第一次操作，大部分学员很不熟练，要问老师，还要相互交流、询问、观看，还要看图纸。

● 不知道考试时能否都通过？

◆ 教室里气氛比较宽松。

§ 接主回路。星三角首尾相连。当 KM_1 至 KM_2 时，学员大部分忘了关键之处。

◆ 教学时先上理论课，然后才是实际操作。可是理论课讲完，在实际操作时学员往往会遗忘。

● 能否在实训教室里上课，一边讲，一边演示，一边让学生操作？这样是否能节约时间、提高效率、让学生学得更好？

◆ 学员交流的对象基本上是固定的，显示相互的熟悉程度不同，关系有远近之别。

◆ 9：35 时，有十多个学员进教室参观，他们说是下一个班的学员。

● 招生管理仍需加强，需进一步规范。

※ 老师辅导，动手演示，学员围着看。

§ 许多学员接主回路时接错，虽然有线路图纸（原理图），但学员看图纸有困难。

◆ 对于新学员来说，线路比较复杂。

※ 老师指出看图纸一定要看字母编号，不能把图上的东西与实物一一对应。比如，判断实物的方位（左、中、右）时，不能完全按照图纸上的方位来确定。图纸与实物在认知上有差别。

● 抽象思维与实物思维不一样。

※ 老师指出，一旦接错，电机可能会反转，或者卡住转不动了。

§ 大部分学员在进行星三角的特定联结时出错。学员对看图纸不熟悉，请老师把图纸与实物对照。

● 看图纸是学生感到困难的地方，也应该成为教学的重点。老师认为简单的图纸，学员并不觉得简单。

● 电线有红、蓝两种颜色，能否利用颜色来帮助判断？

※ 老师提醒，主回路接完后，接控制回路时要换成红色的电线。

◆ 接线路考试有2小时时间，约1小时40分钟完成实际操作，还有20分钟要填写一张线路、元器件的表格。

※ 老师认为，第一次操作关键是把线接对，以后再练习。操作是一个熟练的过程。

● 练习时可以在教室里练，但回家后就不行了。然而，不少学员都在做相应的工作，可以在公司里练习。练习的条件还是有的。这是学习环境的一个特点。

※ 老师提醒，线圈要做好，螺丝要拧紧，要养成好习惯。

§ 部分学员之间显得很生疏。学员之间的交流比较多，可能是因为不熟练，需要相互学习和观察。

◆ 大部分学员看线路图很不熟练，需要一边对照图纸，一边接线。

● 看图纸很关键，是一项重要的基本功。应该如何教？又应该如何学？

§ 一个学员比较熟练。他完成后，与邻近的学员交流，指导别的学员。

● 学员之间不存在竞争，因此，交流容易一些。这应该是原因之一。

（二）基于学校的农民工培训过程中教与学的特点

结合以上两篇田野日志，总结该模式农民工培训过程的教和学有如下特点：

1. 教的过程

基于学校农民工培训的教学分为明显的两个阶段：理论教学阶段和实践教学阶段。但是，从总体上看，基于学校的农民工培训模式的教学和普通学校的教学缺乏显著区别。

培训的所有内容包括三门课程，分别由三位不同的教师来进行授课。培训课程所需教材为国家正规出版社出版的全国通用教材，内容更新较慢，部分教材内容与工作实际脱节。教师主要按照教材内容来进行授课，授课内容完全根据最后的资格考试划定的范围来选择。

教学环境为职业技术类学院的普通教室和常规实验室，教学环境比较普通，甚至有些简陋。比如，普通教室呈现教学信息的设备只有黑板和粉笔，没有任何现代教育技术设备，常规实验室的仪器比较落后，且数量较少，某些较大型仪器数量只有一台，全部的农民工学员一起做实验必须进行分组，每组人数偏多，一般达到三至四人，不利于教师的演示指导和学员的操作练习。

系统理论知识的培训以教师课堂讲授、学生听讲记录为主要形式。教师上课板书没有用PPT，而是传统的手写板书，特别是电路图的当场绘制过程，占用了相当一部分授课时间。整个理论知识教学过程，课堂纪律良好，学员中没有不听讲、不做笔记、说闲话的现象。教师的授课有条不紊，期间教师很少提问学生，也没有学生当场提出疑问，除了课间休息的短暂时间，个别学员向教师提出少许疑问外，整个理论教学过程鲜见师生互动交流。此阶段的培训教师没有布置过课后练习作业，也没有布置过下节课的预习任务。

在实践技能培训阶段，学生自主练习操作技能，辅以教师的演示和指导成为教学的主要形式。此培训阶段，学员按照教师提供的电路图纸要求进行操作。这个过程教师首先演示操作技能，提醒操作注意事项。在教师开始演示后，学员围拢在教师周围观看学习，个别学员甚至没有合适角度观察，实验室中没有实物投影设备转播教师的操作过程。教师的演示过程通常只有一次，在演示过程的关键点，教师会明显放慢节奏，提醒和问询学员们，此时师生之间有明显的互动交流。接下来的学员操作练习是整个教学培训中气氛最活跃的环节，小组学员认真兴奋的练习操作技能，碰到疑问，相互之间有热烈的交流，小组和小组之间也相互观摩和交流，教师在实验室巡回观察学员操作，给以实时指导，此阶段师生交流频繁且活跃。整个实训过程，教师没有要求学员提交实验报告。实训阶段，一些常用的电路安装和维修工具，如万用表、各种螺丝刀、钳子等需要学员自备，否则学员没法练习操作技能。

课堂教学活动结束后，教师没有使用任何现代教育技术手段在课后对学员进行学习指导。除了课堂上少量的师生互动交流外，课后教师和学员没有任何形式的交流。整个培训过程对很多教师来说，就是接受培训组织者安排的培训任务，来到培训组织者安排的教室，面对一群陌生的外来务工人员，机械性的授课，不太关心他们是否真正理解掌握所授的知识和技能，完成教学任务后夹起书本和讲稿走人，然后等待着下一个教学任务。这期间师生之间的关系只是形式上的，师生之间通常的教学交往在这里找不到。教学的组织者、教师、甚至农民工自身似乎都不介意这种局面。

2. 学的过程

基于学校的农民工培训的学习过程也分为明显的两个不同的连续阶段：理论知识学习阶段和实践技能学习阶段。因此，整个培训过程，学员的学习过程是一个从理论到实践的过程。

接受培训的学员都是年轻的农民工，他们从外地来到一座陌生的城市，安身立命之本就是要学会生存的技能。因此，农民工培训过程中学员的学习过程和方法都直接指向实践工作。理论知识学习固然重要，但是如果理论不能对实践工作产生作用，那么这种理论学习就不值得学员花费宝贵的时间和精力来完成。

因此，农民工在培训过程中的学习表现出不同于普通学校学生的学习特点，而表现出成人学习的特点，即偏重实践经验和技能的内容学习，并且这些学习内容必定是对他们未来的就业有直接帮助的。

参加本次培训的农民工学员的学历水平绝大部分在高中程度，虽然学历水平不高，但也足以让他们适应基于学校的培训形式。当他们坐在教室听教师讲授课程内容时，陌生又熟悉的感觉很快可以让他们进入学习状态，这点，从笔者在农民工理论学习时认真记笔记就可以看出。另外，来参加中级维修电工班培训的农民工学员大都有实践工作操作经验，这又帮助他们适应了实训阶段的技能学习，当他们拿出自备的常用的电工工具安装电路时，内容虽陌生，却没有畏难情绪。

在教师讲授系统理论知识时，学员纪律良好，除了认真听讲和记笔记外，没有在普通学校学生课堂学习时常见的各种不良现象。学员的认真状态显然是一个很好的教学反馈，这可以促进教师教学活动的持续开展。但是，在整个培训课堂学习过程中，没有农民工当场向教师提问，在课间短暂的休息期间，也只有个别学员和教师交流学习内容。而在整个理论学习阶段，更是没有一位学员对教师的讲授方式提出任何建议。

与系统理论知识的学习相反，实践技能阶段的学习完全是学生主动探索练习的过程。这个阶段，学员们表现的十分兴奋，现场学习气氛既紧张又活跃，小组学员之间的互动交流、小组之间的学员交流、学员和教师的交流都十分频繁，这也印证了农民工学员具有成人学习的一些特点。对于实训条件的不足，学员们鲜有抱怨，相反，他们都十分珍惜这一来之不易的学习机会，认真练习培训要求的各种操作技能。

课题组在调查中，有些学员反映课后学习的困惑得不到及时有效的帮助。尽管学员很想得到任课教师的解答帮助，但实际的解决问题的过程往往是向同事、师傅请教，或者向培训班的同学请教。没有学员向任课教师求教，尽管这些学员都有培训教师的联系方式。另外，调查中还发现：绝大多数学员缺乏利用先进技术和学习资源如互联网、学习软件来帮助学习的习惯和意识。

除此之外，学员的学习时间大部分集中于课堂上，离开了学校，散播于城市各处的学员在学习方面，特别是系统理论知识的学习无法保障，原因是他们需要养家糊口，为生计奔波劳碌，无法潜心继续学习。尽管培训组织方考虑到了农民工学员的这一情况，把培训时间安排在晚上和休息日，但学员的缺课和迟到现象仍然十分严重。这个问题即使通过加强教学管理也不能够得到解决。

二、基于企业的农民工培训模式中的教和学

基于企业的农民工培训模式，也是农民工培训模式中一种比较常见和成熟的培训模式，其特点是利用农民工就业的当地企业的各种学习资源开展培训。此类培训模式中，由于教和学的场所主要是在企业中，学员往往是企业员工，培训师来自企业或行业中有丰富实践经验的专家能手，这些培训师的教学方法往往不同于普通学校的教学方法。从接受培训的农民工学员角度考虑，工作在企业，培训在企业，系统的学习务工所需的知识和技能，培训环境对他们来讲并不陌生，甚至对培训师都比较熟悉。此类培训一般在企业中进行，培训不能影响企业的正常运作，需要协调好工作和学习培训的关系。

为了具体说明此类培训模式中教与学的特点，笔者以苏州地区著名餐饮业“得月楼”饭店的某期员工培训为例进行描述。

这期苏州市“得月楼”饭店的培训员工全部都是外来农民工，共31人，平均年龄为25岁左右，其中男服务员8人。这批农民工学员来自江苏、安徽、江西、四川、河南等省，大多数学员为初中文化。普遍低于中级电工班学员的受教育水平，也说明餐饮服务业的学历文化要求相对较低，行业门槛较低。这些农民工学员都是得月楼餐饮集团的员工，接受培训的目的是为了获得餐饮服务业从业人员所需的国家职业资格证书(初级)，更好适应现有的工作岗位要求。培训经费由劳动局资助。由于餐饮业工作时间的特点，这批学员的培训时间被安排在每天的下午。整个培训过程也分为明显的两个阶段：理论培训和实践培训。培训地点在得月楼饭店，培训结束后通过苏州市劳动部门鉴定中心的考试，考试成绩合格后发给餐饮业的国家职业资格初级证书。对学员进行培训的共有两位培训师，全部为企业和行业能手。

(一) 田野日志的现场记录

为了便于分析教和学的过程，笔者在该模式培训过程中采用了视频录像和田野日志的方法进行研究。以下资料为笔者整理的三篇有代表性的田野日志。它们分别是笔者在农民工培训的不同阶段的现场客观记录，对于读者了解培训过程的教和学可以提供较真实的感性认识。

1. 关于理论知识培训的田野日志

时间：2009年11月6号下午2：30—4：00

地点：得月楼2楼大餐厅

主讲人：张爱国科长，姚岚经理

学员：得月楼服务员，共31人，其中8名男服务员

内容：主要烹饪流派简介

授课方式：讲授，有PPT

目标：要求服务员能够介绍各种风味的菜肴，不要求他们学会做菜

四大菜系：川、粤、鲁、淮扬

八大菜系：川、粤、鲁、淮扬、闽、浙、湘、徽

其他菜系：北京菜、上海菜、京东菜、西北菜、迷宗菜、素菜、仿膳菜

§ 上课开始后约3分钟，有2个迟到学员进来。

※ 姚经理打电话询问，因为还有客人在吃饭，故有学员迟到。开始上课前要点名，每个学员要签到。

● 在企业里的培训，可以按照企业的管理方式进行管理。姚经理与学员之间是工作上的上下级关系，故管理较容易，因为姚经理对服务员有管理的权限。这是基于企业的培训的优势之一。这与学校里的教学不同，学校里的师生关系不带有工作关系的性质，教师除了使用考试这一手段外，没有其它的可以直接涉及学生切身利益的管理手段。基于企业的培训中师生关系可以概括为主—从双重关系。

各大菜系的介绍。

● 烹饪不仅仅是做菜，这其中含有丰富的文化。这样讲比较好，拓展内容，使学员不仅知其然，而且知其所以然。不局限于单纯狭窄的知识介绍。另外，从这里也可以看出，技能也需要一定的知识相配合，只是知识要与技能紧密联系，并从属于技能。这与学校教学是完全不一样的。

安徽可以写作“皖”。

● 针对农民工的文化程度比较低，故一些常识性的知识仍需介绍。这一细节值得重视。

四川风味：好滋味，尚辛香。

※ 提问：川菜有哪些菜？个别学员回答：宫保鸡丁。

● 互动较少，而且较简单。可能是知识太简单，不大需要理解，因此不大需要互动。

山东风味：举例九转大肠，特别提到不利于营养。介绍如何做。
油爆双脆：原料是肚尖、鸭肫肝。不好做，所以现在这道菜少了。

江苏风味：考试不是重点，只需要了解。徐海菜，有争议。淮扬菜，代表菜是瓜果雕刻，苏锡菜，代表菜是松鼠桂鱼。另外还有“天下第一菜”，即锅巴。“叫花鸡”，浙江人认为是浙菜，因为浙江出了个济公，所以“打官司”浙江赢了，现在被认为是浙菜。

● 提到考试，可见培训仍然要顾及到考试。

● 插入小历史故事，能够活跃课堂气氛，开拓学生的知识面。

广东风味：生——烧鱼，6分50秒，精确控制。猛——果子狸，非典。海鲜——潮汕菜，贵。

§ 约半小时后，学员的注意力仍然比较集中。有两个学员记笔记。培训是有教材的，老师讲的内容与教材上的内容是否不一样？

★ 3：00—3：05 休息5分钟。

2. 关于实践技能培训的田野日志（一）

时间：2009年11月6号下午3：05—4：00

地点：得月楼2楼大餐厅

主讲人：姚岚经理

学员：得月楼服务员，共25人，其中8名男服务员

内容：餐巾折花

授课方式：演示，讲授

目标：要服务员掌握餐巾折花的技能

※ 要学员在书上找到要讲的内容。向学员演示正确的手法与错误的手法。边讲解、边演示、边检查学员的学习情况（评价）。

§ 边观察，边听讲、边练习。

★ 有手机响，有干扰。

※ 告诉学员一定要注意，折花的折缝不能朝着客人。

※ 姚的动作稍快，有学员跟不上。

§ 有的学员在相互讨论。

※ 可以折出仙人掌形、金鱼形、鸟形，等等。

§ 有的学员能够跟上节奏，学得会；有的比较困难。学员跟着做，姚强调要注意指法。

※ 姚老师观察学员的反应，到学员身边单独指导，特别指出一位男学员的手法不正确。

● 这是师生互动的一种形式。

§ 姚老师单独指导，学员练习并相互讨论、模仿，持续约5分钟。

● 由于学员同属一个单位，平时在一起工作，相互比较熟悉，因此学员之间的交流、互动、模仿以及相互学习比较容易。这是基于企业的培训的优势之一。

◆ 影响农民工培训的因素之一：农民工流动性大，服务员工作几年后大多选择返乡，只有约1/3的人能够留下来。

◆ 得月楼是百年老店，有悠久的传统，重视自身形象与员工的培训。饭店行业本身的评级也重视服务员的素质，这是评级的标准之一，这促进了饭店对服务员的培训。但并不是所有的饭店都是这样。顶级的

豪华饭店有自己的培训系统，不利用劳动局的资源；较差的饭店不重视甚至不需要对服务员进行培训。

◆ 由于培训的地点就是工作的地点，学员上课后有条件进行练习，工作与培训真正无缝对接。这也是基于企业的培训的优势之一。

◆ 最后的考核由劳动局签定中心进行，并颁发证书。实行考、教分离，有利于保证培训质量以及证书的市场价值。

◆ 考核要求：摆台 10 分钟完成，斟酒 5 分钟完成。

● 考核对时间、熟练程度要求高，技能并不复杂。

§ 约 30 分钟时，学员相互观察、模仿、讨论，练习。学员仍然比较认真，没有出现懈怠或注意力不集中的情况。但是学员的表现不一，各人双手的灵巧程度不同。男学员差一些。

※ 还可以折成迎宾花篮、海鸥、鸵鸟、玉米等，有难有易。在基本折叠法之上，可以变化出很多样式。

● 技能也可以自成体系。看起来简单的动作，其实也不像想象的那么简单。所以有培训的必要。

§ 约 2/3 的学员在这一段时间（约 3：55—4：00）没有学会。一名学员没有学会，当姚老师看她时，她不好意思地笑了。

● 教的样式太多，可否精选约 15 种，因为考试只要求会做 10 种。

※ 姚看到一部分学员比较生疏，要求课后练习。

● 虽然有教材，但一定要演示，这是技能学习的独特要求。

★ 有学员出去接电话。

※ 教材上没有的，姚老师也讲了不少。

◆ 技能的特点是先基础，然后在基础上变化。

※ 姚老师要求下星期练习。

3. 关于实践技能培训的田野日志（二）

时间：2009 年 11 月 13 号下午 14：30—16：20

地点：得月楼 2 楼大餐厅

内容：摆台练习，要求 25 分钟内完成

教师：姚经理

学员：得月楼餐厅服务员，分为三组

※ 点名，分配学员的位置，要求学员把桌子摆正，提醒红酒杯的位置与椅子的位置。

◆ 第一组 6 人开始练习。

§ 学员的动作有快有慢。摆放的动作比较小心，但速度较慢，表明不太熟练，也可能是有点紧张。

◆ 练习完全以比赛时的方式进行，比较严格。对每一个动作都有规定的要求，例如，对盘子的摆放位置就有规定，很详细。

※ 完成全部动作有时间要求，25 分钟内要完成。老师提醒不要慌张，刚过去 6 分钟。

§ 有一学员的杯子掉在地上摔碎了。

● 有什么样的结果？

§ 有一学员烟灰缸摆错了，重摆，速度较慢。

§ 约 8 分钟后第一组的所有学员开始餐巾折花。

◆ 第一组之外的其他学员在练习，有相互交流的情况，都带着教材。

★ 下面电话铃声在响，没有影响学员的动作。

※ 提醒过去了 10 分钟。

§ 餐巾折花平均用去了约 10 分钟时间。

● 在整套动作中，餐巾折花用去的时间最长，是这套动作的重头戏。

§ 有一男学员折花时有点心不在焉。

§ 有一学员摆杯子时摆错了，重换，并稍有犹豫，思考了一下。显示不太熟练。

§ 每一个学员折的都是不同的花形，要 10 种。摆放到桌子上时很轻，很小心。

※ 老师提醒抓紧时间，马上到 20 分钟。

● 培训的是工作中的基本技能。

§ 学员开始斟酒，然后把椅子拉开。

※ 提醒只斟一种酒，白酒，提醒了 3 次。

◆ 从第一个完成的学员到第二个完成的间隔了约 2 分钟。时间结束时还有 3 名学员没有完成，一名男学员，两名女学员。从第一个完成的学员到全部完成间隔了约 7 分钟。差别比较大，但基本都能在规定的时间内完成。

§ 完成后学员靠墙站成一排，等待老师讲评。

※ 姚老师点评，指出存在约 5 点不足，包括拉椅子、摆花形、斟酒、烟灰缸摆放的位置等。特别指出一名学员把一个杯子的花形、即鸟的屁股对着客人了，这是不对的，对客人不尊重，应该是头对着客人。

● 点评用的时间不长，但很到位。

◆ 学员撤掉桌上的东西，为第二组学员练习做准备。两两合作进行。

※ 姚老师规定了正门的位置。要求学员把椅子三三两两摆设,面对正门方向站立。

◆ 第二组学员的练习开始。

§ 有一学员的速度明显落后于其他人。

§ 有一学员发现了错误,重新调整。

※ 姚老师走下去检视。

§ 大约10分钟后,学员都开始了餐巾折花,看来餐巾折花用去的时间较多。

◆ 摆台必须分清主宾的位置。

◆ 姚老师说摆台已经教过,现在是练习,但仍然有不少学员摆错了。

● 在基于企业的培训中,学员的练习比较方便。这对于技能学习特别重要。这也是基于企业的培训的优点之一。

◆ 第二组学员的速度差不多,没有明显的快慢差别。

◆ 速度、熟练程度是评价的一个重要标准。

◆ 第二组比第一组所用的时间要少,平均21分钟左右完成。显得比第一组熟练一些。第一组学员餐巾折花用的时间过长。

※ 姚老师点评:拉椅子时要从主宾位开始,椅子与桌子之间的距离要控制好,约二指宽的距离。

◆ 第二组学员帮助第三组收台,即撤掉桌子上的东西,为第三组学员练习做准备。两组合作进行,体现了企业化的管理以及团队精神。

◆ 15:50 第三组学员开始练习。

※ 姚老师每次都特别规定正门的位置,这体现了中国的传统文化的要求。也因为得月楼是百年老店,特别重视传统。

● 技能虽然简单,但每一个动作都有规定的要求,精细化。并不像想象的那么简单。

★ 15:55,值晚餐班的学员下楼吃饭。

◆ 学员不仅要在工作中练习,而且要抽出专门的时间来练习。

● 农民工培训的技能都是基本技能,因为入职的时间不长。若是某个工种的系统培训,则要由许多层次、环节构成。但农民工培训大多是入门培训,并没有高级培训。

※ 姚老师认为技能并没有多难,主要是练习。

◆ 考核时超时扣分,若提前完成不加分。

◆ 第三组在19分钟内全部完成。

（二）基于企业的农民工培训过程中的教与学的特点

结合以上三篇田野日志，可以得出基于企业的农民工培训的教和学有如下特点。

1. 教的过程

基于企业的农民工培训过程中，教学过程仍然分为明显的两个不同的连续阶段：理论知识教学阶段和实践技能教学阶段。因此在整个培训过程中，教学方法肯定不能始终不变，必需与每个阶段的学生学习相适应。

从总体上看，基于企业的农民工培训模式的教学和普通学校的教学存在显著区别。

首先，培训的内容不是以课程来划分，而是直接依据行业的用工要求。以餐饮服务业为例，培训的内容包括餐饮文化知识（理论部分）和就餐摆台技能（实践部分），而且在整个培训过程中，就餐摆台技能的培训时间明显多于餐饮文化知识的培训时间，这也说明基于企业的培训模式更有针对性，更加贴近企业的需求。培训分别由两位不同的培训师担任，理论部分的培训任务由来自餐饮行业的高级管理人员担任，实践部分的培训任务由得月楼餐饮部的经理担任。培训教材是根据职业资格考试要求自行编写的简易教材，印刷和内容更新都十分方便。

其次，培训环境不同与一般的学校教室，而是由企业提供的培训场所。本期得月楼餐饮技能培训场所为就餐大厅。就餐大厅在没有客人就餐时临时作为培训场地。由于培训环境的这种临时性，培训师在培训方法上也与学校培训方法不同。就餐大厅里没有学校教室一般都有的黑板粉笔之类的教学设备，培训师不得不使用一些现代的教学设备，如白板、数字投影等。培训师在进行理论知识——餐饮文化的培训时使用了笔记本电脑和便携式数字投影仪。对培训师来说，熟练的准备和使用现代教育技术设备，对他们准备培训和开展培训都更经济、效果更好。另外，便携可移动的现代教学设备种类多样，选择余地大，价格适中，对多数企业不构成经济负担，使用这些现代教育技术设备反而增加了培训场地选择的灵活性。在实践技能培训环节，培训场地的特点得到了发挥。由于培训内容是就餐摆台，培训场地——就餐大厅就是学员实际工作的地点。培训师进行了手把手的训练，先演示，然后让学员反复练习，此环节培训过程中虽然没有使用任何辅助教学设备，但学员观摩和练习的条件比较理想。

再次，理论部分教学，即餐饮文化知识的培训内容以培训师的讲授、学生听讲记录为主要形式。培训师课上用了电子板书（PPT），教学的信息量较大，整个理论培训的时间比不采用电子板书的方法要短。培训过程中课堂纪律良好，学员中没有不听讲、不做笔记、说闲话的现象。教师的授课有条不紊，期间教师很少提问学生，也没有学生当场提出疑问，整个理论教学过程没有师生互动交流。培训结束后，培训师没有布置课后练习作业，只是指出考试需要注意的学习内容。

最后，在实践技能培训阶段，培训师现场先演示技能，然后是学员练习技能。学员练习过程中出现的问题，培训师立刻给予纠正。碰到的问题较多时，培训师会放慢节奏，反复演示和纠正。此环节培训过程中师生之间有明显的互动交流。在学员练习技能的过程中培训气氛比较活跃，学员之间相互交流切磋，培训师在大厅巡回观察学员操作，给以实时指导。在指导学员练习的过程中，培训师使用了计时工具来考察学员的熟练程度。

在培训活动结束后，学员和培训师之间几乎没有任何形式的交流。

（二）学的过程

基于企业的农民工培训的学习过程也分为明显的两个不同的连续阶段：理论知识学习阶段和实践技能学习阶段。因此，整个培训过程，学员的学习过程是一个从理论到实践的过程。

参加本次培训的农民工学员的学历水平绝大部分在初中程度，这对于他们接受行业基本文化理论学习，起点是合适的。而在进一步的与学员的访谈中，有些学员渴望掌握一定的外语交流技能，这是他们在实际工作中碰到问题后主动产生的学习需求。

与基于学校的农民工培训类似，这些年轻的企业农民工学员，生存压力是一个摆在面前的紧迫问题。作为企业的员工，企业讲究效率和优胜劣汰，必须具有熟练的技能。这些参加培训的农民工学员把精力都放在技能的学习和反复练习上，就是为了更好的适应当前的工作岗位要求。他们表现出成人学习的特点，即偏重和自己工作直接有关的经验和技能学习。

学员在接受培训时纪律良好，没有学员表现出不专心听讲的现象，能跟上培训师的讲解节奏。学员的状态是一个很好的教学反馈，这可以促进培训师的教学活动持续下去。由于企业培训偏重实践技能的学习，文化基础理论知识学时相对较少，内容比较简单易懂，因此，在整个理论学习阶段，没有一位学员对培训师的讲授方式提出任何疑义，表现为缺乏师生交流。

实践技能环节的学习学员普遍表现出认真和细致，学员通过模仿和反复练习培训师演示的技能操作来强化技能学习，达到熟练的程度。特别是女学员，甚至表现出紧张情绪，个别男学员跟不上技能学习环节，表现出不知所措的样子。摆台练习时，学员必须走动，现场学习气氛既活跃又紧张，学员之间、学员和培训师之间的互动交流十分频繁。学员反复练习的技能对应于他们的实际工作，也与考试的要求一致，因而每个学员都很珍惜这种接近真实场景的练习机会,认真练习培训要求的各种操作技能。

基于企业的培训中无论是理论培训内容还是实践技能培训内容,在学员的工作时间内,知识和技能都将得到及时应用,体现了教和学的无缝对接。

第二节　农民工培训过程的教学设计

农民工的培训过程是复杂的,培训项目是多种多样的。而无论什么形式的农民工培训,培训的最终目的都是一样:为农民工找到工作或者更好的适应现有的工作岗位。基于学校的农民工培训模式和基于企业的农民工培训模式,都是为农民工就业提供直接帮助,即使在某种培训模式中表现出应试教育的特点也不能改变这一目的性。换句话讲,如果农民工培训的目的仅仅是为了一张证书,而不是传授给农民工一技之长,那么农民工培训将变得毫无价值,必将被农民工所抛弃。因此,从某种意义上讲,农民工培训过程中的教学系统设计是非常必要的。一般情况下,任何性质的课程教学或者培训,教师都会进行程度不同的教学设计。根据笔者的调查和分析,在基于学校的农民工培训过程中,教师进行了一定程度的教学设计。接下来,笔者用有关教学系统设计理论分析农民工培训过程的特点。

一、教学设计理论的有关概念

(一) 教学系统与教学设计

教学系统是教育系统的子系统,它可以是指学校的全部教学工作,也可以是指一门课程、一个单元或一节课的教学,或是为达到某种教学目的而实施的、有控制的教学信息传递过程。教学系统包含了教师、学生、教材和教学媒体等四个最基本的构成性要素,是系统运行的前提,并组成系统的空间结构。这些要素之间的相互作用、相互依赖、相互制约又构成系统输入和输出之间复杂的运行过程,也就是我们常说的教学过程。教学系统的功能就是通过教学过程运行的结果来体现的。

从传统的教学观点看,教学过程涉及教师、学生和教材。学习的内容包括在教材中,将这些内容"教"给学生就是教师的责任。教学被看成是将教材中的内容装入学生的头脑中且在考试时再次被提取出来。这样,改进教学的方法就是提高教师的水平,或者说,教师将拥有更多的知识以及掌握将知识传递给学生的多种方法。教学过程的现代视野则将教学的过程看成为一个系统的过程,这一过程中的每一个部分对成功的学习而言都是至关重要的。因此,优化教学过程十分重要。要实现这一目标,就必须掌握教学设计的理论和方法。

教学设计是以获得优化的教学过程为目的,以学习理论、教学理论和传播理论为理论基础,运用系统方法分析教学问题、确定教学目标、建立解决教学问题的策略方案、试行解决方案、评价试行结果和修改方案的过程。教学设计的基本内容包括:分析学习背景、分析学习任务、分析学习者、确定学习目标、设计教学策略、选择教学媒体、实施教学评价。

目前教学设计理论的应用领域不仅仅局限于学校的课程教学中,在企业培训中也得到了普遍应用。

(二)教学设计的过程模式

教学设计实践中所面对的教学系统的范围和任务的层次是多种多样的。教学设计的过程模式就是把教学设计的相关理论应用到实践中,形成的一系列设计过程的步骤描述。它是连接理论和实践的一座桥梁。在实践中,形成了不同的教学设计的过程模式。图5.1是国际上影响较大的史密斯(P. L. Smith)-瑞根(T. J. Ragan)教学设计模式。

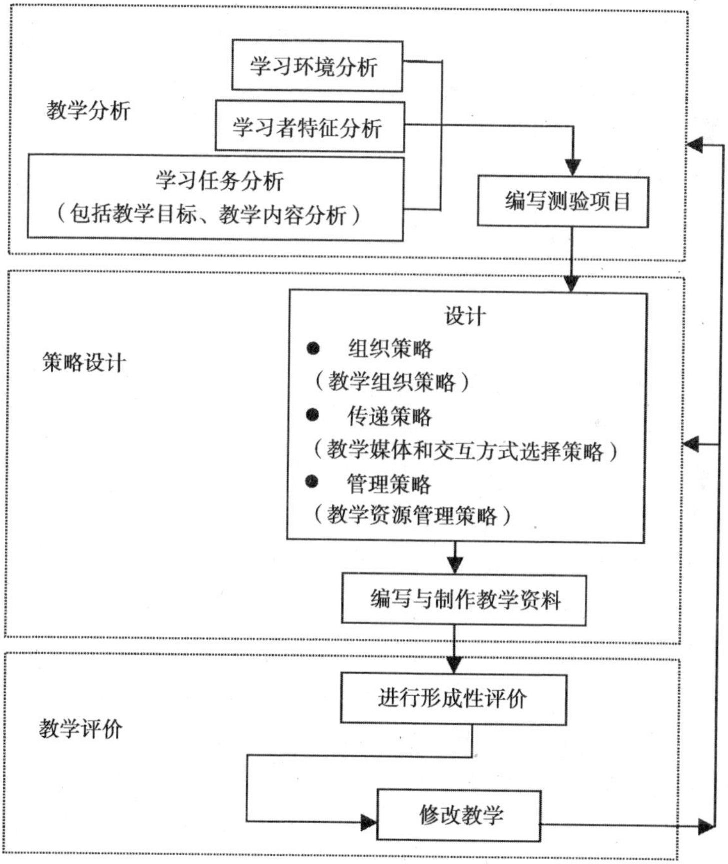

图5.1 史密斯-瑞根教学设计模式

（三）教学策略设计

基本的教学策略设计包括生成性策略、替代性策略、指导性策略。这些策略的区分点在于：教学设计者对于在教学中信息加工的控制点是放在教的方面还是放在学的方面，必须仔细考虑并作出抉择。

1. 生成性策略

生成性策略要求学生对信息进行深入的加工，自我生成各个概念之间的联系。它强调具有积极性和主动性的学生在学习过程中的重要作用，是以学生为中心的一种建构主义的观点。由于这种策略强调学生在新的信息与先前学习之间生成联系的重要性，因而被称为“生成性教学策略”。

生成性教学策略要求学生大量处理信息。学习的成功有赖于学生先前的学科知识和已有的学习策略。学习的结果会因人而异，对教学内容的理解也可能是高度个性化的。这种教学策略认为越是要求学生将教学信息与自己原有的认知结构相联系，信息加工就越深入，也就能导致更好的学习。它将学生置于一个既与教学内容有关，又可追求个人兴趣的自主学习情境中，因而被认为是一种高度激发动机的教学策略。

2. 替代性策略

替代性策略与生成性策略是相对的，在信息加工理论看来，替代性策略就是“倾向于通过提供全部的或部分的教学目标、教学内容的组织、细化、排序和强调、理解与检验、以及迁移的建议，较多地代为学生加工信息”。替代性教学策略为学生提供许多教学活动，积极地吸引学生的注意，告诉学生目标，仔细做好预习。这种策略倾向于通过减轻学生为建构学习情境而必须承担的责任，以便学生获得与学习任务有关的知识、技能。

替代性策略可以使学生在较短的时间内接受较多的学习内容，可能期望原先知识、技能和学习策略都有限的学生也获得较大成功。不过，这种教学策略易导致学生对信息加工不够深入，也对有些学生缺乏挑战性和刺激性，结果可能带来学习的意义习得缺乏个性化，也使学生缺乏学习的独立性。

3. 指导性策略

指导性策略强调教师的指导作用，它吸取了生成性策略和替代性策略的一些特点。这种教学策略为广大教师熟习。它包括四个阶段共15个步骤：导入阶段（激活注意、确立目的、激发兴趣和动机、预习）、主体阶段（回忆先前的相关知识、加工信息和实例、集中注意、运用学习策略、练习、评价反馈）、结尾阶段（总结和复习、迁移学习、再激发动机和结束）、评价阶段（评估作业、评价反馈和寻求补救）。

关于教学策略设计中这三种常见的教学策略，由于学生的特征和学习需求的不同，教学目标和教学内容的不同，不存在适用于一切教学活动的最优教学策略。教学设计时必须掌握一系列适用于不同目标、内容及对象的各种教学策略，才能在教学设计实际中选取并综合运用各种教学策略，创造出最有效的教学环境，取得最佳的教学效果。

二、基于学校的农民工培训过程的教学设计分析

从形式上看，此类培训过程与普通学校的教学过程没有区别。首先，教师接到教学任务，按照考试确定的学习内容进行授课，无论是理论知识的讲授还是实践技能的训练，教师的紧迫任务都是为了能使学员通过考试。而学员报名来参加培训，也是为了能通过考试，拿到职业资格证书。这是应试教育的特点。为了理清楚基于学校的农民工培训和普通学校学生培训的区别，我们需要对此模式中的培训过程进行深入的分析。

在基于学校的农民工培训过程中，教学方法似乎和普通学校的教学方法没有区别，但笔者在对培训教师进行访谈时，一位教师却是这样表达了自己的看法：

> 教学方法肯定不一样，因为毕竟培训对象不一样，学生自主性可能稍微差一点，农民工因为自己需要这个培训，工作需要，自主性比较强，学习过程中他们会花功夫钻进去。而学生层次比较多，部分学生学的比较认真，课后还能再看看书，其他不少同学上课就是完成任务，课后也不再下功夫。所以教学方法很大程度上不一样。我们对农民工培训进行及时指导，纠正他们不对的地方。而学校学习，你做一个演示，学生照着做，一板一眼的，可能管的更严点。
>
> ——对中级电工培训班陆琦老师的访谈

从这段和培训教师的交流中可以看出，由于教学对象的不同，基于学校的农民工培训在教学方法上不同于普通学校的教学。我们可以用教学设计理论来深入分析基于学校的农民工培训过程的特点。

1. 教学设计的前端分析

在教学活动正式开始之前，教学分析十分关键。它可以为教师的教学确定一个起点。教学实施的前端分析包括学习者特征分析、学习任务分析、学习环境分析三个关键因素。据我们调查，基于学校的农民工培训活动在开始之前，培训教师十分清楚自己的教学对象不是普通学生，也不是一般的成人学习者，而是外来务工人员。教学的任务就是帮助他们获得职业资格需要的基础知识和基本技能，教学场地是在学校。具体分析如下：

（1）学习者特征分析，又称教学对象特征分析，包括对学习者的所学知识、已有技能、学习态度等现有学习起点水平的确定。以中级电工培训班为

例,学习者为农民工,大部分农民工为高中文化程度;此前接受过初级维修电工班的培训,有相关的工作实践经验;城市生存的巨大压力驱使他们自愿报名参加培训学习,这表明了他们学习的态度是主动积极的。另外,农民工性格特点中吃苦耐劳的精神可以为他们克服学习中的困难提供动力。

通过对农民工学习者的特征分析我们可以看出,农民工学习者具有明显不同于普通在校学生的特点,也不同于一般的成人学习者。一般成人学习者接受培训的原因是多样的,比如单位安排、自己主动学习等。学习的目的也表现出复杂性,比如追求功利的目的,高学历文凭和职位升迁的关系,追求自我实现的价值等。而农民工参加培训的目的十分简单,就是为了能够在陌生的城市生存下去。

(2) 学习任务分析,即教学任务分析,教师和学员在培训前都清楚地知道自己的任务。以中级电工培训班为例,教师知道教学目标是帮助学生通过职业资格的相关考试,教学内容为职业资格证书确定的范围。而学生也知道自己参加培训的主要目的就是获取职业资格证书。

(3) 学习环境分析,又称为学习背景分析,它不仅仅指培训发生的物理环境,也可以包括培训发生的社会环境、人文环境等。以中级电工培训班为例,培训的物理环境在苏州技术师范学院,教学和实践条件一般。在开展理论教学的教室中,没有任何现代教育技术设备,只有黑板和粉笔;开展实践技能教学的实验室中,设备数量少而落后。这些实施教学的物理环境与任课教师日常教学的物理环境有显著差异,因此教师必须调整自己的教学方式以适应农民工培训的物理教学环境。而从接受培训的农民工视角来看,这样的培训环境没有影响他们的学习热情,对他们来说,这是政府劳动部门组织的培训,基本的培训条件都已具备,只要自己认真学习,参加考试,拿到职业资格证书就行了。物理环境的简陋也说明了基于学校的农民工培训中的一些常见问题:学校学习和企业生产,理论和实践衔接不畅,学校的实践条件总是跟不上企业生产条件的变化。因此,基于学校培训出来的农民工,可能难以达到企业生产的用工要求,出现农民工就业困难的现象。

另外,基于学校培训的背景也暗示了教与学的双方在这场培训中的互动关系,这种类型的培训很容易导致成人学习者常见的学习依赖性。农民工学习者的文化基础和经济基础已经相对薄弱,基于学校的培训过程中如果教师不注意激发农民工学员的学习主动性,如积极思考、提问、交流等,那么学员被动接受学习将影响教学效果,长此以往,也将会影响此类培训的持续开展。

如果说上述分析针对基于学校的培训需求,弄清楚了教学的需要,教学的起点,教学的终点,教学的内容。那么,为了实现目标、满足需要,应该采取哪些教与学的行动？即要回答一个“如何教学”的问题，这就是要制定教学策略，对完成特定的教学目标而采用的教学活动的程序、方法、形成和媒体、管理等因素的总体考虑，即策略设计。

2. 策略设计分析

策略设计阶段要从三个层面分析：组织策略、传递策略、管理策略。

在基于学校的农民工培训模式中，理论知识的教学采用了以教师讲授为主的方式。这种理论教学教师采用的策略设计属于替代性策略设计。以中级电工班培训为例，理论教学环节，教师从头讲到尾，学员听讲和记笔记。对基础知识相对薄弱的农民工培训采用替代性策略设计，是教师根据实际情况使用的合理策略。因为是短期培训，师生间都希望在较短时间内学习到较多的内容。讲授教学是基于学校的培训方式中常见的形式，这和普通学校的教学传统有关。讲授教学是一种历史悠久历经时代和不同教学环境检验的成熟经典的教学形式。尽管最近批评之声不绝于耳，但它仍然是使用的最广泛的教学培训方法。有观点认为，讲授教学对应着教师中心，忽视学生学习的主动性。笔者认为，教师中心和讲授教学不一定是对应关系，这要看教师讲授的具体方式，如是否采用了循循善诱的启发方式等。考虑到农民工培训的规模和效率，基于学校的农民工培训过程中，教学策略常常采用讲授形式的替代性策略设计是合理的。但这种替代性策略设计不能过度使用，占用整个教学过程。

基于学校的农民工培训实践技能学习阶段，是以学员的自主学习为主，教师给以指导。此环节教学策略设计是整个基于学校的农民工培训中最重要的部分，这个环节的教学策略显然不能采用替代性的教学策略。如果这个时候再不给予农民工发挥自身经验知识的机会，而是教师操作为主，学员旁边观摩，那么整个基于学校的农民工培训将失去最核心的价值，变得毫无意义。因此，教师在这个环境应采用实训的策略，整个环节都是农民工学员认真操作，教师给予及时指导，学员之间相互讨论交流。实践技能培训环节采用的这种教学策略是一种生成性策略，有利于发挥农民工学员的现有知识经验，挑战学员的学习能力，增强学习信心。

基于学校的农民工培训的教学评价是通过最后的资格证书考试来评价学员的学习效果。这种评价是总结性评价。相对于总结性评价，形成性评价更能改善教和学的过程，形成性评价和总结性评价不互相排斥，可以配合使用在农民工培训过程中。当前，农民工培训过程中缺乏形成性评价，这不利于农民工培训工作的改进，还会影响到最后农民工学习的效果。这也从一定程度上说明社会对农民工培训的重要性重视不够。

三、基于企业的农民工培训过程的教学设计分析

1. 教学设计的前端分析

基于企业的农民工培训相比较基于学校的农民工培训,学习者时间特征、学习任务、学习环境分别表现出很多不同的特点。首先,农民工培训的场所不是在学校而是在企业内部,培训环境的变化会带来培训过程的明显变化。在企业中培训农民工,要求不能影响企业的正常生产,因此,在培训时间的安排上不像学校培训那样具有规律性,需要统筹安排好企业生产时间和学员培训时间。其次,在企业中培训农民工,更加偏重实践操作技能的学习。

以下结合餐饮业得月楼饭店服务员培训的例子对基于企业的农民工培训过程作特点分析:

笔　者:根据您的感受,农民工和学校里的学生,虽然他们在专业和各个方面多少是有相似之处,但他们对于教师的要求有什么不同?

姚经理:农民工和学校的学生的兴趣是不一样的,学生的接受能力比较强而且在学校已经养成了这个习惯;而农民工主要就是为了工作,他们要求的是学到的东西能派上用场,以便于他们更快的投入工作赚更多的钱。

笔　者:这目标非常具体明确。

姚经理:非常实际。

笔　者:对于受培训学员的工作岗位的具体要求是什么?比如知识、技能这些方面的。

姚经理:每个岗位都有不同的要求,我们对新招进来的员工都会进行一系列基本培训,让他们知道上岗的基本要求。

笔　者:上岗的基本要求大体是怎么样的?

姚经理:大体的上岗要求是正常上下班的时间观念。

笔　者:岗位纪律方面的。

姚经理:是的,还有仪表仪容、操作规范、行为规范等方面,这些都是我们比较注重的。

笔　者:总的来说是侧重在行为方面的。

姚经理:是的。

——对得月楼服务员培训班姚经理的访谈

从访谈中可以看出,在培训之前,培训师对培训的对象和培训的任务、培训的环境都十分了解。本次接受培训的农民工全部都是得月楼饭店自己的服务员,其中女性占了大部分。根据上述情况,在基于企业的培训过程中,教师

对学习者特征分析的透彻性要强于基于学校培训过程中对学习者特征的分析。特别在更加偏重实践操作技能的企业培训中，培训师本身来自企业内部，又是培训对象——农民工服务员的上级领导，培训双方彼此有一定程度的了解。对于正式开始培训前，培训师确立培训学习的起点和节奏很重要，对于学员消除接受培训的神秘感和紧张感，较快进入培训学习状态也有一定的帮助。

本次餐饮企业培训的农民工，全部都是新近招聘进来的服务员，他们虽然已经受聘于餐饮企业，但仍在实习聘用期间，在正式上岗工作前，必须要达到餐饮企业要求的服务技能水平。否则，仍然可能面临被淘汰解聘的危险。因此，在基于企业的农民工培训中，农民工的工作压力仍然是驱使他们接受培训的动力，关于这一点，农民工不同于一般的成人学习者，外部驱动力量，即生存压力要明显强于一般成人学习者。因此在接受培训时的各种表现也应该强于普通成人学习者。

基于企业培训的学习环境与基于学校培训的学习环境有很大区别，这种区别导致了培训过程的重大区别。在企业中接受培训，这种完全真实的学习环境对激发农民工的学习潜能和持有对未来从事工作的信心及热情有直接帮助。

由于企业对效率的追求，培训师在开始正式培训前，对学习任务的分析理解应该十分到位。企业培训新员工，是希望新员工能够尽快适应企业的工作。因此，基于企业的培训会抛弃那些不实用的知识技能的学习，而把实用的知识和技能作为培训任务的目标。此模式培训中的教师往往来自企业本身或本行业的专家里手，培训教师对于学习任务的分析理解要比基于学校的教师来得深刻和实用。

笔者仍以中级电工班培训和得月楼服务员培训为例来对比分析说明以上情况。中级电工班的培训教师和得月楼服务员培训师在接受培训任务后，他们都知道培训对象是农民工学员，但是在对学员的了解程度上，前者要弱于后者。前者和培训对象只有师生关系，没有工作联系；而后者和培训对象之间除了师生关系外，还存在工作关系或行业关系。因此，从情感上来说，前后两者对农民工学员的了解程度是有显著差别的。按照教学理论的观点，这种显著差别会影响最后的培训效果。农民工学员在后者的培训中可能会更积极主动，学习效果会更好。以下是对得月楼培训学员的访谈：

笔　者：你们觉得这个培训的学习气氛怎么样？

服务员 A：气氛挺好的，每次培训的时候都没有人缺席。

服务员 B：有的人平常只提前一点来上班，培训以后，都提前很早就来了，感觉气氛挺好的。

笔　者：那你们和授课老师的关系怎样？除了姚经理是你们直接领导外。

服务员A：关系很好的。

笔　者：你们与其他老师平时的关系密切不密切？

服务员A：老师给我们的感觉很和蔼，每次见到都打招呼的。

服务员B：感觉关系都是蛮好的，他们下了课后都会和我们聊天。

笔　者：除了姚经理、夏老师是得月楼的，其他的是外面的老师。那像这样的老师，如果培训结束后在工作中碰到了问题，会想到向这些老师请教吗？

服务员A：有不懂的问题可以问这些老师是吗？

笔　者：是的，就这个意思，比如张科长是教你们菜系流派的老师，那么如果在工作中有些问题不懂，会不会想到打电话问张科长呢？

服务员A：有这种想法。

服务员B：也有这样的想法。

笔　者：在工作中遇到问题，希望能找以前的老师帮忙，会有这样的想法对吗？

服务员A：是的。

服务员B：是的。

笔　者：那如果是单位里的老师呢？

服务员B：如果是单位里的老师，有问题不能解决，我们当时就会去找他的。

笔　者：不是在培训的时候，而是你们在工作的时候。

服务员B：是的，如果我们在工作时遇到无法解开的难题、困惑，我们就会去请教姚经理，找出解决的方法。

——对得月楼服务员的访谈

此外，中级电工班的培训教师对培训任务的理解深度也不同于得月楼服务员培训教师的理解深度。前者是来自普通职业类学校的教师，由于学校和企业间固有的隔阂，这些培训不可避免的缺少甚至不具有企业实践技能操作经验，在培训农民工操作技能时，会出现理论和实践脱节的现象，讲授的理论知识和实践技能也可能滞后于企业生产的实际需求，这是基于学校的培训最大的问题。而后者，由于得月楼服务员培训教师来自企业或行业，他们对于餐饮行业和本企业的实际情况和用工要求十分了解，无论是在理论知识培训还是实践技能培训上都更有针对性,从理论到实践,从课堂到职场,可以说是无缝对接,学员的学习收获也会更大些。这是基于企业的培训最大的优势。

2. 策略设计分析

基于企业的培训的策略设计阶段,组织策略仍然采用了替代性策略和生成性策略相结合的设计。以餐饮业培训为例,尽管实际操作技能是整个培训的重点,但是餐饮业独特的文化内涵也是培训的必备内容。在得月楼农民工服务员的培训中,餐饮文化知识作为理论知识培训被安排进来,尽管在培训过程中采用了多媒体电脑和数字投影仪,但餐饮文化知识还是采用了教师讲授的形式。由于这部分培训内容相对较少,且相比技能培训不是那么重要,因而在看重效率的企业中,采用传统的效率较高的讲授式是符合培训的实际情况的。而到了实践技能环节,培训师换成了来自企业内部的高级管理人员。这些高级管理人员本身具有非常丰富的实践操作经验,由他们来组织实践技能环节的培训无疑是十分理想的选择。培训过程中,教师进行示范和指导,学员模仿和反复练习,直到完全熟练掌握实践技能为止。需要说明的是理论知识培训的策略是让服务员了解和记住餐饮文化的一些基本知识,这是餐饮业低层次的要求,更高层次的要求需要学员理解餐饮文化的精髓,达到主动设计创造的水平,这时采用替代性的教授策略是不够的。对于实践操作技能的培训,最终目的是让服务员们习得规范的餐饮业服务技能,这些技能在职业资格培训的初级阶段虽然比较繁琐机械,但初学者仍然需要反复练习才能领悟,这个阶段采用生成性策略进行培训是合适的。以下是与得月楼培训老师的一段访谈:

笔　者:农民工培训与在岗员工的培训内容在深层次上各有什么侧重?

姚经理:在内容上主要讲究实际操作以及现场处理的疑难杂症,以便他们更快的融入到工作中。

笔　者:得月楼对员工是有定星级的,那在培训方面,那些定星级的员工与他们相比较有什么不一样?

姚经理:星级是因为他们已经工作了一段时间,要更上一个层次,就要学会处理和熟练地操作。

笔　者:也就是我会了,但是不一定很合格。

姚经理:对。还有熟练程度要加强,一个是技术能力的提高,比如说口布折花,它分精细的和初步的,有个层次的提高。另一个是个性化的接待服务,都能体现出来。

笔　者:对于某一个工作来说,比如说餐厅服务员,你认为对于她们的培训，总的目标是什么？

姚经理：总的目标是规范、遵行要求，把工作做得更加好。

笔　者：比如你刚才讲的折花，那这个折花的具体目标是什么？

姚经理：美观，主要是烘托出餐厅的气氛。还有突出餐厅的主题，让客人一目了然。

笔　者：培训目标一般都是由谁来定？

姚经理：得月楼有专门的培训经理，主要是负责培训和人事方面的管理。

笔　者：由他来制定计划？

姚经理：是的，他制定计划，定期组织开展培训，然后和我们一起进行培训。

笔　者：如您刚才所说的，培训的总的目标是为了规范，比如折花是为了美观，那这些细节目标是由谁来定的呢？

姚经理：这些目标需要将具体情况相结合再确定，因为我们也是进行不断的调整，进行不断的培训，每月是日常培训、分阶段培训、组织培训，还有和劳动部门一起组织的培训，分几块进行的。

笔　者：您不仅参与培训工作同时也是位管理人员，您觉得现在农民工培训存在什么样的问题？

姚经理：农民工培训还是存在文化层次差异的问题。还是有理解上的差异，有些知识面他们还是不能理解到。在具体培训时会有接受能力的差异，有的农民工是一学就会，马上就能上岗，有的农民工需要培训很长一段时间。

笔　者：您是否能在提高培训的效能这方面给出一些建议？

姚经理：我们一般是现场培训和组织培训相结合，比如在组织培训中没有完全接受，那在现场督导时再完全的教会他，这样更能加深他的印象，更容易接受知识。

笔　者：这种职场当中的教学形式效果可能是最好的？

姚经理：是的。

笔　者：谢谢。

——对得月楼服务员培训师的访谈

基于企业的培训在管理策略上不同于基于学校的培训，这种形式的培训很少有学员缺课，因为这种培训往往是由企业组织自己的员工来参加，企业和这些员工存在利害关系，企业培训员工目的性明确，在花费了物力和人力资源后，企业会精心安排员工接受培训，当然希望参加培训的员工不缺席培训。在整个企业培训的策略设计阶段，基于企业的培训模式都能较好的整合企业的各种资源，来顺利高效的开展培训。这点恰恰是基于学校的培训所缺乏的。

在培训评价阶段，企业培训除了可以展开总结性评价外，如餐饮企业培训结束后的国家职业资格考试，还可以进行形成性评价。因为企业具有整合培训资源的优势，为了达到培训效率的最大化，对于培训学员在接受培训学习的各个阶段的表现可以进行监督，给予实时干预。比如，得月楼饭店服务员培训中培训师来自得月楼，他作为培训学员的上级领导对学员在整个培训过程中的表现十分清楚，完全可以对学员进行形成性评价。学员们显然也十分清楚这点，在平时的学习中表现的格外卖力认真。这点，基于学校的培训就难以做到，由于教师和学员之间相对松散的关系，形成性评价难成气候。

第三节　农民工培训过程中教与学的改进

一、关于教的改进

（一）教师资质的认定

农民工培训不同于我们常见的任何培训形式，农民工培训的目的性单一，教师的培训资质十分重要，这种资质就是指培训教师必须应该具有面向市场的经验。显然，职业院校中的研究题教师不能胜任此任务，只有和企业密切联系或者本身就来自企业的教师才能适应此任务。

（二）教学手段的先进性

先进的教学手段可以提高教学的效果和效率，但是一直以来，先进的教学手段都是传统学校培训和企业培训的专利，而对于社会地位相对卑微的弱势群体，先进的教学手段似乎注定和其无缘。上至培训的组织管理者，下至培训教师，都认为在农民工培训中没有必要使用先进的教学手段，甚至连接受培训的农民工自身都认为先进的教育技术不属于他们的学习生活。而目前先进的教育技术在教育培训中的应用已经呈现常态化的趋势，对培训对象的区别化对待显得不合时宜。而且，如果带来了教和学的双赢，那么这种尝试的意义是巨大的。

先进的教学手段不单单是教师使用了一些现代的教育技术手段，还包括农民工自身能够熟练使用这些手段，这些教育技术手段应该是针对农民工学习的特点而开发。

（三）增加教师和学员的课后交流机会

在我们的调查中，所有的农民工都希望能够在课余学习时及时得到教师的指导，但碍于一些世俗偏见，农民工学员和培训教师的师生关系似乎仅限于课堂上，课下两者形同陌路。而调查显示，农民工学员十分尊重培训教师，十分希望能和培训教师甚至是培训的组织管理者建立课外的另一种师生关系，这种师生关系亦师亦友，比较微妙。笔者认为，如果能够建立起这种师生关系，获益者不仅仅是农民工自身，还有培训的教师和组织管理者。

课后交流的手段是多种多样的，电话、基于计算机互联网络的实时和非实时通讯技术都可以运用。

（四）教学评价方式的多样性

在本次调查中，农民工培训效果的评价方式往往只有总结性评价，缺乏形成性评价手段。农民工接受培训的目的往往是冲着资格证书。形成性评价手段的缺乏和不被重视，易引导农民工只重视学习结果，使农民工生成或强化社会浮躁心理，不利于农民工认识学习过程的重要性和对思维方式的训练。

二、关于学的改进

（一）结合成人学习的一般特点

接受培训的农民工是成年人，具有成人学习的一般特点。美国成人教育专家诺尔斯（Knowles. M）认为成人学习的最主要特点是自我导向性，其表现如下：

1. 学习自主性较强

成人学习者和儿童、青少年在学习的自主性上存在显著差别。在儿童和青少年的学习活动中，教师决定学习目的、学习内容、学习计划和教学方法，学生对教师具有较强的依赖。在成人的学习活动中，学生的自主性和独立性较大，学生对教师的依赖性降低，学生具有较强的个人意识和个人责任感，能够自己选择学习内容、制定学习计划，希望教师关于教学的任何决定都能够在与他们协商后做出。

2. 个体生活经验对学习活动具有较大影响

对于成人学习者，学习活动中更多地借助于自己的经验来理解和掌握知识，而不是以教师的传授为主。成人的这一特点对其学习活动有如下特殊意义：

（1）成人的已有经验与新知识、新经验的有机结合使成人的学习更加有效和有意义；

（2）在学习活动中，成人本身就可以被看作学习资源，这种资源既能为自己也可以为他人利用；

（3）成人的经验有时会形成某种学习定势而对学习产生消极影响。

3. 学习任务与其社会角色和责任密切相关

对成人来说，学习任务是促使其更有效地完成他所承担的社会责任，提高社会威望的方式，学习往往会成为他们职业生涯或生活状态的一个转折点。因此，这种学习具有更强的针对性，且学习动机较强。由此可见，了解成人学习者的各种学习需要在成人教学中非常重要。

4. 问题中心或任务为主的学习

儿童和青少年的学习目的指向未来的生活，而成人学习的目的则在于直接运用所学知识解决当前的社会生活问题。学习活动对成人是一个十分明确的学以致用的过程，他们能够针对社会生活中的具体问题进行学习，并具有通过学习解决实际问题的强烈愿望。

（二）针对农民工学习的特点

农民工虽然是成年人，但由于他们特殊的社会地位，表现出一些不同于一般成人的学习特点。如，文化基础较薄弱、学习时遇到困难不能获得及时帮助等。针对这些特点，笔者认为改进农民工学习方面需注意以下几点：

1. 加强与教师和同学的交流，善于利用身边的人力资源获得及时帮助

作为接受培训的学员，在忙于生计和家庭的同时，应该利用一切机会和手段进行学习。在课后继续学习的方式上，除了在工作中向师傅和教师虚心请教外，还可以和同学交流，农民工学员应该相互友爱、团结协助、建立感情，这样在工作中、生活中遇到困难可以相互帮助。

2. 善于利用日益普及和成熟的 e-learning 学习方式获得及时帮助

数字技术的快速发展和普及，带来了数字化学习方式——e-learning，特别是借助互联网这一平台，信息资源的丰富性和共享性可以为农民工解决学习的困难提供质优价廉的帮助。

农民工作为一个特殊群体，在为社会做出巨大贡献的同时，也受到了社会的特殊关注。政府主导的农民工培训就体现了社会对农民工群体的特殊关怀。为了让农民工群体能够自立自强，发挥他们应有的价值，为社会做出更大的贡献，应该大力提倡农民工的职业培训，其中一个重要之处就是要研究农民工培训过程中的教和学，进而不断改进和创新农民工的培训方式，把农民工的培训真正落到实处。

第六章　农民工培训的评价

对于像农民工培训这样的短期培训来说，评价往往是被忽略的一种活动。然而，评价是学习过程的一个具有重要意义的环节，它不仅能够对学员进行甄别，评价的结果可以作为授予合格学员证书的依据，教师还可以根据教学过程中得到的反馈来诊断学员的学习问题与困难，并据此改进教学，同时可以根据评价的结果为后续的培训积累经验。因此，在农民工的培训中，评价绝不是可有可无的。与在校学生的学习评价以及其他类型的培训评价相比，农民工培训的评价性质相当特殊。农民工培训的目标是获得一项具体的、不太复杂的工作技能，他们的知识基础、工作经验、接受能力等存在着很大差异，政府的有关部门对农民工学员进行考核时也要较为明显地体现出人文关怀的精神。所有这些都影响着农民工培训评价的标准、内容与方式，使农民工培训的评价呈现出非常独特的特征。本章将依据搜集到的资料对农民工培训评价的实际状况进行描述，继而结合有关的评价理论来分析农民工培训评价方式的适切性，最后提出改进农民工培训评价的一些建议。

第一节　农民工培训的基本评价

农民工培训在评价的内容、方式等方面具有自身的特点。农民工学员在培训中究竟学到了什么？老师所教的内容是否就是他们想学的内容？对于寻找或胜任工作而言，他们在培训中所学的东西足够吗？这是针对农民工培训进行评价首先要回答的问题。对这些问题，学员们有自己的看法，根据笔者的调查结果，农民工学员的看法可以归纳为以下几点。

一、培训内容不能满足实际工作的需要

相对于考核而言，培训的内容是足够的。但对于实际工作来说，短期的培训仅仅为学员的工作奠定了基础，还不能满足他们胜任实际工作的需要。换言之，农民工的培训是针对考试的，考试考什么内容，培训时就教什么内容，而这也是一种“应试教育”。培训对农民工确实有帮助，但却不是针对他们的实

际工作需要而设计。

笔　者：培训快结束了，有没有学到自己想学的东西？或者有没有你想学而老师没教的东西？你有没有可能报高级班？

彭张红：学到了。老师讲的都是一些思路，不可能全部教的。比如排除故障要教的，机床出了故障，我们来排除。可能工作中没有这一问题，却有其他方面的问题。怎么排除故障，用什么方法，通过量定、查找、找出故障、排除故障。老师讲的不是太难，中级是这样。高级需要进一步学习，再过两年。

笔　者：现在这三块内容（接线路、电拖、机床排除故障），如果你的工作转到电器维修方面，在工作中够用吗？

彭张红：不够用。还要学机械原理，电机维修都是最基本的，动画、机械图编程，制定模块都是还要学的。教师教了，教的不是太深入，可能需要到别的地方去学习。

——对中级电工维修班学员彭张红的访谈

笔　者：有没有你想学的，而课本上没有，老师也没有讲到的？

陆晓君：基本上维修工作要用到的那几部分内容都有。

笔　者：就你现在做的工作来说，有没有电器维修这一块不能应付的问题？

陆晓君：说不准。因为中级电工会教电子技术。像我们厂做的就是。

笔　者：在这里学的就是基础？

陆晓君：还有就是学会使用的基础。

笔　者：你的工作会不会有超过这三块的内容，你在平时的工作中会不会遇到别的问题？

陆晓君：基本上都在里面，概念都差不多。

笔　者：高级电工学的都是些什么？

陆晓君：高级电工可能线路板会繁点。

——对中级电工维修班学员陆晓君的访谈

笔　者：你们现在主要就是学习三块内容：电拖，线路和电子。除了这三块你还想学些其他的，是吧？

薛景涛：他们主要教的都是考试的内容。

笔　者：对，他们就是考什么就教什么。

薛景涛：我也不知道一个中级电工需要哪些知识，但是可能也就是这样了。

笔　者：从你的工作角度看，这几块内容是不是都能用上？

薛景涛：差不多，现在讲控制电路也能看懂了，以前看到就不太懂，现在能够看懂了。PLC也了解了一些，虽然是初步的东西，还是有帮助。

笔　者：也就是说，这里的培训内容是考什么就教什么，但是从你的工作角度看也差不多。

薛景涛：工作中也差不多。

笔　者：还有没有你想学而这里没有教的东西？

薛景涛：我参加工作的时间不长，对工作中需要的东西知道的也不多。

——对中级电工维修班学员薛景涛的访谈

笔　者：从你工作的角度看，这三块内容对你的工作有没有帮助，够用不够用，或者你想学的这里没有教？

孔爱霞：那肯定不够，因为我在工作中不光是电子，还有机械，然后包括PLC里面也有很多程序，像是遥控器输入指令，进行一些程序，老师不可能教你的，你也没办法学到，比如电路图是怎样构成的，或者说常用的电路图老师是不会教你的。

笔　者：那像你所说的这些问题，你有没有想办法继续参加培训？不一定在这儿。

孔爱霞：有机会的话会的，活到老，学到老。

——对中级电工维修培训班学员孔爱霞的访谈

笔　者：你觉得这次培训能让你学到想学的知识吗？

服务员B：应该说有吧，有的。

笔　者：有没有你想学的，而这次培训没有涉及到？

服务员A：这次培训是餐饮行业的，内容几乎都有涉及，我个人感觉更想学英语。

笔　者：你们都更想学英语？

服务员B：对。

笔　者：这次有英语培训吗？

服务员A：这次有英语培训的，涉及一些基本知识，我感觉达不到交流的程度，要自己另外找时间去学习。

笔　者：你们都想要学英语，但这样的培训机会比较少一点。

服务员A：
服务员B：是的。

——对餐厅服务员培训班学员A和学员B的访谈

笔　者：你们下个礼拜要考试了，是吧？那这一个多月下来，你觉得你有没有学到你想学的东西？

潘　慧：有。我觉得蛮好的。

笔　者：那有没有你想学的，而老师没有教的？像这样的有没有？

潘　慧：这样的肯定有啊，比如PPT，想学，但是初级的内容里面没有。再说，时间也有限。我没有怎么看书，全是看题。有些题还是很全面的。老师还给我们拷贝了选择、填空、问答题。我觉得这些已经涵盖了所有的知识，差不多了，可以了。这个课，我觉得老师讲这些没有问题。

——对计算机操作员培训班学员潘慧的访谈

为了了解农民工学员对自己参加培训的感受和看法，笔者进行了问卷调查。调查共发放问卷52份，其中有效问卷47份。结果表明，18.5%的农民工学员觉得接受的培训对于自己在苏州的生活与工作帮助很大；51.9%认为帮助较大；29.6%认为说不清。33.3%的农民工学员认为自己所做的工作非常需要接受培训；29.6%的学员认为比较需要接受培训；29.6%认为需要接受培训；7.4%认为不怎么需要接受培训。可见，问卷调查的结果与笔者访谈得到的资料是一致的，即农民工的培训对农民工学员的就业有一定的帮助，但并非尽善尽美，还有不少待改进的地方。

二、培训考核难度不大

农民工培训由于是短期培训，对于考核并不太强调难度。这与学校里的考试有一定的差别。另外，农民工的身份特殊，找工作、换工作比较困难，为了让他们顺利拿到证书，在找工作、换工作时容易一些，主考部门也适当降低了考核的难度。再者，由于培训单位能否得到经费拨款与考核通过率直接挂钩，培训时势必针对考核内容反复训练，这也是学员觉得考试不难的一个原因。绝大部分学员对通过考核、拿到证书都很有信心，事实上，凡参加考核的学员，也基本上都能够通过。

笔　者：过几天要考试了，有没有信心？

彭张红：有信心。应该没问题。

——对中级电工维修班学员彭张红的访谈

笔　者：课本上也不是全讲，考什么讲什么。

薛景涛：考试理论题的答案都发了。

笔　者：马上就要考试了，对于通过考试拿这个证你还是很有信心的，是吧？

薛景涛：感觉应该可以的。

——对中级电工维修班学员薛景涛的访谈

笔　者：照你这个基础，通过这边的考试拿到证书应该不成问题吧？

孔爱霞：也不是没问题。

笔　者：应该比较顺利吧？你自己没有信心？

孔爱霞：也不是没信心，努力一下应该问题不大，但最关键的是能不能学到东西。

——对中级电工维修培训班学员孔爱霞的访谈

笔　者：最近都考过试了吧？考试成绩都出来了吗？感觉怎么样？

服务员A：考了，感觉挺好的。

服务员B：感觉还可以。

笔　者：那在考试之前你们紧张吗？有没有担心考试通不过？

服务员B：我上课时听得很仔细，感觉很有把握的。

笔　者：那么你周围的那些伙伴，你了解下来也和你们一样很有信心吗？

服务员A：因为有一种学校的气氛，我觉得这种气氛很好，大家都很认真听课。

——对餐厅服务员培训班学员A和学员B的访谈

笔　者：你们周三考试，你对通过考试有没有信心？

潘　慧：课堂上做的这些题我已经研究透了，回家再把选择、填空、问答题好好看看。

笔　者：反正也是在电脑上操作的，是吧？

潘　慧：对，对。但是我现在唯一不太懂的就是那个……就像我做完这个题了，我是不是需要保存。因为有的时候，一不小心它就回到最初状态了。我就害怕我做完这个题，到老师那里没有我做题的步骤。

笔　者：是在参加考试的时候，是吧？

潘　慧：对，对。我害怕我做完了，检查前面的题目又把后面的操作弄没了。

——对计算机操作员培训班学员潘慧的访谈

三、考、教分离重在培训基本技能

考核目标的重点是学员的基本技能，考、教分离，即考核单位与培训单位是分开的。这在一定程度上保证了考核的严肃性。苏州市劳动人事局的有关部门负责组织人员对农民工培训的学员进行考核，而培训单位仅仅负责教学。

在一定程度上，考核部门与培训部门也是有联系的，培训教师也适当参与理论考核试题库的建设。

笔　者：抛开考试不讲，你觉得这类培训的目标应该是什么？

陆　琦：拿到电器线路原理图能看懂，分析原理；根据电气图进行操作，出现故障能找到，并解决。因为在企业里，很多故障只要你能查出来，不用你修的。换新的，保证机器连续使用，企业老板情愿换新的，保证生产连续运行。

笔　者：排查故障很重要。劳动局负责考试，你参与出题吗？

陆　琦：理论试卷出题我们参与过的。

笔　者：名义上是劳动局主持的，实际上还是要征求你们意见的。

陆　琦：建题库是我们一起做的。

笔　者：题目从题库里抽取，这样考试不管是对于你们还是对于学员来说都不是很难了。你现在上课基本上是针对考试内容，这个目标对教学起到什么作用？

陆　琦：具体目标，根据它选择教学内容。

——对中级电工维修培训班教师陆琦的访谈

笔　者：如您刚才所说的，培训的总的目标是为了规范，比如折花是为了美观，那这些目标是由组织者定的？还是由任课老师定的？还是由劳动局定的？

姚经理：这个目标我们也是进行不断调整的。我们的培训是不断更新的，每月是日常培训、分阶段培训、组织培训，还有和劳动部门一起组织的培训，分几块进行的。

——对餐厅服务员培训班姚经理的访谈

笔　者：您是做计算机培训的，那您的培训目标是什么？

潘老师：我的目标是让他们掌握计算机的基本技能，了解一些基本知识，能够胜任他们今后的工作。因为现在计算机是每一个人都需要掌握的基本生存技能，就像以前的写字、计算是使用笔，而现在要使用电脑。需要用电脑做临时票据，数据处理等问题日常生活中会用到许多，离开了电脑很多工作就无法完成了。

笔　者：那您的培训目标是自己定的还是按照上面的要求来定的？这些目标之间的关系您是怎么处理的？

潘老师：这些目标是按照教科书和自己授课过程中的感受来制定的。有的学生会提出来，也有在工厂工作的学生把表格或是在单位无法处理的问题带到课堂上来，对这些学生的教学针对性就比较强一些。

——对计算机操作员培训班教师潘老师的访谈

笔　者：对于农民工电工培训来说，抛开考试，这个培训的目标是什么？

凌老师：掌握电子设备方面的知识，要达到中级电工水平需要掌握哪些知识，能力会因为不同的工作岗位而有所区别，知识一定要具备，但是根据我们考核的要求的话，操作是放在第一位的。

——对中级电工培训班教师凌老师的访谈

四、操作考核不太严格

操作考核是农民工学员考试的重点，操作考核的内容针对不太复杂的具体技能。农民工培训的工种都是社会需求量比较大、容易就业、工作技能要求不太高的工作，比如餐厅服务员、文秘、物流、保安、电工等。这些工作的基本技能掌握并不难，因此考核的难度也不高，但是需要学员细心、熟练、操作规范，对完成考核任务的时间要求严格。

老师认为，动作技能主要是要熟练。考试时有时间限制，若不熟练，在规定的时间内就完不成。接线路考试时长 2 小时，约 1 小时 40 分钟完成操作，剩余 20 分钟要填写一张线路、元器件的表格。

对中级维修电工培训班的观察

时间：2009 年 12 月 13 日上午

地点：苏州技术师范学院电工实验室

考核对操作的规范要求严格，平时教师在上课时，也不断提醒学员要注意这一点。

教师到学员身边辅导，不时提醒学员应该注意的地方，比如电线要横平竖直，线头不要太短或太长，接线的位置要离元器件一指宽，因为下面的线圈还要走线；电线要接触线路板，不能架空；螺钉不能压住绝缘皮等。教师要求学员接线时对照线路图。电线的长短有讲究，太长、太短都不行，太长了要截断。教师的要求很详细，要求学员注意细节。

许多学员接主回路时接错，虽然有线路图纸（原理图），但学员看图纸有困难。教师指出看图纸一定要看字母编号，不能把图上的东西与实物一一对应。比如，判断实物的方位（左、中、右）时，不能完全按照图纸上的方位来确定。图纸与实物在认知上有差别，抽象思维与实物思维不一样。教师指出，一旦接错，电机可能会反转，或者卡住转不动了。

对中级维修电工培训班的观察

时间：2009 年 12 月 13 日上午

地点：苏州技术师范学院电工实验室

为了提高考核的通过率，教师一般针对操作技能的考核内容，不断地强化训练。对于操作技能要考核的内容，培训教师也是很清楚的。这与学校里的考试不同，在学校的教学中，学生事先不知道考试的内容。为了直观地说明农民工培训的考核内容，笔者将中级电工培训班操作技能的考核试卷摘录如下：

中级维修电工 PLC 实考操作试卷

PLC 编程考题：设计一个三台电动机顺序控制的 PLC 程序

1. 考核要求

设计一个控制程序，其控制要求为：第一台电动机能实现正反转、点动运转、连续运转控制。点动控制与连续运转控制区别为：控制按钮 SB1 或 SB2 按下时间小于 2 秒时为正反转点动，大于 2 秒时为正反转连续运转；连续运转 6 秒后，第二台电动机启动运行；再延时 5 秒，第三台电动机启动运行；按 SB3 第三台电动机先停下，延时 4 秒后第一台和第二台电动机同时停下。

2. 考核内容

（1）建立分配命名 PLC 的 I/O 表（5 分）

I/O 外部器件代号	器件功能	PLC I/O 输出端口分配
SB1	正转启动	
SB2	反转启动	
SB3	停止	
KM1	第一台电动机正转控制	
KM2	第一台电动机反转控制	
LM3	第二台电动机控制	
KM4	第三台电动机控制	

（2）画出 PLC 与外电路控制元件连接的接线图（10 分）

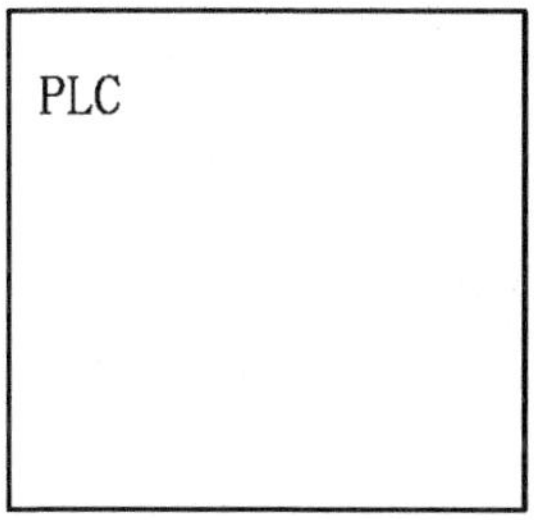

(3) 编写 PLC 控制梯形图程序(30 分)

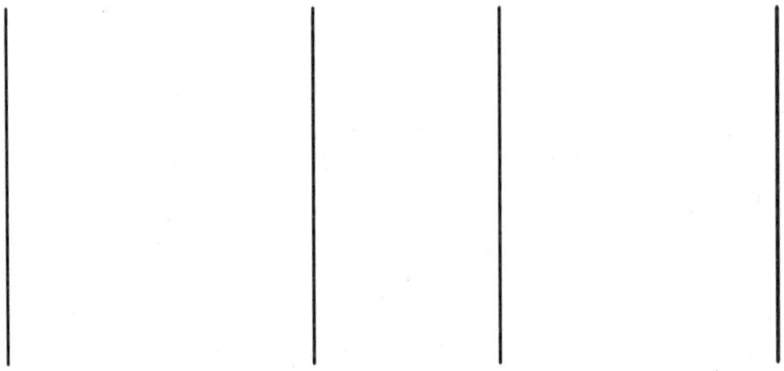

(4) 用电脑软件编译程序,并输入到 PLC 控制器中(5 分)

(5) 按 PLC 与外电路控制元件连接的接线图进行实际连接(10 分)

(6) 运行 PLC 控制器,并进行监控,完成调试运行(40 分)

以上考题,教师和学员在培训时已进行了有针对性的练习。笔者在翻阅学员的听课笔记时,发现了完全相同的练习内容。但这并不表明农民工的考核不严格,相反,它说明了操作技能的考核有其独特的规律,特别是评分标准。

五、与理论教学培训相比,操作培训师生互动更多

农民工培训的考核以总结性评价为主,形成性评价很少。由于培训的期限短,师生之间缺少交流,而且学员、教师、培训单位都非常重视证书的获得,这就导致农民工的培训以结束时的考核为主,考核通过了就颁发证书,教学过程之中的评价与反馈则被忽视了。

约 9:20,老师讲课几次提问时,学员都没有回答。有可能是学员不熟悉以前的授课内容,因为有三个学员是第一次来听课;也有可能是提问不正式,学员觉得不需要回答。这说明老师对学员的即时评价、与学员的互动都不太注意。过了大约 5 分钟,在讲一个公式时,老师提问学员,但无人回答,估计是不懂。

——对中级维修电工培训班的观察

开始上课时,老师针对元器件符号提问,只有个别学员能够回答。10: 50 时停止讲课,让学员提问题。开始时没有学员提问。老师走到身边辅导,有三个学员提问,老师进行辅导,老师辅导得比较详细。学员围在一起,听老师讲,相互讨论,氛围比较宽松。

——对中级维修电工培训班的观察

老师提问:川菜有哪些菜? 个别学员回答:宫保鸡丁。可以看出,师生互动较少,而且较简单。可能是知识太简单,不大需要理解,因此不大需要互动。

——对餐厅服务员培训班的观察

与理论知识的教学相比，操作技能的教学需要教师的亲自示范，并不断观察、纠正学员不正确的操作。这样，师生之间的互动比较多，教师也能更多地对学员进行即时评价与反馈。当然，这种评价不属于深度意义的理解，比较简单。下面是笔者对餐厅服务员培训班一节教学课的观察记录，教学的内容是“摆台练习”。这是模仿考核进行的一次操作练习，要求学员25分钟内完成。

从第一个完成的学员到第二个完成学员之间间隔了约2分钟。时间到时还有3名学员没有完成，包括一名男学员，两名女学员。从第一个完成的学员到全部学员完成间隔了约7分钟。差别比较大，但基本都能在规定的时间内完成。完成后学员靠墙站成一排，等着讲评。教师指出存在约5点不足，包括拉椅子、摆花形、斟酒、烟灰缸摆放的位置等。特别指出一学员把一个杯子的花形、即鸟的屁股对着客人了，这是不对的，对客人不尊重，应该是头对着客人。教师指出拉椅子时要从主宾位开始，椅子与桌子之间的距离要控制好，约二指宽。教师特别强调、规定正门的位置，这体现了中国的传统文化的要求。教师还指出，速度、熟练是考核的一个重要标准。考核时，超时扣分，若提前完成不加分。总体上看，教师点评用的时间不长，但很到位。这种评价对学员的帮助比较大。

——对餐厅服务员培训班教学的观察

六、培训考核结果的评价基本公正可信

农民工学员的考核内容尽管比较简单，但评价的结果基本上是真实、可信的。农民工的理论考试常常是考查基本的知识，大部分属于陈述性、事实性的知识，需要的是简单记忆，不难理解。相应地，答案也是确定的，题目形式一般是填空或简答题，对与错很容易判定。操作技能的考核则是要求农民工学员能规范、熟练地在规定时间内完成操作任务。监考人员在现场的主要任务是把握时间，同时对于某些工种而言，在考核结束时进行现场点评，指出学员的不足。这种即时评价对于提高学员的技能很有帮助。所以，无论是理论知识的考试，还是操作技能考核，农民工培训的考试结果基本上是公正可信的，并且通过率也比较高。

第一组参加考核的学员有11人，其中3名男学员，学员略显紧张。大部分学员比较熟练，约7分钟后大部分学员开始餐巾折花。动作快的学员与慢的学员相差约3分钟。快者需18～20分钟完成。可以看出，在这种技能操作的考试中，最重要的不是会不会做，关键是熟练程度与速度。学校里学的知识注重理解，操作技能注重的是做。第一组学员约在23分钟内全部完成。监考的费老师挨个打分、点评、指导，提醒学员一定要注意主宾的位置，单桌客人主

宾位置面向门口。在学校里,考试过后学生往往只知道一个成绩。而在这种考核中,学员马上就知道自己什么地方做得好,什么地方做得不好。不仅仅是现场打分,而且要现场点评。这对于学员考核后的提高有帮助。

——对餐厅服务员培训班考核的观察

第二节　当前评价方式的效果与适切性分析

农民工培训的评价有其自身的特点,对于农民工培训的整体活动而言,评价环节是有效的,起到了应有的作用,但同时也存在一些不足之处。然而,当前对农民工的培训——包括评价——的研究还很薄弱,没有针对农民工培训评价的理论,已有的教育评价理论都是针对在校学生的学业评价。由于农民工的培训在一定程度上与学校里的教学具有共同的本质与规律,因此,本节将依据已有的教育评价理论,结合农民工培训的自身特点,对农民工培训的评价活动进行分析,探讨其作用、效果以及培训目标的适切性。

一、农民工培训教学评价的价值判断

农民工培训评价的实质是什么? 这是讨论农民工培训评价的根本问题。学界一般认为评价是指建立在一定准则和价值标准基础上的价值判断活动,也就是说,农民工培训评价的实质也是一种价值判断活动。应该注意的是,由于不同的人所持的哲学思想和方法论基础不一样,或者说,秉持的价值观不同,对评价的理解就不同。从教育评价发展的历史脉络看,教学评价一直是教育评价发展的主线,因此,笔者在讨论农民工培训的评价时,不对"教育评价"和"教学评价"进行严格区分。

1. 关于教学评价

概括起来,就教学评价而言,国外学者的解释大致有四种:第一种以桑代克(Thorndike, R. L.)、赫根(Hegan)及耶贝尔(Ebel)等人为代表,认为教学评价就是教学测验;第二种以比贝(Beeby, C. E.)为代表,认为教学评价就是"价值判断",比贝把评价定义为系统地收集信息和解释证据的过程,在此基础上进行价值判断,目的在于行动,可见,在比贝看来,评价的核心在于价值判断;第三种以泰勒和普罗沃斯(Provus, M.)为代表,认为教学评价是把实际表现与理想的目标进行比较的过程;第四种以斯塔弗尔比姆(Stufflebeam, L. D.)为代表,认为教学评价是一种系统地搜集资料,以协助决策者在多种可行的方案中找出最为适用的一种。上述四种观点从不同的侧面和角度揭示了教学评价的内涵和特征,但它们都不尽全面。第一种观点混淆了测验与评价两种概念;第二种观点对评价的目的认识不全面;第三种观点关注结果而对过程重视

不够;第四种观点只强调评价在决策中的作用。

我国学术界对教学评价的看法也不尽一致,一般认为"教学评价是指依据一定的客观标准,以搜集相关信息为基础,运用科学的方法,对师生的教学活动及其效果进行价值判断的活动。"根据这一定义,教学评价不仅要对客体的属性进行描述与把握,还要从主体的活动目的、需要出发作出价值判断,本质上是价值判断的活动。当然,价值判断必须依据客观的信息来进行,即教学评价必须建立在有效搜集教学系统各个方面信息的基础之上。为快速、有效、全面地搜集到评价所需要的多种信息,需根据评价主体、评价对象及评价目的采用适当的方法。教育测量具有数量化的特点,因而是教学评价中较多使用的一种方法。最常用的测量手段是测验,也就是依据一定的系统程序对一个行为样本进行测量。考试是测验中最常用的形式。但是,必须注意,考试不是唯一的搜集信息的方法。数量化必须与质性分析相结合才能较好地进行价值判断。另外,教学评价要以一定的客观标准为依据。评价标准是对教学现象进行价值判断的依据和尺度。由于评价目的的多样性、评价主体和客体的多元化,使得教学评价的标准也呈现出多样性的特点。根据主体的要求,在既定的评价目的的基础上,才能依据相应的评价标准对客体的价值进行判断。概言之,这一定义涵盖了教学评价的基本特征,对于农民工培训的评价也是适用的。

2. 农民工培训的教学评价

从教育评价的一般定义来看,农民工培训的教学评价无疑也是一种价值判断的活动。评价的主体是培训的主管部门,比如劳动人事局中负责农民工培训的部门,评价实行教、考分离,由主管部门组织校外专家进行考核,因此,评价的客体既包括农民工学员,也包括具体实施培训的单位。主管部门会依据一些指标——主要是学员考核的通过率,来决定是否继续授予具体单位从事农民工培训的资格。作为短期培训,评价部门关注的重点是农民工学员是否掌握了所选择工种的操作技能,以及是否熟练,培训的目的是帮助农民工学员找到工作、胜任工作,提高他们的就业能力。学校教育的总体目的是促进学生德、智、体全面发展,学生的成长与发展是首要目的,为职业做准备是附属目的。显然,农民工培训的价值观与学校教育的价值观具有明显差别,这种价值观虽然很实际,但并非完全合理。从长远看,瞄准就业无疑应该是农民工培训的主要目标,但农民工其他方面的发展也应适当关注。特别是农民工从乡村来到城市,他们在个人素质方面与城市生活不相适应。如果不努力克服这些不好的行为习惯,对他们适应、融入城市生活也会造成巨大障碍,对他们就业也会造成一定的负面影响。因此,农民工培训应适当关注他们综合素质的提高，不应把促进就业作为唯一的目标，这不利于农民工的长远发展。为了具体说明农民工培训的评价所蕴含的价值观，笔者将中级电工维修班操作考核的评分表原样摘录如下：

中级维修电工操作（二）评分表

校名________姓名________考生号________总分________

考核项目：1. 按图焊接及测试晶闸管可控直流调压电路

2. 按图焊接串联型稳压电源电路板（抽中项目划圈○）

工时：60 分钟 开始时间________结束时间________实用时间________

超时每分钟扣 1 分

项目	考核内容	配分	评分标准	说明	得分
1	电子元件选择	20	1. 不会用万用表检查判别晶闸管、晶体管管脚极性扣 5 分； 2. 不会用万用表检查电解电容、二极管、电阻元件扣 3 分； 3. 每错、漏、多、少一个元件项扣 2 分	本项内容包括装前检查、所有元件的测试，用万用表对电阻、电解电容、二极管、稳压管、三极管（含晶闸管）检查，将不合格的元件筛选出来	
2	焊接操作	30	1. 元件焊接不正确扣 6 分； 2. 元件排列不整齐扣 2 分； 3. 外形不美观扣 2 分，不清洁扣 2 分； 4. 每有一处虚焊或焊点有毛刺扣 2 分； 5. 每一处漏焊扣 3 分，损坏元件扣 15 分		
3	调试运行	40	1. 不会正确使用示波器扣 10 分； 2. 测不出测试点的波形每处扣 6 分； 3. 返工一次扣 10 分； 4. 不会调试扣 40 分	对串联型稳压电源的每项技术指标达不到，并说不清原因扣 10 分；测量或计算误差过大每项扣 6 分	
4	仪器及工具使用	10	熟练使用仪表工具 8 ～ 10 分；一般 5 ～ 8 分；较差 3 ～ 5 分		

续表

项目	考核内容	配分	评分标准	说明	得分
5	安全、文明操作	10	1. 仪表烧毁总分扣20分； 2. 不穿安全鞋总分扣5分； 3. 引起短路、触电故障总分扣2～40分		

评委________日期________

二、农民工培训教育评价的功能

农民工培训的评价本质上是一种价值判断的活动，那么，这种价值判断活动能够发挥什么作用呢？换言之，农民工的培训为什么需要进行评价？评价应发挥哪些功能？要发挥这些功能，应该注意一些什么问题？探讨这一问题，可以更深刻地对农民工培训中评价的状况进行评估。笔者认为，可以结合已有的关于教育评价的功能的观点，对这一问题进行阐释。

教育评价的功能，是指评价体系的要素所能发挥的特有能力或积极作用。一般认为，教育评价具有以下五类显著功能。

1. 判断功能

教育评价的本质是价值判断，所以，判断功能是教育评价必须具备的首要功能。教育评价中的判断包括两种类型：事实判断和价值判断。教育评价必须要对教育现象的价值做出判断，具体来说，就是要对评价客体的状态与结果进行判断。评价主体要根据价值主体的需要，判断价值客体是否满足价值主体的需要以及在多大程度上满足价值主体的需要。当然，价值判断必须以事实判断为基础，离开了事实判断，价值判断就失去了依据。因此，要有效发挥评价的判断功能，就应把价值判断与事实判断统一起来，同时还应注意这两种判断又是有区别的。事实判断要回答客体本身是什么的问题，而价值判断则要回答客体对主体有什么意义的问题，即要满足人的需要。另外，发挥评价的判断功能，还要特别注意解决判断的标准问题。

2. 选择功能

教育评价具有选择、比较的功能。在评价的过程中，评价主体按照一定的标准进行比较，经过分析与综合、鉴别和判断，选择符合自己需要的东西，这种比较就是评价。比较的标准是既定的价值标准。评价主体根据特定的价值标准，通过比较、选择，使评价主体满足自己的需要，这既体现了一种价值关系，又体现了一种比较关系。在教育评价中，进行比较或选择时，要注意解决比较的目的、以及怎样比较的问题。

3. 证明功能

对学生学习结果的评价，尤其是某一课程或某段教程结束之后进行的终结性评价，可以作为证明学生知识掌握程度、能力水平或学习水平的证据。这些证据是学生升级、高一级学校选拔新生及用人机构录用新员工的基本依据。对学生学习结果的评价，也可作为教育行政部门评价教师教学质量的重要依据。

4. 导向功能

评价具有指挥棒的作用，教育——包括培训——是一种价值活动，人们在教育中进行价值选择时具有特定的倾向性。由于价值观是人们在处理价值问题时所持有的立场、观点和态度的总和，所以它对人的行为就具有导向作用。评价要发挥导向的作用，必须十分注意制订合理的评价指标。

5. 激励功能

教育评价的目的不仅仅是鉴别与选择，从根本上说，评价最重要的目的是为了改进、完善教育教学，提高教学效果。在教学评价中，评价主体利用各种方法搜集被评价对象的有关信息，对其进行分析整理，得出评价结果，并作出价值判断，将之反馈给被评价对象。这不仅能使评价主体对被评价对象有进一步的了解，被评价对象对自己的了解也更深刻。因此，反馈的结果有利于评价主体和客体据此作出调整，激励师生改变、完善教学方法与学习策略，从而提高教学的质量与效果。

从笔者调查的结果看，除了判断功能、选择功能之外，农民工培训教育评价的最明显的功能是证明、导向功能。如前所述，农民工参加培训的一大动力是为了获得证书，从而增加在就业市场上的竞争力。培训单位也把学员能否通过考核、拿到证书作为第一位的目标。证书是对学员已掌握了某种工作技能的证明，在用人单位的眼里是有价值的。所以，证明是农民工培训评价的一项显著功能。由于培训单位十分强调学员在考核中的通过率，在教学中势必倾向考什么内容，就教什么内容、训练什么内容。由于培训时间短暂，没有进入考核的内容在教学中是不涉及的，由此可见，农民工培训评价的导向功能也十分明显。从评价对教学、学习的改进与激励的角度看，农民工培训的评价基本不具备这一功能。在教学过程中，教师对学员的即时评价非常少，师生互动频率不高。学校教学中经常会有考试，而农民工培训由于时间短，教学过程中不会安排考试或小测验。虽然在农民工培训的操作课中，教师也会指点学员做的不对或不到位之处，但严格说来，这不是评价。因此，农民工培训的评价基本不具有激励功能。从评价的基本功能看，激励学习是评价应有的重要作用。农民工培训的评价缺失这一功能，不能不说是它的不足；而且农民工培训的时间虽短,但在教学过程中,教师进行即时评价与反馈的条件是完全具备的。这是改进农民工培训的评价应该注意的一个方面。

三、农民工培训教学评价的类型

评价要发挥什么样的功能,与评价属于什么类型是密切相关的。不同的评价类型,其功能不一样,有时还大相径庭。因此,探讨农民工培训的评价,在阐释其功能的基础上,还需要进一步讨论农民工培训教学评价所包含的类型。这里仍然借用学校教育中的评价类型来分析农民工培训的评价类型。根据布鲁姆(B. S. Bloom)的观点,学校教育中的教学评价一般可分为以下三种类型:

1. 总结性评价

总结性评价又称为终结性评价或结果评价。它是通过对学生某学习阶段结束后结果的评价,用来评定学生的学业成绩,确定学生达到教育目标的程度,说明学生掌握知识、技能的程度和能力水平状况,以确定学生在后续教学活动中的学习起点,并为确立新的教育目标提供一定依据。由此可以看出,总结性评价的特点是着眼于评定学生对某门课程整个内容的掌握程度,次数或频率不多,而概括性水平一般较高。总结性评价的主要用途包括:① 评定学生的学习成绩;② 预言学生在后继教程中成功的可能性;③ 确定学生在后继教程中的学习起点;④ 证明学生掌握知识、技能的程度和能力水平;⑤ 对学生的学习提供反馈。

2. 形成性评价

形成性评价又称为过程评价,它是指在教学进行过程中,为使教学顺利进行,完善教学而对教学行为及效果实施的评定。形成性评价的主要目的不是给学生评定等级或作证明,而是改进学生完成学习任务所必备的主客观条件。形成性评价每次测试的内容范围较小,测试次数比较频繁,而反馈比较及时。真正的形成性评价必须伴有改善教学条件的程序,包括给学生提供内容相同但编写形式不同的教材和教学参考书;由几个学生相互讨论和复习有关的教材内容;教师对学生进行个别辅导以及由家长对子女进行辅导;等等。形成性评价的主要用途有:① 改进学生的学习;② 为学生的学习定位;③ 强化学生的学习;④ 给教师提供反馈。

3. 诊断性评价

这种评价是指为查明学生的学习准备状况及相应影响因素而实施的评价。诊断性评价的目的是根据诊断结果设计一些依赖或发挥学生长处并补救或克服其短处的活动方式。诊断性评价的主要用途包括:① 确定学生的入学准备程度;② 决定对学生的适当安置;③ 辨识造成学生学习困难的原因。

从调查的结果看,农民工培训的教学评价基本上属于总结性评价,其主要功能是评定学员知识掌握的状况和工作技能的熟练程度。由于农民工的培训是短期行为且不可持续,因此,为学员的学习提供反馈、预言学员在后续学习中成功的可能性的功能也就无从谈起。另外,农民工培训中基本没有形成性评价与诊断性评价。单一的总结性评价不能充分发挥评价对农民工培训应有的作用。农民工的培训固然要给学员颁发证书,要对他们的学习给予证明,然而,农民工的培训与学校里的教学一样,同样也需要形成性评价和诊断性评价,而且也具备开展这两类评价的客观条件。无论是形成性评价,还是诊断性评价,都规模不大,所需条件并不复杂,只要任课教师予以关注,管理人员合理组织,这两类评价完全能够适用于农民工培训的教学,并在教学中发挥重要的作用。这也是改进农民工培训评价的一条路径。

四、农民工培训教学评价的实施

农民工培训中的评价是否科学、能否发挥其应有的作用,除了与其所秉持的价值观、事实上所起到的作用有关外,具体实施的过程也会对其效果产生重要影响。一般说来,教学评价的程序包括四个步骤:第一步,明确评价目标;第二步,制定评价指标体系,做好组织准备工作;第三部,实施评价;第四步,评价结论的反馈。每一个步骤都有特定的要开展的活动或要完成的任务,当然,需要注意的问题也不同。下面以学校教育中对教师教学的评价为例,简略说明实施教学评价的步骤与要注意的问题:

1. 实施教学评价的步骤

要评价教师的教学,首先是应明确评价的目的或目标;然后制订评价标准,制订评价标准要遵循与教学目标的一致性、明确性、可接受性等原则,要注意评价的效度与信度;第三部是设计评价指标,指标设计应遵循明确行为、可衡量、可实现、有时间限制、与主要工作职责相关等原则;第四步是选择评价方法,按照指标实施评价。这一步要开展以下活动:选取评价信息源;搜集评价信息;对搜集到的信息进行统计分析,找出关键行为,并对原因进行分析;在统计分析的基础上写出评价报告,将其反馈给评价对象。另外,还应该注意参与评价的主体。在对教师的教学评价中,参与者可能包括学校领导、同事、学生、被评价者本人,等等。不同参与主体的价值观念、利益不同,因此,评价者的选择至关重要。

2. 实施评价要注意的问题

农民工培训的评价包括两大部分:理论考试与操作技能考核。以上对评价实施过程的描述针对的是理论知识的考核,操作技能的考核与理论考试的实施过程存在一定差别,但其包含的步骤基本上是一致的。从笔者调查的结果看,就总结性评价而言,农民工培训中评价的实施基本是正常的,具备了评价所应有的各个环节与步骤，评价的组织也井然有序，考核总体上是严肃、有效的。但其实施过程中还存在一些有待改进之处，主要表现为：

（1）制订评价目标与评价指标体系的过程完全依靠经验，比较粗糙。科学、严谨是教育评价取得应有成效的必要条件，而在农民工培训的评价中，评价实施者是各个行业、工种的实践型专家，他们拥有丰富的实践经验，在操作技能方面也达到了较高水平，但对于如何进行科学有效的评价并不内行。他们在确定评价目标、拟订评价指标体系时只是根据经验，或简单模仿学校教学中的评价样式。既没有认真审察评价指标体系的信度、效度、可接受性、明确性等方面的问题，有可能导致评价结果的可靠性、效用不高；又没有进行深入的市场调研，致使评价内容可能与当下的劳动市场不匹配。缺少懂得评价的专家的参与是造成当前农民工培训评价的目标与指标的科学性不足的重要原因。

（2）缺少细致科学的评价指标。评价的指标体系是实施评价的主要依据。农民工培训的评价指标体系过于简略，理论考试的试题题型主要是填空、简答等，内容过于简单，基本属于回忆再现类的内容。比如“Excel 表格的作用有哪些?”“淮扬菜系的特点是什么?”等，没有涉及需要深度理解的题目。可是，有些工种的培训，比如维修电工，很多理论内容都是需要学员理解的，否则他们在工作中遇到有所变化的问题时就会束手无策。在操作技能的考核方面，考核的指标不够详细、周全。技能考核的重点是速度与时间，即要求学员在规定的时间里完成布置的任务，对学员的动作规范、完成的质量等则不够关注。例如，在中级电工维修班的考核中，“接线路板”应该对电线颜色的一致与否、电线之间的间隔距离、螺丝钉是否拧牢靠等细节都有规范的要求，但在实际考核中几乎没有关注这些操作规范，考核指标主要是时间。如前所述，农民工培训的单位能否获得经费，取决于学员在考核中的通过率。这样，评价的目的不是评估学员能否胜任实际工作，不是他们对知识与技能的掌握程度，而变成了设法让学员全部通过。因此，考核指标与标准势必会降低，这是导致农民工培训评价指标的科学性不足的重要原因。

（3）参与评价的各方主体的关系仍需调整。农民工培训的评价实行教、考分离，培训单位、培训教师、农民工学员是被评价对象，是评价客体；政府主管部门组织校外专家进行评价，是评价的主体。校外专家在评价时很少系统地征询学员与教师的意见。教、考分离虽然有利于保证考核的严肃性，但由于评价主体与评价客体之间缺少良性互动，他们之间的关系事实上是不平等的，这无疑也会影响评价发挥其应有的功能。

（4）部分工种的培训中评价的反馈缺失。某些工种的培训，例如笔者所调查的餐厅服务员的培训，考核后考官当场点评，让学员知道哪些操作达到了要求，哪些操作还存在问题、需要改进，这种即时评价对学员的进步非常有利。然而，大部分工种的培训评价并没有即时反馈，考核结束后学员立即离校，只是在若干天以后到学校来领取证书。

(5) 评价方式单一。农民工培训评价的理论考核方式是纸笔测验，操作技能的考核由主考人员现场观察、评定。所采用的信息收集方式基本上是量化方法，质性的方法没有得到运用。另外，对数据的统计方法也是传统的简单方法，即单纯的百分制。

(6) 评价过程与教学过程分离。由于评价基本上属于总结性评价，仅仅在培训结束时考核，因此，评价活动与教学活动是分离的，不能起到指导具体教学的作用。

五、农民工培训教学评价的模式

评价活动所蕴含的价值观、评价的类型与功能、评价的实施过程等一起构成了评价模式。不同的评价模式，其价值观、功能不一样，在具体实施评价采用的方法时也会有差别。在教育评价的发展历史上，曾出现了多种不同的评价模式。以这些评价模式所持有的价值观取向来区分，大致可以分为四大类。以这些评价模式为参照系去分析农民工培训的评价，可以更清晰地把握其优点和存在的问题。下面就以教育评价发展的历史为脉络，简要介绍四种取向的教育评价模式。

1. 科学取向的模式(Scientific-experimental Model)

其典型代表就是著名的泰勒模式。该模式以预定的目标为出发点，通过各种测量手段，评价结果是否与预定目标相一致，检查预先目标的达成度如何，其中心就是教育目标。因此其科学主义的取向也在目标上体现出来，其教育目标的陈述包括要求达到的行为、行为发生的条件和行为要达到的标准。后来布卢姆在此基础上发展出详细系统的教育目标分类，其科学化的追求更加明显化。此外，从泰勒模式的整体构想看，它是一种目标参照评价，注重的是绝对的教育目标的达成情况，而不是个体之间的差异或个体在整体中的位置，因此符合教育实际对评价的要求，表现出其内在的科学化取向。

2. 管理取向的模式(Management-oriented Model)

管理取向的评价模式首先是在工商管理领域的研究中开发出来的，该模式基于对方案或项目进行管理的理念发展起来，侧重对方案或项目实施全程的监督和监控，在方案进行的每一个阶段都采取相应的措施进行评价，以期找到不足，及时更正，达到最优化管理。因此，此类模式的主要应用领域是在工商与政府管理中，适应于较为宏观层面上的监管与评价。当然，就教育领域而言，该模式在条件具备时也是适用的。

在这类取向的评价模式中，CIPP（Context，Input，Process，and Product）模式是一种得到广泛应用的评价模式。该模式由斯塔弗尔比姆（Stufflebeam，L. D.）提出，其特色在于强调评价是为决策者提供信息服务的过程，因此它强调管理过程，认为评价者的任务就是收集、组织、分析和报告有用信息，使之有利于决策者做出正确决策。为向决策者提供真实有效的信息，从计划决策、组织决策、实施决策到再循环决策都要系统收集信息，构成一个完整的环路系统。

3. 人类学取向的模式（Qualitative/Anthropological Model）

人类学取向的评价模式历史不长，这一类教育评价模式借用人类学的研究方法，强调各种质性方法的运用，例如观察法、访谈法、问卷法等。其中尤其看重观察法的作用，强调观察的情境化，即某一观察结果是在其特定背景下得出的，当其推广或应用于其他关联情境或类似情境中时，要考虑到背景特异性的影响。因为该观察结果只有在此特定情境之下才能获得意义。此外，该研究主张对连锁事件进行多次重复的全程观察，并结合其他方法得到多侧面的全方位信息。因此，这些人类学研究思想的引入，有助于教育评价模式真正趋向被评价对象的真实原貌，获得的信息更全面，其评价信息对教育实践更具有指导价值。

4. 参与取向的模式（Participant-oriented Model）与应答评价模式（Responsive Evaluation）

建构主义的教学理论在教育领域产生了广泛影响，参与取向的评价模式正是在建构主义的影响下形成的。该模式强调评价过程中利益各方参与其中的重要性，认为评价就是所有与教育方案有利害关系的人共同参与、共同协商的过程。在此过程中，参与者分别提出各自的意见和看法，阐明自己的需要和要求，然后进行不断的沟通，缩小利益各方的观点差距，最终达成一致。最终达成的评价结果将代表绝大多数人的立场，因此体现了价值的多元取向。由此可以看到这种评价模式是以尊重个体需要为特色的新取向，改变了以往被评价者消极被动的地位。它引入了包括被评价者在内的各方相关者，改变了以往评价者单方掌控评价结果的格局，体现了新评价模式的人性化和民主化。

由美国学者斯塔克提出的应答评价模式（Responsive Evaluation）可以说是参与取向的评价模式的典范。该模式以所有与教育方案有切身利益关系的人所提出的问题作为评价的先导，通过评价者与相关人员的不断对话，寻求满足各种人需要的应答。它强调价值观念的发散性，重视所有参与评价的人的意图。正如斯塔克本人所言："如果教育评价更直接地指向方案的活动而非方案的内容，如果它能满足评价听取人对信息的需求，或者在反映方案得失短长的评价报告中更能反映人们不同的价值观念,那么这种评价即可称为应答性评价。”这种模式在实施过程中,首先广泛征询意见,了解评价需要并据此制定评价计划;然后评价者个人深入到所评价的活动中去,进行细致的观察,详细记录活动中出现的任何问题,从中找到与评价听取者需要的有关事实;接着设法利用一切交流媒介,收集持有不同观点的人对评价对象的意见,收集被评价者的看法,请专业人士对评价问题的重要性发表见解;最后将调查得来的资料进行统整汇总,得到最终评价结果。它在方法上也强调客观描述性的定性分析方法,注重自然主义方法的运用。

以上四种取向的评价模式各有优点,但也各有不足。在教育评价中,不能认为哪种单一的模式是完全合适的。实际上,四种取向的模式各有特色,其中很多模式并非发端于教育领域,但其评价思想被借用到教育评价中来,并得到应用。在实际的教育评价实践中,应根据评价的目的、需要、实际条件等权衡利弊,综合运用。不同阶段使用不同模式,或几种不同模式混合应用,以达到扬长避短的目的,对教育教学做出全面有效的评价。

从这四种取向的评价模式来具体分析农民工培训的评价,会发现当前农民工培训的评价主要属于科学取向的评价模式。农民工培训的评价有着明确的目标,虽然其目标不直接指向学员胜任的工作能力。农民工培训的评价是围绕目标进行的,而教学则紧扣考核的目标。评价的手段是量化的方法,旨在评估学员达到目标的程度。如果学员达到了目标要求,则授予证书,否则证明学员的学习不够成功,不颁发证书。如前所述,尽管这种评价在实施过程中还存在不少问题,但是,对于农民工的培训而言,这种科学取向的评价是必要的,在某种意义上讲也是合理的。农民工学员需要得到证书,他们的学习需要得到证明。培训作为正式的教育形式,也需要明确的目标。科学取向的评价模式可以使评价发挥证明、导向、价值判断等功能,是不可或缺的。然而,另一方面,仅仅采用科学取向的评价是不够的,不能充分发挥评价对农民工培训应有的多种作用,而农民工培训的评价中几乎没有管理取向的模式、人类学取向的模式、以及参与取向的模式,而恰恰是多种评价模式可以促进农民工培训的完善。

管理取向的评价模式强调全过程、全方位的评价,注重查找不足,及时调整完善。特别是 CIPP 模式,在此基础上进一步提出要全面搜集信息,特别关注教育的投入与产出比,强调教育效益。当前农民工培训的评价基本上属于总结性评价,因此,可以借鉴管理取向的评价模式,大力开展培训过程之中的评价。农民工培训急需规范,采用 CIPP 评价模式可以对农民工培训的效益进行精准的、综合性的评价,为政府部门的决策提供参考,这对于农民工培训的可持续发展无疑也具有重要意义。科学取向的评价模式采用的是量化的搜集数据方式，虽然统计处理比较方便，但不能保证获得的数据信息是全面、真实、有深度的。

实际上，缺少人类学的评价模式，评价所获得的信息很可能是表面的，甚至是不真实的，而评价的结果就有可能不可信。在弥补量化评价的不足上，人类学取向的评价模式具有特别重要的价值，农民工培训的评价也应该努力开展人类学取向的评价，其中参与式观察能够保证评价获得更真实可靠的信息，并且能够真切发现教学中的不足与问题，还能够体会到农民工学员对评价、对教学的看法。当前农民工培训的评价完全指向既定的考核标准，这种紧扣目标的评价是必要的，但也可能带来负作用，即有可能会降低培训教学的效果，特别是当目标与农民工的实际需要脱节时。基于这种情况，适当超越既定目标的限制，采用目标游离的评价模式，采用非正式观察、访谈等多种质性方法搜集数据，反而能够使评价更符合农民工培训的实际状况，更能够准确评估、大力改进农民工的培训过程。

最后，参与取向的评价模式对改进农民工培训的评价也有重要意义。应答评价模式要求在制订评价目标和指标体系时首先要广泛征询参与各方的意见，然后，在评价时也要广泛收集参与各方的看法，照顾各方的利益，在评价中各方应建立平等合作的关系。以此观照，农民工培训的评价首先应科学地制订目标与标准，规范地征求学员、教师、管理人员、用人单位等各种参与者对评价的看法与建议，不应单单由行业专家来制订。在评价的过程中，评价者要以平等的姿态与学员进行交流，把评价过程变成建构平等关系的过程；评价者应关注培训过程中学员遇到的真实的困难，把评价变成促进教学的过程。由此可见，不论是管理取向的评价模式，还是人类学取向的评价模式、参与取向的评价模式，都能够应用于农民工培训的评价，而且对改进评价、发挥评价应有的作用具有重要意义。

第三节　改进农民工培训评价方式

依据对农民工培训评价的理论分析，可以采取以下几方面的措施来改进农民工培训的评价：

一、评价目标既要符合农民工培训的特点与要求，又要全面、合理，具备可行性

当前农民工培训评价重点关注的是操作技能，评价的主要目标为获得证书。而农民工的培训更应该重视操作技能的训练，让农民工获得具体的工作

能力，帮助他们就业或择业。否则，农民工的培训就失去了直接的、最明显的价值。然而在实际的培训中，操作技能的考核与农民工的实际工作并不十分匹配，考核的内容在实际工作中用处不大，而工作必需的技能又没有得到认真考核。如果技能考核没有与实际工作需要很好契合的话，就会对培训、教学产生误导。此外，农民工培训的评价还应该持有更全面的理念，关注农民工整体素质的全面提高。农民工要真正融入城市生活，仅有工作能力是远远不够的。工作仅仅是农民工在城市安身立命的基础，要适应城市生活，农民工需要改变很多观念、行为习惯，需要学习很多的东西。农民工培训虽然是短期的，但也可以在提高农民工整体素质方面有所作为。评价具有导向作用，如果评价目的超越了单纯操作技能的局限，适当关注农民工素质的全面提升，从长远看，这不仅有利于他们就业，更能够帮助他们真正融入城市。帮助庞大的农民工群体融入城市生活是一项复杂困难的系统工程，因此，关注农民工整体素养的提升理应成为完善农民工培训评价的长远方向。

二、制订科学合理的评价指标体系

农民工培训与学校教育在评价指标体系方面既有相通之处，又有区别。农民工的培训是短期的，农民工学员具有自身的特殊性，学员之间在年龄、知识基础、能力特点等方面存在较大差异，培训的课程、教材、教学方式等也有自身的特殊性，因此，农民工培训的评价必需适应这些特征的要求。评价应以操作技能的考核为重点；由于培训周期短暂，教学内容较少且目标明确，评价指标体系也应简洁清晰。这是农民工培训的评价与学校教育评价的不同之处。同时，农民工培训的评价也要评估学员的理论知识掌握状况，在这一点上，农民工培训的评价可以借鉴学校教育的评价。在针对学校的教育评价中，布鲁姆的教育目标分类学是影响与应用都最为广泛的理论基础，布鲁姆等人提出的教育目标分类包括认知、情感和动作技能三个领域，针对农民工培训的评价包括有认知、动作技能两个领域的目标。

（一）认知领域目标分类

1. 认知领域的目标分类

（1）知识，指对先前学习过的材料的记忆，包括具体事实、方法、过程、理论等的回忆。其所要求的心理过程主要是记忆。这是最低水平的认知学习结果。

（2）领会，指能把握材料的意义。可以借助三种形式来表明材料的领会：一是转换，即用自己的话或用与原先的表达方式不同的方式表达自己的思想；二是解释，即对一项信息加以说明或概述；三是推断，即估计将来的趋势（预期的后果）。领会超越了单纯的记忆，代表最低水平的理解。

（3）运用，指能将习得的材料应用于新的具体情境，包括概念、规则、方法、规律和理论的应用。运用代表较高水平的理解。

(4) 分析，指能将整体材料分解成它的构成成分并理解组织结构，包括部分的鉴别，分析部分之间的关系和认识其中的组织原理。分析代表了比运用更高的智能水平，因为它既要理解材料的内容，又要理解其结构。

(5) 综合，包括发表一篇内容独特的演说或文章，拟定一项操作计划或概括出一套抽象关系。它所强调的是创造能力，需要产生新的模式或结构。

(6) 评价，指对材料(论点的陈述、小说、诗歌、研究报告等)作价值判断的能力。包括按材料内在的标准(如组织)或外在的标准(如与目的的适当性)进行价值判断。这是最高水平的认知学习结果，因为它要求超越原先的学习内容，并需要基于明确标准的价值判断。

2. 动作技能领域的目标分类

动作技能与理论知识的本质不同，对其学习目标进行分类也更加困难。实际上，动作技能领域的目标分类开发的时间比认知领域的目标分类要晚，它是由辛普森(E. H. Simpson)等于 1972 年提出的，该分类将动作技能领域的目标分为以下六类：

(1) 知觉，指运用感官获得信息以指导动作。

(2) 定向，指对稳定的活动的准备，包括心理定向(心理准备)、生理定向(生理)和情绪准备(愿意活动)。知觉是其先决条件。

(3) 有指导的反应。指复杂动作技能学习的早期阶段，包括模仿和尝试错误。通过教师或一套适当标准可判断操作的适当性。

(4) 机械动作。指学习者的反应已成为习惯，能以某种熟练和自信水平完成动作。这一阶段的学习结果涉及各种形式的操作技能，但动作模式并不复杂。

(5) 复杂的外显反应。指包含复杂动作模式的熟练动作操作。操作的熟练性以迅速、连贯、精确和轻松为指标。

(6) 适应。指技能的高度发展水平，学生能够修正自己的动作模式以适应特殊的装置或满足具体情境的需要。

对照布鲁姆等人的目标分类，可以看出，农民工培训的评价在理论考试上仅仅是针对“知识”这一水平进行的，而动作技能的考核基本上停留在前三个阶段(知觉、定向、有指导的反应)水平。其实，虽然农民工培训的周期比较短，但理论知识的学习完全可以超越单纯记忆的水平，动作技能的掌握也应该达到熟练水平，即达到“机械动作”的水平。因此，农民工培训的考核应当建立不同层次、不同难度的指标体系，对每一个水平的知识或动作也要建立多个侧面的标准。比如，对动作的考核，除了“时间”、“熟练程度”等标准外，还应包括

"动作精确度"、"动作规范度"、"作品的优质程度"等标准。基于此,参与农民工培训考核的人员应当在有关专家的指导下,依据可靠的理论,结合农民工培训的具体特点,构建科学合理的评价指标体系,提高评价指标的信度、效度、可接受性等标准,从而大幅度提高农民工培训评价的质量。

三、综合使用多种评价方式

当前农民工培训的评价属于科学取向的评价模式,采用的是总结性评价,搜集数据的方式是纸笔测验、百分制统计等量化方法。这样的评价虽然是必要的,但是,由于缺少形成性评价和诊断性评价,人类学取向的评价模式、管理取向的评价模式等基本没有采用,这样的评价是不完整的,只能起到鉴定、证明等作用,不能发挥诊察问题、促进教学、激励学员学习的功能。为了提高评价的成效,在条件许可的情况下,应适当注意采用人类学取向的评价模式、管理取向的评价模式,注重教学过程中的评价,使用非正式观察、访谈,与学员平等、随意的对话等方法搜集数据,注重在具体的教学情境中解释所搜集数据的意义,这样,所搜集的数据更符合培训的实际状况,评价也才能够发挥提高教学效果的作用。

四、重视发展性教育评价理念和被评者的参与

在传统的教育评价中,被评价者处于消极的被动地位,而评价者凭借主观的判断,完全不顾及被评价者的需求。当前农民工培训评价的这一特点很明显,评价只注重对结果的鉴别、确证和检查功能,目标只在于教育方案执行后的结果与预设的教育目标的一致性问题,无助于教育方案的改进与教学质量的提高。再者,这种评价模式无法顾及参与培训的各方的意见、建议以及利益诉求,无助于培训中出现的各种矛盾的解决。实际上,在农民工的培训中,参与各方的意见、观念有时是不一致的,这从以下的访谈材料中可以得到说明:

孔爱霞:我希望我学到自己想要学的东西,其余的呢,不要跟我讲。我不进工厂的话,一辈子都用不上这个知识。

笔　者:我知道你的意思,你希望课程就像个自助式的菜单。这里没有专门的家电维修班。如果是那种专门的职业学校,它的课程估计也不是菜单式的,你想学什么就点什么。它是按照学校的规矩来,一个学期一个学期的,有些课程你不学都不行。

孔爱霞:所以我觉得教育机构有必要改革一下。就像进饭馆吃饭一样,你想吃西餐,却给你端中餐,你爱吃不吃。但对个人而言受不了,我不乐意,消化不了。

——对中级电工维修培训班学员孔爱霞的访谈

笔　者：我调查时发现有这样的学员，他报了电工以后，学了以后不来考。

顾海华：这是我们最头疼的一个事情。相当于学员出了285元钱，我们给他上了三个多月的课，教给他很多东西，结果他不来考。劳动部门对我们的考核是这样的：你考出了多少人，算多少人的补助给你，他不来考我们是拿不到补助的。他出了285块钱，上了一系列的课，相当于我们的投入是白费的。其实这里面有很多地方不合理。

——对中级电工维修班顾海华老师的访谈

当前的评价模式对于解决以上出现的问题不能提供帮助。因此，从长远看无助于农民工整体素养的提高以及农民工培训的可持续发展，不能不说是农民工培训存在的一大缺陷。

当前的评价也不符合教育评价发展的世界趋势。当代教育评价的改进和发展性功能日益受到重视，评价最主要的目的不是为了证明，而是为了改进。这种趋势主要体现为评价者越来越重视教育方案执行全程的监督和监控。从CIPP的过程评价到斯克里芬形成性评价和终结性评价分类思想的形成，再到布鲁姆将其完善为诊断性评价、形成性评价和终结性评价的三大分类，这一脉络表明教育评价已经不再将其功能定位在鉴别和选拔上，更加强调在教育过程中及时发现问题，并进行改进，更加重视其内在的教育和发展性功能。因此，当前或未来的教育评价更注重发展评价者和被评价者之间的互动关系，使之在平等民主的互动中共同承担促进教育发展的职责。借鉴教育评价发展的国际趋势与经验，农民工培训的评价应强调全员参与，应建立长效的、规范的制度，在参与各方之间形成平等、对话、合作的关系。具体来说，组织农民工培训的政府主管部门应扮演好组织者、协调者的角色，一方面要筛选各个行业的技术专家作为评价的具体执行者，并邀请有关的评价专家予以指导，另一方面还要广泛征询培训单位、任课教师、农民工学员的意见与建议，尊重他们的观念与合理诉求；另外还应采用合理的方法，比如进行市场调查等，搜集、分析用人单位、主要是企业对农民工培训评价的看法，采纳其中的合理建议，这有利于发挥企业在评价中的作用。进一步讲，如果评价的结果得到了企业的认可，也会有利于提高农民工学员获得的证书的含金量。对于在各种调查中发现的问题，主管部门应及时协调解决。另外，在教学过程中，除了教师教学形成性评价以外，也可以利用各种办法，促使学员进行自我评价，发挥学员自我评价的作用。例如，在实训课上，教师可以与学员一起制订标准，然后让学员对照标准一遍遍练习,这样就可以发挥学员自我评价的作用。对于评价结果的解释和使用,主管部门也要尽量听取各方意见,使结果的解释更加人性化和民主性,充分体现以农民工学员个体需要为导向的理念。总之,各方都参与到评价过程之中不仅能够保证搜集到更加真实的信息,从而提高评价的信度,使评价更加科学,还能够平衡各方利益,使评价发挥最大的效用。

五、强化任课教师的评价意识与评价能力

农民工培训评价中存在的诸多问题,比如目标体系不尽合理、参与取向的评价模式与人类学取向的评价模式没有得到应用、评价结果反馈不及时或没有反馈,等等,都与任课教师有着某种程度的关系。当前农民工培训的师资队伍建设还存在一些问题,尤其是在教师的评价意愿与能力方面。现在担任农民工培训教学的教师来源多样,有的是培训单位的专任教师,有的是培训单位从外校聘用的教师,还有企业里的技术骨干。总体上看,任课教师不大关注形成性评价与诊断性评价,所谓的重视考核,仅仅是指重视培训结束时的考核,即总结性评价。这样,评价就难以发挥促进教学的作用。其实,只要开展了教学活动,教师就能够进行形成性评价与诊断性评价。还有部分教师也想到要时常对教学活动进行评价,但缺少相关的评价理论知识与能力。因此,可以通过提高任课教师的准入标准,或对任课教师进行教育评价方面的简短培训等方式,来加强教师的评价意识,提高他们进行多种评价的能力,比如,交给他们使用非正式观察、访谈等质性评价的方法。只有任课教师乐意评价,具备了使用多种评价策略或方式的能力,农民工培训的评价才能更加真实、有效,才能发挥各种应有的效用。

第七章 农民工培训的学习环境

在影响农民工培训效果的诸多因素中,学习环境的影响不容忽视。农民工与在校学生不同,他们肩上压着赚钱养家的重担,工作是第一位的,只有在不影响工作的前提下,他们才能兼顾学习。另一方面,为了保证生产的正常进行,企业在某些情况下也会限制农民工参加培训。因此,农民工参加培训在客观条件上会遇到一些困难。为了了解农民工学习环境的现状,笔者除了在教学现场观察他们的学习之外,还对他们进行了问卷调查与访谈。访谈的主要问题如下:

你的工作具体要做些什么?

你现在是边工作边参加培训吗?如果是,你的工作忙不忙、累不累?每天工作多少小时?平时休息时间多吗?参加培训会不会影响你的休息,会不会对你的工作时间产生影响?你觉得是否有足够的精力既工作、又参加培训?

培训中的表现好坏影响你现在的工作表现吗?你的收入、在单位的地位等与你的学习好坏有没有直接的关系?

你的领导、家人或朋友是否支持你参加培训?他们的理由是什么?

你们培训的地点是固定的吗?在工作场所还是在教室?你对培训场所的环境满意吗?

你与其他同学是同一个工作单位的吗?相互间是否熟悉?平时大家是否想学习?如果你们相互不熟悉,也不是一个工作单位的,那么,你们班上的同学都想学习吗?学习氛围好不好?

你与老师的关系密切吗?老师是不是你工作中的领导?老师关心、鼓励你的学习吗?假如培训结束后,你会不会与老师保持联系?你工作中碰到困难了,还会寻求老师的帮助吗?

本章在分析所获得的材料的基础上,梳理了影响农民工培训效果的环境因素,并结合学习环境的有关理论,对农民工的学习环境进行了剖析。

第一节　农民工培训中的学习环境现状

从分析现场收集到的资料来看,农民工学员总体上对他们接受培训的环境还算满意。就培训的学习环境,笔者进行了调查。调查共发放问卷52份,其中有效问卷47份。以下是调查结果:

对老师的满意度调查结果:37%的农民工学员对任课的老师很满意;59.3%比较满意;3.7%认为说不清。

对培训环境满意度的调查结果:22.2%的农民工学员非常满意培训的场所环境;48.1%比较满意;29.6%满意。

农民工培训的学习环境绝非十全十美,之所以调查数据显示学员对学习环境的满意度较高,是因为他们对学习环境不挑剔。实际上,他们的学习环境还存在制约学习效果的因素,不同的学员在学习环境方面遇到的困难有所差别,他们对困难的感受也不一样。概括起来,影响农民工学习的环境因素主要有以下七个方面:

一、缺少足够的学习时间与精力

农民工学员都是边工作边学习,他们必须把工作放在第一位,在工作之余来学习,这一点与在校学生的学习环境具有很大差别。大部分农民工也已成家,在工作之外,他们还需要照顾家庭。因此,对于农民工的培训来说,遇到的第一个困难就是学习的时间、精力难以保证。

笔　者:你现在工作忙不忙?

彭张红:还好,不是太辛苦。出现问题时比较辛苦点,停产时需要保养,不允许它停下来的,我们是提供能源的,一旦停下来整个楼层全部都会停下来。

笔　者:上班时间几个小时?

彭张红:八个小时。每周休息两天。

笔　者:到这儿来参加学习会影响休息吧?

彭张红:这个没关系。主要是过来学习的。

笔　者:我在别的地方调研时,有些学员有时工作太忙,时间调不过来,你们班学员还好,你到这儿来学习对工作没多大影响?

彭张红:我们事先调节好的,对工作没有多大影响,反而有帮助。

笔　者:有些学员很远跑来,从吴江过来,晚上八点还要赶回去,很辛苦。

彭张红:吴江应该有培训班的。

笔　者:你们精力够用吗?一边上班一边又要学习,累吗?

彭张红：工作时一天或者半天维修，出了问题还是比较辛苦的。
笔　者：你现在成家了？
彭张红：成家了。有老婆孩子了。
笔　者：在这儿学习有没有什么困难？
彭张红：从木渎赶过来，五点半下班，时间赶不上。

——对中级电工维修培训班学员彭张红的访谈

笔　者：你现在的工作每天大概需要多长时间？
陆晓君：八个钟头。
笔　者：你现在感觉工作累不累？
陆晓君：设备维护的日常工作是不累的，对工作也没有影响。
笔　者：你现在的精力完全可以应付，蛮幸福的。
陆晓君：家里人都比较赞成我来学习。

——对中级电工维修培训班学员陆晓君的访谈

笔　者：你现在没有工作，从原单位离开之后就过来培训，那你之前的工作强度大吗？
薛景涛：累倒是不累，主要是管理工人，整天都在工地上呆着。
笔　者：那就是工作时间很长？
薛景涛：对，没有固定的时间，几点上班几点下班，有的时候十一二点还在工地上，主要看工期紧不紧，工期不紧就不忙。
笔　者：那样的话，你一边工作，一边再来培训可能就不方便？
薛景涛：那肯定要请假了，如果要考建造师证、安全员证，就要请两个月假专门来学。
笔　者：上次我们访谈的那个同学，他在公司工作比较轻松，可以一边工作一边来学习。
薛景涛：在工厂上班肯定就有时间来学。
笔　者：假如你以前的单位让你来学，你精力上能应付得过来吗？
薛景涛：那样的话就不用上班了。
笔　者：你以前工作的单位重不重视员工的进修，鼓励你们学习发展吗？
薛景涛：还是比较鼓励。但对学历教育程度要求不是很高。我的一个同事要请假考二级证，一直请，都打算辞职了公司才批他一个月假。

——对中级电工维修培训班学员薛景涛的访谈

笔　者：你自己现在开个店，觉得怎么样？累不累，忙不忙？
孔爱霞：就我个人而言，一般状态，夏天比较忙一点，空调啊之类的，出故障比较多,使用频率高容易坏。另外,人们生活水平提高了,有的家庭就不修了,我们也面临这种境遇。

笔　者:什么叫有的家庭就不修了?

孔爱霞:你花个几十块钱修一下,还是花个几百块钱买个新的,人家在选择。电视机我给你修要一百块钱,买个新电视机才几百块钱。

笔　者:总体来说,你这个工作是夏天忙,冬天比较闲。你以前在公司一天工作多少小时,现在的工作比较自由一些,时间不太固定?

孔爱霞:差不多吧,相对而言比上班自由一些。

笔　者:你平时休息的时间多吗?估计也不太多?

孔爱霞:好像闲不下来。

笔　者:到这儿参加培训会不会对你工作的时间产生影响?

孔爱霞:这个是肯定的,周六周日相对来说顾客比较多。

笔　者:那你就在门上贴个通告,然后门一拉了事?

孔爱霞:好在我老婆就在旁边开了个店,帮我看着,可以帮我登记一下。

笔　者:那你觉得又要工作又要到这边参加培训,精力够用吗?能不能应付过来?

孔爱霞:可以可以,关键是看你觉得值不值得。

——对中级电工维修培训班学员孔爱霞的访谈

笔　者:你们现在是一边工作一边培训,一般平时工作忙不忙?累不累?

服务员A:感觉挺好的,工作时间安排挺紧的,平时中午1点30分下班,工作量也还好。

笔　者:工作量不大?

服务员A:对。

笔　者:一般工作多长时间?

服务员A:一天最多8个小时。

笔　者:就一个中班,一个晚班。那这样休息的时间还是挺多的?

服务员A:休息的时间是蛮多的。每星期加班的时间也不多,有时候4个小时都不到,生意好时就按规定时间下班,生意比较清淡,就让我们早点下班。

服务员B:休息时间挺充分的。

笔　者:培训除了早会以外,我注意到有两次是在下午,而那个时间本来应是你们的休息时间。

服务员A:这个我们还是比较乐意的。

笔　者:那你觉得这样的培训有没有影响到你们的休息呢?

服务员 A：没有。

服务员 B：也没有。

笔　者：那这种培训对你们的工作时间有无影响？会不会影响到工作？

服务员 A：没有影响。

服务员 B：没有影响。

笔　者：你们都很年轻，培训和工作都做的话，可以是两不耽误而且自己的精力还挺充沛的？

服务员 A：是的，我觉得这种培训蛮好的。

服务员 B：是的，我觉得经常组织培训可以增加我们的知识。

——对得月楼餐厅服务员培训班学员 A 和学员 B 的访谈

分析上述访谈资料可知，学习时间难以保证是农民工培训时遇到的一个实际困难。对于在校学生而言，他们可以把全部时间都用于学习。而农民工则不同，他们必须把工作放在第一位，而且每天的工作时间比较长，有的农民工一天要工作 8 个多小时。他们常常在双休日还需要工作，有些工种的农民工的工作时间是不固定的。还有的学员工作地点或暂住地点离培训的学校比较远，所有这些因素都会导致农民工培训的时间无法保证。虽然在访谈中农民工学员表示精力够用，用于学习的时间也足够，参加培训不会影响他们的休息。但实际上，根据笔者的观察，他们提供的信息不完全真实，存在缺课或迟到的现象。培训教师在这方面的感受与学员就不同，下述访谈表明了这一点：

笔　者：你觉得培训这一期结束时，农民工培训存在什么严重的问题？

陆老师：还是在教学时间上，两个月时间，他们有的还在工作，时间上不能保证。报名有 20 多人，每次只有 16 个左右来上课，肯定缺课了，今天你缺，明天他缺。

——对中级电工维修培训班陆老师的访谈

笔　者：你觉得农民工的培训存在最大的问题是什么？比较严重的问题是什么？

凌老师：问题主要表现在学习时间上不能保证，有些农民工学员至少有一半时间不来。还有就是因为是政府买单，今天我来一次，后天我不来，你还得让我过，不过政府是不给钱的，所以部分学员存在混的想法。

笔　者：你刚才讲电工证培训的时间是两个月，这两个月时间够不够？

凌老师：够了，差不多了。按照考核的要求，单纯从培训这个方面来说可以了。还是以理论为主，实践可以强化，但是理论需要循序渐进。这次培训，花了1/3的时间来强化操作，星期天考试，星期六还在做。

——对中级电工维修培训班凌老师的访谈

笔者在培训现场的多次观察也印证了两位老师的看法：

学校规定的上课时间是8:30。学员在8:40只来了两个人，上课时间只得后延。9:10才开始上课，即使如此，仍然只来了5名学员。10点时仍有一迟到学员走进教室。老师没有停下讲课，没有特别的反应。似乎对学员的迟到现象习以为常。

——2009年11月28号上午对中级电工维修培训班教学的观察

地点：阊胥路苏州技术师范学院206教室

约8: 55才开始上课，开始时只有5名学员。学员来听课的都要签到，但据凌老师讲，对于不来听课的学员，目前并没有惩罚措施。约9:10时，又进来三个迟到的学员。老师的讲课没有停顿。9:13又一迟到的学员进教室，师生的反应与刚才的一样。

——2009年12月6号上午对中级电工维修培训班教学的观察

地点：阊胥路苏州技术师范学院207教室

来上课的有11个学员。一新报到的学员没有带工具，也没有交学费，与其他学员也不熟悉，所以只坐在门口的位置上，没有练习操作。

——2009年12月13号上午对中级电工维修培训班教学的观察

地点：阊胥路苏州技术师范学院电工实验室（二）

8:50，老师已到。来了3个学员自行练习。一个学员来到教室后匆忙吃早饭。9:40时，有11名学员到教室。

——2009年12月20号上午对中级电工维修培训班教学的观察

地点：阊胥路苏州技术师范学院电工实验室（三）

8:55，来了4个学员。据徐老师讲，一学员是吴江的，双休日要上班，不能来上课。平时晚上6:30来上课，从吴江赶过来。晚上8:00又要赶回去，很辛苦，但很认真。学员来时仍需要签到。9:05时，来了6名学员，几乎都没有吃早饭，带着早餐。

——2009年12月27号上午对中级电工维修培训班教学的观察

地点：阊胥路苏州技术师范学院电工实验室（二）

学员迟到的较多，本来应该中午一点钟开始上课，实际上延迟到1:40才开始。上课约10分钟后，一迟到的学员进教室。约15分钟后，又有一迟到的学员进教室。

——2009年11月13号下午对计算机操作员培训班的观察

地点：凤凰街苏州职业培训中心

以上资料表明，农民工培训中学员缺课、迟到不是个别现象。就农民工学员自身来说，他们大部分不是故意缺课，实际上他们的学习愿望很强烈。但因为受制于各种客观条件，他们无法准时来上课，更不能想象他们在课余会有时间学习。因此，不能保证足够的学习时间是制约农民工培训效果的一大因素。相比较而言，企业负责并组织的对本单位的农民工员工进行的培训，企业可以根据生产的需要来灵活安排培训时间，并且培训是在企业内部进行，可以节约时间，这样农民工学习的时间可以更有保证。

二、各培训场所教学条件有差别

不同工种、培训教学点的教学硬件设备差别比较大，有些工种、培训教学点的教学条件不尽如人意，不能满足教学的需要。

笔者观察了餐厅服务员培训班、中级电工维修培训班、计算机操作员培训班三个工种的培训。餐厅服务员培训班是苏州得月楼酒店对自己的员工进行的培训，培训场所就在本酒店，培训所需要的各种工具齐备，属于现场教学；再者，餐厅服务员培训对教学条件的要求不太高，因此，这种工种的培训条件完全能够满足教学的需要。计算机操作员培训班是在电脑教室里上课，每个学员都有一台电脑可用，教室里有多媒体、投影仪等教学设备，能够满足教学需要。比较而言，中级电工维修培训班的教学条件要差一些，以下是笔者在培训教学点观察到的现象：

本节课是理论课，授课内容是“电力拖动”。老师主要的教学方法是讲授以及板书，没有多媒体教学设备，老师也没有做课件。教室比较破旧，教室里灯光比较暗，坐在后排看板书不太清楚。教室里很安静，讲台下的地板在老师走动时不停地发出声响。

——2009年11月28号上午对中级电工维修培训班的观察

地点：阊胥路苏州技术师范学院206教室

这节课是实训课，内容是“接线路”。笔者注意到有的线路板上继电器是坏的。学校的设备老化，更新速度慢。在工厂实际操作时，线路板与现在练习用的线路板不一样，企业里用的是最新的、复杂的线路板，有电器柜。教室里摆放了一台教学用的机床，是简单的、模拟的机床，与企业里在使用的机床也不一样。

——2009年12月20号上午对中级电工维修培训班的观察

地点：阊胥路苏州技术师范学院电工实验室（二）

学员本身对教学设施与条件没有提出什么要求，由于是短期培训，农民工学员认为得到免费培训的机会已经很幸运，因而并不在意教学条件。虽然这样的教学条件基本上能够让教师完成教学任务，但培训的教师对教学条件是不满意的。例如，凌老师是该教学点从苏州职业大学聘请来上课的老师，他对该培训点的教学条件就不太满意：

凌老师：我们学校里是实行电化教学，都可以用电脑，这样讲课比较直观。有的内容你反复讲他（指学生）也不一定清楚，但是我做一遍，我可以在电脑上做，也可以通过说几句，这样效果好。第一个内容含量大，第二个比较直观，效果也比较好。我培训的几个地方条件都差不多，相对来说教学条件简陋一点，差一些。

笔　者：有的学校他没有钱，改善条件也很困难。教室里是挺简陋的。

——对中级电工维修培训班凌老师的访谈

三、学员之间缺少互动

农民工培训是短期的培训，学员之间不像学校里的学生那样有很长的时间呆在一起。在笔者选择的调研工种中，中级电工维修培训班是培训时间最长的，有两个半月。计算机操作员培训时间是20天，而餐厅服务员培训只有半个月。农民工学员基本上只有上课时在一起，课余都要回去工作或照顾家庭，在一起交流的机会不多。再者，农民工学员来自不同的地方或不同的单位，相互之间也不熟悉，这也影响了他们的深度交流。但农民工学员之间不存在竞争关系，也没有利益冲突，而且他们都是成年人，处理人际关系方面比在校学生成熟，所以，农民工学员之间的关系是比较和睦的。他们的学习动机比较强烈，学习的氛围总体上也比较浓厚。

笔　者：这个班上有没有跟你是一个单位的同学？

彭张红：没有。

笔　者：和同学熟悉了吗？

彭张红：熟悉的，有几个熟悉的。

笔　者：平时相互交流吗？

彭张红：交流的。有些不懂的问题相互探讨一下，每个人懂的不一样，经验可以相互学习。可能他们懂的我们不懂，我们懂的他们不懂，相互学习可以提高自己的技能水平。

笔　者：课后联系吗？

彭张红：有时打电话问一下，我可能有特殊情况来不了，就问老师讲了些什么，把笔记借我抄一下。

笔　者：我看你们很多同学学习蛮认真，学习氛围怎么样？

彭张红：学习氛围不错，每个人都比较积极。

——对中级电工维修培训班学员彭张红的访谈

笔　者：你们单位就你一个人，现在对你们班同学熟悉不熟悉？

陆晓君：还可以。

笔　者：你现在和同学经常交流吗？下课、放假或者回家，有问题时会不会经常联系？

陆晓君：会，经常交流，有电话的。

笔　者：你自己觉得学习氛围好不好？

陆晓君：还可以吧，但总归有一点隔阂，一部分是本地人，其他是外地人，本地人之间交流更容易些。

——对中级电工维修培训班学员陆晓君的访谈

笔　者：你和你们班的同学熟悉吗？会互相了解对方吗？比如说他们在什么单位上班，老家是哪里的，电话号码什么的。

薛景涛：这个班的同学以前来的时候都不认识。现在都很熟的，比方说讨论，他们一开始就是担心考试的问题，所以在一起都是讨论与学习有关的。出去等公交车的时候，几个同学在一个地方等车就聊几句，就几个人聊得比较深。因为就二十几个人报名，经常来上课的也就那十几个，所以在路上就熟起来，但是涉及到家庭就了解不多，也就和四五个同学等车的时候聊一些私人的事。

笔　者：我看你们班上的同学上课都是比较认真的，对吧？

薛景涛：来的这十几个都是比较认真的。

笔　者：学习氛围觉得怎么样？和你以前读书的时候比呢？

薛景涛：因为有压力，在大学里学习目的不是很明确，平常压力不是很大，在这里学习就是目的比较明确，为了拿证。

——对中级电工维修培训班学员薛景涛的访谈

笔　者：你和这个班里的同学相处了一段时间，现在熟悉了吗？刚来的时候不熟悉？

孔爱霞：还可以，一开始不太熟。

笔　者：我看你们班内很多同学学习很认真，很努力，你自己觉得你们班的学习氛围怎么样？和你以前参加的培训或是读书的时候比较？

孔爱霞：老来的几个人基本上很认真，比较有上进心。

笔　者：你们有的学员真的很忙，特别是年龄比较大的，又要工作，还要照顾家庭。我是感觉你们的学习愿望比在校的学生学习愿望强的多。你们愿意学，你以前读过书应该知道，好多学生不愿学的。

孔爱霞：这个就是我一直要跟您表达的，个人的兴趣爱好要跟他所学的专业或所学的东西有机结合起来，就是要对口。就是说你喜欢音乐，那你就学习音乐，别的就不要学了。为什么呢？你喜欢，这个工作才做得好，如果你喜欢音乐，我让你学习电子，那肯定很枯燥，很没劲。

——对中级电工维修培训班学员孔爱霞的访谈

笔　者：你周围的那些伙伴，你了解下来也和你们一样很有信心吗？

服务员 A：因为有一种学校的气氛，我觉得这种气氛很好，大家又都很认真听课。

笔　者：刚才谈的是你们两个的想法。那么就你们对其他伙伴的了解，就培训的内容或形式他们是否都很想学习？

服务员 A：他们有可能和我们学习的不一样。我感觉每一个人都有自己的想法，有自己想学的东西。

笔　者：从我们这个培训来说，你觉得整个学习气氛怎么样？

服务员 A：气氛挺好的，每次培训都没有人缺席。

服务员 B：有的人平常只提前一点来上班，培训以后，都提前很早就来了，感觉气氛挺好的。

——对餐厅服务员培训班学员 A 和学员 B 的访谈

笔　者：你们这个班二十几个人，你跟其他人熟不熟啊？

潘　慧：我跟我周边这几个熟。

笔　者：你们的座位是固定的，对吧？

潘　慧：对，对。我们做题的时候会交流。

笔　者：就是跟周围的、附近几个有沟通。

潘　慧：对，对。

笔　者：你觉得这个班里面学习的气氛怎么样？是不是大家都想学？

潘　慧：学习气氛很好，很浓的。有的人真的很重视学习，即使在晚上，年龄大的，也是风雨不误地过来。我觉得这个班开得真的挺有社会意义的。

——对计算机操作员培训班学员潘慧的访谈

上述访谈资料表明，农民工培训中的学员之间的互动是浅层次的，限于借笔记等。由于教学方式是传统的讲授法，而实训的技能也比较简单，因此学员的学习是独立的，基本不存在合作学习。学习方式决定了学员之间缺少深度交流。而企业里的工作有不少是需要团队合作的，这可能导致培训与实际工作在该方面不一致。总体上农民工学员大多是年轻人，有着交往的需要，他们之间的关系还是和睦的，并不会给学习带来障碍。另外，本地学员与外来学员之间由于语言或文化观念上存在差异，他们相互之间的交流会更多地不顺畅，这也是需要注意的一个问题。但由于绝大多数学员学习愿望强烈，整体的学习氛围还算不错。笔者的观察也证明了这一点：

全部为外来农民工，今天来上课的有16人，都是男学员，比较年轻，看起来平均年龄为25岁左右。教室里比较安静，学员显得有点拘谨，估计与学员对环境不熟悉有关，陌生感使他们放不开。

——2009年11月28号上午对中级电工维修培训班的观察

地点：阊胥路苏州技术师范学院206教室

四、外部奖励不充分，学员努力学习的压力与动力不明显

在学校里学习的学生在学习中要面对考试，评选优秀、评奖学金，老师的监督、同学间的竞争等都会驱使学生认真学习。而在农民工的培训中，考评并不严格，同伴之间不存在竞争关系，教师也不监督学员的学习，因此，外部环境中促进学员努力学习的因素不够充分。再者，大部分学员参加培训是自发行为，农民工所在的工作单位并不会对他们参加培训的行为给予奖励，他们的工资收入也不会与他们获得的证书有所挂钩。

笔　者：你现在的单位鼓励员工出来学习吗？有没有一些鼓励措施？

陆晓君：我觉得可能工资相对涨得快一点，职位有上升空间。

笔　者：你现在在这里学习，公司有没有报销？

陆晓君：没有。

——对中级电工维修培训班学员陆晓君的访谈

顾老师：农民工培训的矛盾是社会支持力度不够，特别是外企和私营企业，不让你做（指农民工学员来学习），晚上要加班，学员没办法来上课。这期25人报名，昨晚考试有20个人，3人出差了，还有两人厂里忙，根本没时间出来，说下次补考。如果外企可以照顾一下学员，不要安排夜班，晚上是可以上课的。有些学员也不敢给厂里提要求，对于学员来说，生存是最重要的，保住饭碗，然后才是提高。

笔　者：老板们比较考虑眼前的利益。

顾老师：我们也遇到这个问题。私营企业好几个员工一起报名，老板就不愿意了，大家都来报名了，谁来给我干活啊。中级电工班来了5个人报名，他们和老板商量，老板说你们一起去不行的，要不你们轮着去。轮着去学员又不同意了，你们三个先去，我们俩后去，到时不要我们怎么办。学员顾虑到这一点，结果一个都没来。

——对中级电工维修培训班顾老师的访谈

五、教学管理比较松散，培训的组织工作有待加强

由于农民工学员的特殊性，要兼顾工作、学习与家庭，上课时间一般是在晚上或双休日，培训单位的管理人员和老师理解他们的困难；同时，农民工培训是短期学习，考核不难通过，管理人员和教师认为没有必要非常严格地要求他们。这就导致农民工培训教学管理比较松散，出现如上课时常常不能准时开课，学员存在迟到甚至缺课的现象。虽然培训机构都建立了考勤制度，来上课的学员要签到，但基本上流于形式，对农民工学员没有约束力。在上课时，老师也基本不关注纪律，比如，笔者观察到上课时有学员接听手机，但老师并未给予注意：

开始上课后不太安静，有学员讨论或说话。有学员的手机响。

——2009年11月13日下午对计算机系统操作员培训班的观察

地点：凤凰街苏州职业培训中心

走廊里有人走过，一学员出去接手机电话，老师讲课没有受到影响。

——2009年12月6号上午对中级电工维修培训班的观察

地点：阊胥路苏州技术师范学院207教室

另外，培训的组织工作也有需要进一步改进的地方，农民工学员之间的联系不多，管理不够严格，有时也会给他们的上课带来不利影响。

因为是操作课，学员来的比较多。有一名学员第一次来上课，经过询问，得知他刚报到，而且有电工工作方面的经验与基础。一名学员没有带工具，无法操作，估计上次没有来听课。有几名学员迟到，也有忘带工具的。

——2009年12月13号上午对中级电工维修培训班的观察

地点：阊胥路苏州技术师范学院电工实验室（二）

在招生方面，组织工作更需要完善，具体表现为渠道不够畅通，信息发布不够广泛。

9:25从教室后门进来一名学员，估计是新学员，没有带教材以及其它的东西。下课后到办公室求证,果然是新来的。金老师说,这名学员第一次来,让他先到教室听听,如果跟得上,就插班进去。因为中级电工培训的时间较长,从开班到发证需要两个半月。如果这一次不插班,就要等下一次开班,会等比较长的时间。如果是培训时间短的工种,就不需要插班了。与这名学员交谈得知,他一开始就报名了,办公室的老师要他等电话通知,可是一直没有等到。他打电话来询问,才知道已经开班两个星期了。

——2009 年 12 月 6 号上午对中级电工维修培训班的观察

地点:阊胥路苏州技术师范学院 207 教室

笔　者:对目前的农民工培训,你有些自己的想法和建议吗?

凌老师:像我们这种培训不应该放在社会机构,应该放在职业学校。第二,学员可能非常想参加培训,企业和政府应该沟通一下,参加培训之后应允许学员请假,或是不加班之类。第三,我教了一个成人培训班,我告诉他们有政府组织的培训可以参加。他们说不知道,这就是宣传上还不够。

——对中级电工维修培训班凌老师的访谈

笔　者:是不是每年都有这个培训?

顾老师:今年这是第五期了,这要看政府政策,也不是每年都有。从前两年开始苏州政府开始对外来务工人员实行优惠政策,10 年的优惠,幅度怎么样还没定。每次政策都不一样,所以不是很明白。苏州技术师范学院属于劳动局管辖,相当于劳动局的一个部门,所以很多培训点就设在这里,这里就是外来务工人员培训的一个点。我们能开展的培训工作就是在这里设点,不能在其它地方设点。

笔　者:我看也蛮多的。

顾老师:我们是公办的,政府对我们照顾很大。

笔　者:苏州民工培训这一块做的挺不错的。来这里培训的农民工是怎么知道这个信息的?

顾老师:有两种途径,一是网络,二是社区。外来务工人员通过网络、社区找到指导中心,先办外来务工人员证,办证之后,想培训什么项目,工作人员会告诉他。比如培训电工,就到我们这里来,想培训其它专业而我们这里没有的,就到其它点上去。先办外来务工人员证,然后再申报,必须要有这个证,有了这个证,说明指导中心认可你不是本地人,是来打工的,才能享受国家的政策补助。只要是外地人都可以办,是优惠证,只能办一次,办了一个优惠项目,其它项目就不能用了,电脑里面会有记录。

笔　者:一个是为宣传,一个是政策。

顾老师:政府对外来务工人员的免费培训一点宣传也没有。电视上一个星期有一次广告也可以啊。

——对中级电工维修培训班顾老师的访谈

从以上访谈资料可以看出,农民工培训的信息渠道不够畅通,农民工报名参加培训学习,实际上处于自发的状态。不少农民工没有上网的习惯,或者不会在网上关注劳动人事局的政策,而社区对外来农民工疏于管理,许多农民工不知道有政府组织的免费培训。有的农民工不知道培训单位的地址,或者不了解培训的工种,在报名时要多跑好几次。由此可见,在农民工培训报名和培训过程中,组织与管理工作还有待改善。

六、培训经费不足,培训机构收益不多,积极性不高

从政府的角度看,农民工培训属于公益事业,体现了政府对农民工的关怀与支持。但从培训机构的角度看,农民工培训不是单纯的公益事业,培训机构作为一个独立的主体,需要有一定的经济效益。当前农民工培训的经费由中央政府下拨,并不宽裕。培训机构收益不高,一定程度上影响了他们参与培训的积极性,教学条件的改善、实训设备的更新等都受到制约。中级电工维修班的凌老师是苏州技术师范学院外聘的老师,顾老师是苏州技术师范学院负责农民工培训管理的老师,他们的切身感受就能够说明这一点:

笔　者:你们学校的条件比这里好,为什么培训没有安排在学校?

凌老师:这个是政府的事情了,凡是包含有操作的培训都把学生拉到这边。这里的条件实际上不怎么样。

笔　者:这个情况我了解了一下,学校没有那么多经费。经费是从劳动部纵向划拨下来的。万一宣传做好了,学员多了,没有那么多钱怎么办?

凌老师:学员是业余的,想找工作。考个证会方便些。说到政府让下岗的和再就业的进行培训,他们说不知道这个事。

笔　者:他们可能没有关注这个事,像再就业培训,招生还是比较规范的。在社区居委会招,通过这个渠道。

凌老师:招生对象是以本市为主?

笔　者:再就业培训是针对苏州市的,经费由苏州市财政下拨,宣传方面也比农民工培训力度大。

凌老师:我以为是来苏州打工的,都可以参加。

笔　者：是可以参加的，但他们不知道。苏州市再就业培训是免费的，而农民工的培训，每个农民工只有一次机会是免费的，第二次培训就要交钱。有的农民工报电脑班，学了几个学时，不来考，他下次还有机会，什么情况都有。他就是来学知识的，这样可以一直免费。这说明企业跟政府的沟通有很大问题。

凌老师：有些培训纯粹是为考证而培训的，对他们的要求就是这样。

笔　者：我觉得经费管理制度是有问题的，我的意思是农民工考过之后政府才给钱，其实这是不合理的，逼着培训单位必须让学员过。

凌老师：还有一个问题政府也要考虑，报名的学生多，不来参加培训怎么办？你通过了我再给你钱，这么多培训点，不可能派人驻点的，这也是个麻烦。

笔　者：学员必须通过，政府才给钱，这个证的含金量就大打折扣啦。

凌老师：所以一开始有人就会有这种想法：我就是来混证，因为我以后可能不从事这个行业。仅仅是当成一个跳板，但绝大部分人来这里是抱着学习的想法的，混证的毕竟是少数。

笔　者：这是个两难的问题。一是为了培训而培训，为了考证去培训，弄不好就会跟学校的应试教育一样。二是钱已经花出去了，怎样才能保证严格的培训，很难去监督。

——对中级电工维修培训班凌老师的访谈

笔　者：我问过一个学员，他报了电工，学了以后不来考。

顾老师：这是我们最头疼的一个事情。学员过来培训，我们最怕他不来考试。相当于学员出了 285 元钱，我们上了三个月的课，教给他很多东西，结果他不来考。劳动部门对我们的考核是这样的：你考出了多少人，算多少人的补助给你，他不来考我们是拿不到补助的，他出了 285 块钱，上了我们所有一系列的课，相当于我们的投入是白费的。国家这个优惠 80% 的政策，还有很多不合理的地方。比如让学生先付钱，培训合格后再退钱给他，以前也这样做过，但不行，有些学员不愿交，他出来打工一下子拿不出这么多钱来，政策上支持的力度还不是很够。

笔　者：对。总体上支持力度还是不够。但从总体上来看，没有一个方案是十全十美的。

顾老师：比如外来务工人员数控培训，学员要出 500 多元，培训费过高，这种培训学员不会不来考试，因为对他来说不是小数目，他不会去浪费。200 多元的有的就会浪费掉了，下岗人员的培训就更糟了，就交70多元，相当于一个办证的费，很多人都不来考。还有一些人大部分课上完了，打电话过来说他找到工作了，不来上课了，而且70元还得退给他。对于我们培训机构来说，投入就大了，所以这里还是有很多问题。

笔　者：管理方面怎样才能更规范一点？

顾老师：我们平时讨论过这个问题，对外来务工人员，要国家支持；对下岗工人，苏州市政府完全可以完善。先去社区交费，社区交给培训机构，最后由社区退。社区和我们是公对公的，统一划账划到专用账户，对培训机构是一个保障。比如我们招了100个下岗工人，最后99人不来考，那我们这些课时费、投入什么的就全白费了，而且也不能怪学员，他们本来就是下岗工人找不到工作，所以才来培训的，但是在培训过程中找到工作了，那他肯定是工作第一，吃饭第一，对他来说是合情合理的，可对于我们培训机构来说就损失惨重。现在还有更矛盾的问题，培训老师不好请，30个人一节课30~40元，他不愿意来；60/70个人，你付他30或40元，我们也觉得过意不去，而且付出的精力是不一样的。请一些好的老师也很难，很多老师白天都有工作，晚上不愿意来。

笔　者：主要是政府宣传之后，报名学员多了。

顾老师：也没办法，培训经费不够。

笔　者：自己一层一层往上申报啊。如果说学员增加了100个人。

顾老师：估计今年政策优惠幅度没有那么大，要缩小。

笔　者：这完全是不合理的，对农民工在职培训完全是不应该的。

顾老师：还有一个问题，农民工培训在机械、数控专业方面完全没有基础，培训出来是浪费，根本不可能从事这个行业的。

笔　者：苏州范围内根据需要做做调查，政府部门要与中小企业加强协调。

顾老师：现在最缺的就是协调。

笔　者：从你的角度来看，农民工培训工作，学校有哪些地方需要改进？有什么建议？

顾老师：外来务工人员办证应指定到指导中心，同时规定每个月几号办证，其它时间不给办，搞得正规一点。或者直接用身份证，录入时，申报系统、录用系统、培训机构客户端同时留存学员信息。学员报名时，把身份证号码一输，能输入的就是没培训过的，不能输入的就是培训过的，完全不需要那么复杂，那个证根本不需要。

笔　者：唯一的要求就是非苏州市本地人。比如说审查一下，你是山东来的，看你是大学生毕业还是农民工，要求他办证，这唯一条件完全是没必要的，身份证一下就看出来了。这说明管理上还是需要沟通，把管理系统理顺了。

顾老师：做外来工培训是不挣钱的，这是政策任务，要完成指标，考虑到社会职能。一个中级电工班，1600 元，按照我们的课时费，这期中级电工班就算23 个人全来上课，最后我们能拿到补助，也可能是亏本的。我们核算过，基本上有25 人左右这个班可以开，低于25 人，就困难了。

笔　者：老师课时费是多少？

顾老师：大概要一万多。

笔　者：上一节课多少钱？

顾老师：中级工是一节课 25 元，一晚 100 元，课时费总计 10000 元，平均一名学员 1600 元，20 名学员总共三万多，课时费就花一万多，基本上是亏本的。还要买一些实习材料，电线之类的，看起来不多，加起来就大了。

笔　者：苏州外来务工人员很多，做这件事情还是很有意义的。对农民工自己，对整个苏州经济的发展、安定来说都是很有意义的。

顾老师：苏州这一块做的还是比较好。

——对中级电工维修培训班顾老师的访谈

以上与两位老师的谈话都表明，经费不足的确是制约农民工培训效果的一大因素。农民工培训的重要意义毋庸置疑，政府应该给予比较充足的经费。如果仅仅把对农民工的培训看做是形式，在实际运作时不能保证培训经费，那肯定不能达到预期的目的。

七、培训场所与实际工作环境差异比较大

农民工培训最主要的目标是传授给学员一项具体工作技能，而技能的训练要求以操作性练习为主，学习环境要与真实的工作环境类似或相同，在这样的环境中习得的技能具有很强的实用性与情境性，所获得的技能立即能够应用于实际工作。在针对农民工培训的调研中，餐厅服务员培训是得月楼酒店（苏州一家知名百年老店——笔者注）自己组织的，由苏州市劳动人事局资助进行培训。培训的地点在酒店里，学员的学习环境与工作环境完全相同，学员非常熟悉这样的环境，即学即用，练习的机会也多，因此，以企业为基地的培训

能够为学员提供最理想的学习环境。计算机操作员培训班是在教室里进行培训，由于工种的特殊性，学习所用的工具主要是计算机，教室的物质环境与办公室的物质环境没有多少实质区别，这样的学习环境基本上能满足学员的需要。中级电工维修培训班也是在学校进行的，理论部分在教室里学习，实训部分在实验室进行。据笔者观察，实验室的设备老化、过时，如"排除机床故障"练习用的还是模拟机床，"接线路"用的线路板也与实际工作中用的不同。教室、实验室的环境与真实工作环境差别也比较大。

学员可以在教室里练习，但回家后就不行了。不少学员都在单位做相应的工作，可以在公司里练习，练习的条件还是有的。如果目前没有在工作，那就没有课余练习的机会。

——2009 年 12 月 13 号上午对中级电工维修培训班的观察

地点：阊胥路苏州技术师范学院电工实验室(二)

由此可知，工种的培训环境与实际工作环境在一定程度上不一样，培训的环境可以说是模拟的实习场，学员习得的技能需要经过一定的转化才能在实际工作中应用。从总体上看，学习环境基本上能够满足培训的需要，环境中不存在阻碍学习的严重缺陷。其中，基于企业的培训为学员提供了最优质的环境，在学校教室里进行的培训，其环境在某些方面还有改进的空间。

第二节　农民工培训中学习环境的理论分析

学习环境对学习效果的重要性不言而喻，农民工培训的效果无疑也要受到学习环境的重要影响。在上一节内容里，笔者从经验层面上概括了影响农民工培训效果的各种因素。然而，仅仅从经验的角度去认识农民工培训的学习环境是不够的，要构建合乎需要的学习环境，还必须从理论上对农民工培训的学习环境进行分析。当前对学习环境的研究主要集中在对学校中学生的学习环境的研究，虽然也有对职业学校学生的学习环境的研究，但不够深入，对于日常生活情境下的学习环境研究得比较少，对培训这种形式的学习环境的研究更难寻觅。以下，就对农民工培训的学习环境作简单讨论。

一、什么是学习环境

(一) 学习环境的定义

目前，研究者对于学习环境的定义还存在一些分歧，在此援引部分代表性定义，以便对其作简单的分析。

(1) 学习环境是一种支持学习者进行建构性学习的各种学习资源(不仅

仅是信息资源)的组合。其中学习资源不仅包括信息资源、认知工具、人类教师等物理资源,还包括任务情境等软资源①。

(2)学习环境是指学习者可以利用资源生成意义并且解决问题的场所②。

(3)学习环境是学习者共同体一起学习或相互支持的空间,运用信息资源和知识建构工具来解决问题③。

(4)学习环境是一个动态概念,它与动态的学习进程是紧紧联系在一起的,是学习活动展开的过程中赖以持续的情况和条件④。

(5)从广义上说,学习环境是与学习相关的一切因素,它包含的要素可以从两方面来讲,抽象的有学习观念、学习理论等,具体的包括信息、媒体、模式以及人的因素等。⑤

(6)学习环境是学习活动所处的时空。由于学习活动的主体是学生,因而人们也常把学习环境说成学生所处的时空。⑥

以上学习环境的定义大致可以分为"场所说"、"条件说"、"时空说"、"氛围说"、"因素说"五种类别。笔者认为,之所以关注学习环境,是因为它影响或制约着学习的效果。从学习环境的功用角度出发,"场所说"把学习环境看作是学习的场所,"时空说"把学习环境看成是学生学习活动所处的时空,二者本质上是一致的,都没有指明学习环境的作用,而且学习的时空会经常变换,这类定义的操作性也欠缺。"氛围说"认为学习环境是学习过程中信息交流所形成的氛围,包括抽象的观念理论,还包括具体的因素,这一定义涵盖了具体可见的因素之外的影响学习的要素,但有过于宽泛之嫌,而且"氛围"是很难准确把握、清晰界定的,操作性也不强。"条件说"认为学习环境是学习者学习过程中的各种条件,"因素说"认为学习环境是影响主体学习活动与学习效果的一切因素,二者的实质也是相近的。该定义明确指出了学习环境对于学习活动的重要性,为界定、建构学习环境提供了标准,同时不受学习活动发生的时空的限制,包容性较广,而且能够在逻辑上清楚地加以界定,因此是一个较为合理的定义,本书所说的"学习环境"即采用这一定义。换言之,本书认为学习

① 杨开城.建构主义学习环境的设计原则.中国电化教育,2000(4).

② Wilson.(1995). Metaphors for Instruction: Why We Talk About Learning Environments. Educational Technology.

③ Jonassen, D. K. Peck, B. Wilson. (1999). Learning With Technology: A Constructivist Perspective. 1999.

④ 武法提.基于WEB的学习环境设计.电化教育研究,2000(4).

⑤ 熊川武.学习策略论.南昌:江西教育出版社,1997.

⑥ 李文彪,夏兰.城市农民工职业教育的现状、问题及对策.农业参考,2010(6).

环境是由若干个对学习有影响的要素组成的，因此把农民工培训的学习环境分为多个因素，分析讨论它们对于农民工的学习是否有影响，具体有什么样的影响。

（二）学习环境的要素

学习环境是由影响学习效果的要素构成的，然而，根据不同的分类标准，对学习环境包括哪几种要素还存在不同的看法，概括起来，当前主要有以下几种观点：

1. 四要素说

奥利弗和汉纳芬（Oliver & Hannafin）认为，学习环境主要包括四个构成部分：情境、资源、工具和支架。

2. 五要素说

帕金斯（Perkins）认为，所有的学习环境包括传统的课室环境，主要由五个要素构成，即信息库、符号簿、建构工具、任务呈现情境和任务管理者。

3. 学习生态要素说

国内学者陈琦、张建伟试图从生态观的角度予以阐释："学习生态系统是指由学习社群（learning community）及其物理的和虚拟的学习环境构成的自成一体的实体。"他们认为学习生态系统由外部社会文化环境层、学习社群、信息资源、技术和学习活动等要素构成。

4. 六要素说

乔纳森（Jonassen）认为，建构主义的学习环境要素主要由问题、相关案例、信息资源、认知工具、会话与协作和社会背景支持等六个要素构成。

以上对学习环境要素的分类为对思考农民工学习环境包含的要素提供了基础。结合农民工培训的具体情境，笔者认为，农民工培训的学习环境主要包括物理环境、学习信息资源、学习工具、人际协作、外部的社会环境与文化环境支持等五种要素。

二、农民工学习环境的理论基础

要分析、评价农民工培训的学习环境，仅仅确定其要素是不够的，还需要从系统的学习理论观点的角度对之进行剖析。农民工的培训与在校学生的学习不同，无论是学习的目的与目标，还是学习的内容、学习动机、学习方法等方面都存在明显的差异，因此，适用于在校学生学习的理论基础并不一定适用于农民工的培训。笔者认为，从情境学习理论、认知学徒制理论、学习型组织理论和自主学习理论等学习理论的角度出发，可以更深刻地分析、认识农民工培训中的学习环境，以下就对这几种学习理论流派的观点作简要阐述：

1. 情境学习理论

在传统的观念中，特别是在学校教育中，知识被认为是能够脱离具体情境的、自给自足的实体，就像能打包的(package-able)东西一样由教育者传递给学习者。学习者与现实环境、知与行相分离，学校关注的是抽象的、简化的和去情境化的概念(Brown, Collins & Duguid, 1989)，而这些概念无法迁移到具体的相关情境中去。20 世纪 80 年代末，一些研究者开始对学习者与情境、知与行相分离的观点进行了挑战。布朗(Brown, 1989)等人认为知识是情境性的、境脉性的，在根本上受它所应用的活动、环境、以及文化的影响。“情境学习的模式正是建立在这一观念基础上的，它的关键性的成分有：事件、反思、认知学徒制、合作、演示(教练)、多样化的实践、叙述学习技能、技术。①”应当指出，这主要是针对学校中的学习提出的。随着对情境学习理论与实践研究的不断深入，情境学习理论研究取得了巨大的进展，不仅表现在教育心理学的研究中，也表现在人类学等有关研究中。在人类学研究领域中，人类学家们不再囿于教育心理学领域、学校以及课堂来解读学习，而是扩展视野，真正关注人在各类真实“情境”中的学习。基于这种研究取向的转变，人类学领域中逐渐分化形成的实践人类学学派整合了其他领域的学说，从人的日常活动与实践中，从与人相依的、真实、复杂的情境中，探讨人类学习的情境性本质。当代西方学者威廉姆. J. 克兰西(Clancey, W. J.)在其论文《情境学习指南》(A tutoral on Situated Learning)中认为，情境学习(situated learning)不仅仅是一种使教学必须“情境化”或“与情境密切相关”的建议；情境学习理论是有关人类知识本质的一种理论，它是研究人类知识如何在活动过程中发展的，特别是人们如何去创造和解释他们正在做什么的表征②。在他看来，知识不是一件事情或一组表征，也不是事实和规则的集合，知识是一种动态的建构与组织，正如我们想象着什么事情要发生在我们身上，我们要谈什么和做什么一样，我们的行为建立在我们作为一个社会成员的角色之上；知识还应该是人类协调一系列行为的能力，去适应动态变化发展的环境的能力。我们在社会情境中对我们的各种活动进行构想，进而控制我们的思维。所以，当我们从人类学的视角去探讨知识的本质时，对知识本质的理解发生了巨大的变化，知识是基于社会情境的一种活动；知识是个体与环境交互作用过程中建构的一种交互状态；知识是一种人类协调一系列行为、去适应动态变化发展的环境的能力。情境学习理论的知识观强调个体参与到社会情境中并在该情境中进行协商；强调知识具有社

---

① 马思援. 教育，为农民工进城铺路. 中国青年报，2004(3).

② 陈凤. 农民工在融入城市过程中的问题分析. 宜宾学院学报，2006(9).

会性、情境性，把知识视为个人和社会情境之间联系的属性及互动的产物。

基于上述的知识观，情境理论认为："学习的实质是个体参与实践，与他人、环境等相互作用的过程，是形成参与实践活动的能力、提高社会化水平的过程。"①具体而言，情境学习理论认为有效的学习应具有以下特征：

（1）真实性：强调学习发生在真实的事件中，与真实事件相依。

（2）实践性：强调学习者必须积极从事实践活动，而不只是听课本或教师总结的他人的经验或发现。有效的学习是在真实的工作或生活情境中发生的学习，并且学习的是能够即时应用的东西。

（3）探究性：强调必须赋予学习者探究的权利，即获得置身于真实困境的权利和行使在真实困境中寻找解决方法的权力。

（4）指导性：强调对学习者的思维技能所提供的支持与指导。

（5）反思性：强调为学习者提供反思的机会，来思考他们在做什么、为什么做，甚至于收集证据来评价他们的行动功效，对经验的事后反思提供了纠正错误概念和补充理解不足之处的机会。

（6）协商性：强调意义的形成是一个持续协商的过程，协商和理解的质量和深度只能在社会环境中决定。

（7）激励性：强调为学生创设具有激励性的情境脉络，必须以能挑战和吸引学习者的方式，将学习者引入问题的情境脉络及其相关事项中。

（8）主动性：强调引发学习者的学习动机，提供多元的学习资源与管道。

2. 认知学徒制理论

认知学徒制理论是一种基于情境的有效学习模式，"所谓认知学徒制（Cognitive Apprenticeship），是一种从改造学校教育中的主要问题出发，将传统学徒制方法中的核心技术与学校教育整合起来的新型教学模式。（国家统计局，2010）"在这种学习模式之中，知识的学习与运用之间是互通的，即通常所说的"知什么"（know what）和"知怎样"（know how）之间并不是割裂的，知识在活动中得到开发和发展，并且不脱离或附属于学习与认知，活动是所学知识整体的一部分。它既保留了传统学徒制的优势，又吸收了学校教育的精华。在解决实际问题中学习的时候，为了获得比较高的效率，促进学习者更好地学习，往往都会有指导者对学习者的学习进行指导。在认知学徒制的指导下能够使员工更好更快地掌握知识技能。那么，认知学徒制的过程与方法是怎样的呢？"认知学徒制的教学方法主要有六种：建模、指导、脚手架的搭建与拆

① 戴建春. 影响农民工收入增长的主观因素探思. 吉林农业科技学院学报，2009(18).

除、清晰表达、反思和探究。[①]”具体阐述如下：

（1）建模（Model）：这一步骤是展现专家完成某个任务的过程，并解释理由。建模的目标是建构专家认知过程的心智模型，将其内在的认知过程和活动外显出来。专家的心智模式对员工解决问题提供参考借鉴价值，能够提高问题解决的有效性，从而提高学习的效率，所以，在农民工的学习中，专家的问题解决方式和思维方法的的存在是有价值的。

（2）指导（Coach）：在学习者执行任务时，指导者通过观察的方式进行指导，包括观察学生执行任务的过程，为学生提供暗示、搭建脚手架、提供反馈、建立模型、修正和提出新的任务等，以使学生的学习方式更接近专家的方式。在农民工的培训中，学员在解决问题的过程中，观察指导者解决问题的过程，通过观察学习，自己解决问题时，如果发现还是有不明白的地方，可以向指导者提问；有时指导者也会观察学习者如何解决问题，并就他们的学习情况提出反馈。

（3）脚手架的搭建与拆除（Scaffold and fade）：在学习者完成任务时指导者提供支撑，如建议、帮助、提供暗示等。脚手架的重要功能是帮助学生顺利穿越“最近发展区”。随着学生能力增强，指导者应把更多的责任和控制权交还给学习者，减弱对学习者的支撑，逐渐去除脚手架。这是针对在校学生的学习而言的，在农民工培训的学习环境中，学员在遇到自己不能解决的问题时，通常会求助于老师或同伴。为了达到学习目标，老师或同伴会提出一些建议、帮助等，来辅助学员顺利解决问题。当学习者学会自己解决问题之后，指导者就可以放手，让学员自己来处理类似的问题。

（4）清晰表达（Articulation）：这是指学生运用一定的策略描述他们的思维过程，即将他们的知识、推理或问题求解过程清晰地表述出来，如讨论、示范、陈述和学习作品的交流等。这一学习方法能够加深对知识技能的掌握，并且能够吸收别人的优点为我所用。在农民工的培训中，学员表达的方式不同于在校学生，但仍然是存在表达的。学员集合到一起，通过讨论、示范等方式，把他们的知识、技能和问题解决过程清晰地描述出来。首先，这不仅能够加深描述者对于该知识、技能或问题解决过程的理解；而且通过交流讨论，还能够吸收别人的好的建议；同时能够让不了解这种知识、技能或问题解决过程的人有所了解。

（5）反思（Reflection）：学生将自己的思维和问题求解过程与专家、其他学

---

① 黄瑞玲，安二中，曹伟. 城市农民工就业生存状况实证研究——基于江苏沿江 8 市 1 516 位农民工的调查与分析. 经济问题探索，2010（8）.

生和某专业的内在认知模式进行比较,以修正或启示自己的问题求解和任务完成过程。反思对于学习有着非常重要的作用,对农民工的学习也应该有促进作用。

(6) 探究(Inquiry):学生运用与专家问题求解相似的程序或步骤来检验所提出的假设、方法和策略。科学的研究方法和专家的问题解决模式无疑对于问题的解决起着很重要的作用。农民工的学习是否存在探究呢? 据笔者观察,在少数情况下探究活动是存在的,但不普遍,而且属于浅层次的探究。探究活动在农民工的学习中还应该加强。

概言之,认知学徒制中的学习是处于一种与专家真实实践相似的情景中的学习,它有利于学习者检索和迁移所学的知识,有利于促使学习者掌握知识与技能。在农民工的培训中,认知学徒制理论也是一种有价值的指导性理论。

3. 学习型组织理论

个人的学习不是在真空中进行的,人的学习具有社会属性。当代学习理论认为,与他人的交往是有效学习必备的条件,个人的学习深受其所在的组织或团体的制约。因此,学习型组织是探究农民工学习成效应该提及的一个理论基础。所谓学习型组织,是指一个能熟练地创造、获取和传递知识的组织,同时也要善于修正自身的行为,以适应新的知识和见解。目前对学习型组织理论的阐述比较公认的是彼得·圣吉的学习型组织的"五项修炼",其主要内容有"自我超越"、"改善心智模式"、"建立共同愿景"、"团队学习"和"系统思考",试图通过这些具体的修炼办法来提升"群体智力"。它涉及个人和组织心智模式的转变,并深入到哲学的方法论层次,强调以企业全员学习与创新精神为目标,在共同愿景下进行长期而终身的团队学习。以下具体阐述这五种建立学习型组织需要的方法:

(1) 通过"自我超越"激发持续的学习态度:所谓"自我超越",就是指突破极限的自我实现,或是技巧的精熟。"自我超越的精义便是学习如何在生命中产生和延续创造性张力。"①"自我超越"是个人成长的学习修炼,它虽然以提高个人才能为基础,却有着超乎目标的更高意义,它不是一个美好的构想,而是需要把愿景作为召唤及驱使人们向前的使命。它以精神成长为主要的发展方向,却又不局限于精神层面。自我超越的人永不停止地学习,他们对生命的态度就如同艺术家对艺术作品那样,全身心的投入,不断创造和超越,这是一种真正的终身学习。要实现组织和个人的自我超越,必须使组织成员从契约的关系中解放出来,即从工具性的工作观转变成注重精神层面的工作观,建

① 刘传江,程建林.第二代农民工市民化:现状分析与进程测度.人口研究,2008(32).

立组织间的盟约关系，组织成员和组织的关系不是相互利用而是相互帮助，使每个成员的潜力得以充分地展现。

（2）改善“心智模式”：“心智模式”这个名词最早是由苏格兰的心理学家科雷克(Kenne Craik)于1940年提出来的。它是认知心理学的一个概念，指人们长期于记忆中隐含着的关于世界的心灵地图，是植根于我们心灵之中的，关于我们自己、别人、组织以及世界各个层面的各种图像、假设和故事，是指人们的思想方法、思维习惯、思维风格和心理素质的反应，它是人们在长期的生活中的经历的积累，包括社会道德伦理观、世界观、人生观、社会阅历和历史传统等，这些长期的积累导致不同的心智模式深深地植根于内心深处。

人们总是通过“心智模式”来看世界，对于世界的认识情况就很大程度上与一个人的心智模式有关。学会如何将我们的心智模式摊开，并加以检视和改善，有助于改变心中对于周遭世界如何运作的既有认知，对于建立学习型组织而言，这是一项重大的突破。“心智模式”的问题不在于它的对或者错，而在于它经常是隐藏在人们心中不易被察觉或检视。要改善“心智模式”，第一步是要察觉它的存在，清楚地认识到自己对于某一情况的认识。通过检视自己的“心智模式”，并在此基础上，群体之中互相交流、互相影响，凝聚团体的“心智模式”，就能引发更大的动力，积累更多的知识。仅仅是停留在凝聚团体的“心智模式”也是不够的，因为众人的对于世界的认识虽然更加可能接近事物的真相，但是归根到底还是要通过实践行动来获得检验和更新认识的。在行动中反思，可以更加深入地剖析自己，使自己的“心智模式”更加完善，更加接近真实的情况。领导者经过不断改善本身的“心智模式”，不断适应社会的发展，就能不断提高对于他人的“心智模式”的贡献，提升管理的能力。普通的员工如果能不断使自己的“心智模式”与社会、环境相适应，可以更加有效地进行工作和学习。

（3）建立组织的共同愿景：“共同愿景”是团体中成员都真心追求的愿景，它反映出个人愿景。”“它是人们心中一股令人深受鼓舞和感召的力量。”①这种力量在开始的时候可能只是由一个想法所激发，而一旦发展成感召人群的支持时，就不再是一个抽象的东西，人们就把它看成具体的存在了。共同愿景是建立在个人愿景之上的，是人人衷心向往的愿景。如果愿景只是领导或是高层管理者提出的，而没有被广大群众所接受，或是相当数量的人对这个愿景持怀疑的态度，不予以认同并认为自己不能分享这个愿景，那么就很难使人们激发起为这个愿景努力的热情和创造力。个人愿景的力量来自于一个人对愿景

① 刘电芝，马前广，杨会会.农民工社会认知状况的调查研究.心理科学，2008(31).

的深度关切,共同愿景的力量也往往来自于组织成员的共同关切。

(4)“团队学习”:“团队学习”是一种基本的集体修炼,能把潜在的团体智慧变成实在的团体智慧。团体是最佳的学习单位,团队学习要建立在“共同愿景”和“自我超越”两项修炼之上。要使众多的智慧转化为团体的力量,大前提是“整体搭配”,企业如果具有目的性和一致性的共同愿景,能汇聚出共同的方向,就能发挥整体运作的功能,使团体减少抵消和磨损力量,形成团队共鸣和团队综合效应。在企业的团队学习过程中,当需要深思复杂议题时,团体必须学会如何萃取高于个人治理的集体治理;团队学习不仅需要有创新性,还需要协调一致的行动;不可以忽视企业团体的每个成员在其他团体中所扮演的角色和影响。这样才能真正发挥团队学习的优势。

企业中的团队学习较之员工个体学习的优势主要有三个:第一,“团队学习”使团体智商大大高于个人智商,从而解决个人无法解决的问题,它不但可以帮助企业团体成员形成良好的整体,减少相互的消耗和磨损,还可以形成团体知识共享,产生新的组合,使团体智慧超过个人智慧的总和,对复杂的问题做到比个人更有洞察力。对于企业这个特殊的团体来说也是如此,形成团体学习的职场学习环境,形成良好的氛围,能够发挥团体智力的优势,解决一些员工个人无法解决的问题。第二,“团队学习”可以促进团体的创造性和协调一致的行动。有效的“团队学习”能指导有效的决策与行为。如果能够形成“团队学习”的学习环境,就可以形成“向上发展型”的高层共识,产生团体共享的新的知识、新的智慧,以及富有改革和创造性的新策略、新政策,同时化共识为行动,达到动作上的默契。第三,“团队学习”可以将学习成果扩散到其他团队中去。一个企业里可以包含很多团队,企业中单个团队的学习成果(特别是高层的团队学习成果)可以推广和扩散到其他众多的团队中去,并通过传播团体学习的方法和技巧,不断改善和培养更多的学习型团队,从而逐步形成学习型企业。

(5)系统思考:系统思考就是要站在全局的、历史的、发展的高度,用全面、协调、可持续和统筹兼顾的方法,对问题进行全面准确的分析和把握。系统思考是“看见整体”的一项修炼。它是一个架构,能让我们看见相互关联而非单一的事件,看见渐渐变化的形态而非瞬间即逝的一幕,可以使我们敏锐察觉属于整体的微妙“搭配”。系统思考所要训练的正是一种“整体、动态、本质”的搭配能力。首先,要整体地思考问题,从整体上做出符合客观实际的判断和结论。二是要动态地思考,要认识到变是绝对的,不变是相对的。三是要思考本质,本质是事物的根本的内在联系。本质常常被假象所掩盖,只有拨开迷雾才能见到太阳。因此要抓住事物的本质,必须做好拨云驱雾的工作,即透过现象看本质。换言之,在组织学习中,应透过信息搜集,掌握事件的全貌,以避免见树不见林,培养综观全局的思考能力,看清楚问题的本质,有助于清楚了解因果关系。系统思考是建立学习型组织最关键的一种方法。

4. 自主学习理论

农民工的培训属于成年人的学习,他们的学习动机也比较强烈,与在校学生相比,其学习更加积极主动,因此,自主学习理论也可以用来解释农民工学习的一些现象。所谓自主性,就是自己负责自我学习的能力,或者说是一种情境,在这种情境中学习者能够完全自我主导有关学习的各项任务以及实施这些任务的所有决定。当前对自主学习理论的立场和所下的定义还存在一些分歧,对自主学习的特征描述也存在差异,但是,它们也存在共同的特点,即自主性学习的关键是研究学习者的自主性。一个完全自主型的学习者具有完美而非现实的特点,他指出学习者的自主程度和潜能取决于诸如性格、目标、文化背景等因素。

自主学习理论虽然强调的是学习者的自主性,但是学习者自主性的发挥也会与他们所处的学习环境有着很大的关系。自主学习的环境可分为两类:控制环境和非控制环境。前者指课堂、图书馆等,在这些地方自主学习的资料与教学活动是以有组织的方式进行的,这些环境提供咨询服务,并鼓励或以硬性手段促使自主学习者写笔记、上交自主学习报告并参与评估。而非控制环境因其不是教师和顾问所能控制而得名。非控制环境包括公共环境,如机场、互联网;半私人化环境,如学生俱乐部、学生住地;私人环境,主要指学习者自己的住所。最大限度地利用非控制环境就是将其与控制环境相结合,在两者交替作用下促进自主学习任务的完成。自主学习的环境影响要素如下表所示①,如表7.1:

表7.1 自主学习的主要影响要素

资源	学习材料,真实材料,活动,接触真实语言习得者,接触其他语言习得者
人	教师职责:信息提供者,咨询者,真实语言使用者,管理者,材料编辑者,评估者,组织者 学习者责任:计划者,组织者,实施者,思考者 其他学习者的责任:伙伴,同等评估者
管理	组织,监督学习体系,协同管理,制定决定

表7.1是针对学校学习环境中的自主学习提出的,在农民工培训的学习

① 刘奉越.农民工培训的障碍因素及对策分析.成人教育,2009.

环境中,也会存在很多的因素影响学习者的自主学习。农民工培训的环境中也会有学习材料、真实或接近真实的工作情境、解决问题的学习活动、指导者、同伴学习者、领导的组织管理,等等,这些因素也可能会影响到学员自主学习的发生和具体的自主学习的情况。

三、农民工学习环境的要素与特点分析

以上对学习环境的概念以及有关理论的讨论都是针对在校学生的学习的,而农民工的培训不同于学生的学习,农民工与学生有很大差别,不能把学习环境的要素直接应用于农民工培训的学习环境要素的研究,应该结合农民工培训的特点,对学习环境的要素分类进行修正,从而得到有意义的农民工学习环境的要素。另外,仅仅调查农民工培训中实际存在的环境影响要素,也难以达到提高农民工培训成效的目的,必须从理论角度来探讨农民工培训环境中的必然要素。

1. 农民工学习环境的要素分析

(1) 学习时间:在校学生是全职学习者,可以把所有的时间都投入到学习中,而农民工不行。农民工首要的任务是生存,是工作、挣钱,只有在工作之余才有时间接受培训。农民工的工作时间常常很长,工作也比较辛苦,消耗大,因此,他们常常缺少足够的时间与精力投入到学习中,这是影响农民工培训效果的首要因素。

(2) 培训地点:当前农民工的培训采取的是集中培训的方式,培训地点一般是在职业培训中心或职业学校。学员的住宿地点有时距离培训处很远,需要赶很长的路来听课。培训地点的分布也是影响农民工学习的因素之一。

(3) 家庭的支持:一些农民工已经建立了家庭,他们必须获得家人的支持才能安心学习。如果家里有孩子需要照顾,或家人不认可培训的价值,他们的学习无疑会受到影响。在校学生的学习会得到父母的全力支持,他们没有后顾之忧。

(4) 社会的支持:农民工的学习与发展很容易被忽视。如前所述,农民工培训的经费不足,企业对农民工获得的培训证书的认可度也不一致。从长远看,社会的支持力度肯定会制约农民工培训的健康发展。

(5) 教学的硬件条件:农民工培训主要是技能的训练,实训条件对技能的获得与养成具有至关重要的影响。如果没有必备的仪器设备,或者仪器设备严重老化,就会影响农民工技能的学习。同时,理论知识的学习也需要具备一定的硬件条件。

(6) 教师的辅导:技能学习与书本知识的掌握不同,它常常需要教师的示范、一对一地辅导,教学的细致性与个性化要求比较高。换言之,认知学徒制是农民工培训有效的教学形式。如果教师不给予切近的辅导,农民工的学习将受到影响。另外,在态度、职业道德等方面,教师的以身作则也会对农民工学员产生潜移默化的影响。

（7）培训单位的教学管理：虽然农民工已经是成人,但由于各种客观条件的限制,他们的学习也需要监督。健全的管理制度以及制度的有效执行也是影响农民工培训效果的外部条件之一。

（8）合作学习：在校学生的学习一般是单独进行的,学生之间并无实质性的合作。然而,在实际工作中大部分都需要员工的合作才能完成,员工的合作能力与态度非常重要。农民工的培训直接指向实际工作,是否培养其学会合作学习也会影响最终的学习结果。

（9）培训的工种:学生的学习以书本上的理论知识为主,而农民工的培训以获得具体的工作技能为目标。工作是千差万别的,培训的工种也比较多。不同的工作需要性质不同的技能以及专业知识,这些技能之间的差异非常显著,也是影响农民工培训的重要因素之一。

（10）培训环境的情境与工作情境的相似度：农民工在培训中获得的技能是否有效,最终是要经过在实际工作中应用的检验。有的培训在工作场所进行,工作环境与学习环境一致,学员获得的技能可以直接在工作中使用。而有的培训是在教室或实训场地进行,学习环境只是简单模拟的工作环境,与真实的工作环境存在较大差异。学员在这种环境获得的技能,还需要向工作环境的迁移过程。学员必须经过一定的转化才能在工作中使用所获得的技能与知识。因此,学习环境与工作环境的相似度也是影响农民工培训效果的因素之一。

2. 农民工学习环境的特点分析

农民工培训的主要任务是让他们掌握一项实用的工作技能,从而帮助他们找到工作。农民工所学习的技能一般并不复杂,但是必须实用,最好能够直接应用在相应的工作中。对农民工培训而言,理论知识的学习不是重点。结合对农民工培训的实际环境的调查,以及有关学习环境的理论,农民工的学习环境应具有以下几点不同于学生学习环境的特点：

（1）农民工的培训对仪器设备的要求比较高:技能的训练与掌握和书本知识不同,其重点不在于理解,而在于练习,因此,农民工的培训应具备必要的、合适的仪器设备。

（2）要求学员充分发挥学习的主动性:农民工要在繁忙的工作之余参加培训,而且培训单位的考核并不严格,这就要求学员具有高度的学习自觉性,能够自主学习,否则不可能达到培训的目的。

（3）农民工的培训要求学习环境尽可能接近真实的工作环境，这一点能够保证学员学到工作中实用的技能。

（4）农民工培训对教师的教学与辅导要求较高：认知学徒制是农民工培训中有效的教学方式，这要求教师不仅要善于讲授，还要具备熟练的操作技能，能够给学员演示并提供操作方面的指导。

（5）农民工的培训要求应尽可能实施团队学习：由于现在的工作很少是由单个员工完成，要使农民工适应团队工作的需要，在培训中就应该尽可能采用小组学习的方式，让学员对组织学习或团队学习有初步的切身体验。虽然当前的农民工培训基本上还是以学员个体的孤立学习为主，但团队学习应是农民工培训发展的方向。

（6）农民工培训的学习环境具有很大的复杂性、多样性，不同工种的培训对学习环境的要求不同，不能一概而论。一般来说，在企业中进行的培训，其学习环境优于在学校中进行的培训。

第三节　优化农民工学习环境的可行策略

农民工的培训是短期的，培训内容是单项的、不太复杂的工作技能，这与学生在学校里长期接受教育具有本质的不同。总体上看，农民工的学习环境基本上能够为完成培训任务提供必需的条件，但从上述的调查分析可知，农民工的学习环境还存在诸多不足，结合学习环境的理论基础，更可以清楚地看到农民工的学习环境需要改进的地方。还应该注意的是，学习环境是一个复杂的、包括多种因素的系统，探讨优化农民工培训的环境必须采用系统思维的路径，否则很容易难以触及核心的问题，致使策略不能奏效。基于这样的考虑，笔者认为，改善农民工的学习环境可以采取下述几项可行策略：

一、政府牵头组织和管理，全社会重视、参与

在当前我国城乡二元分离的社会结构中，农民工是一个被严重边缘化的阶层，游离于政府及社会的管理之外，应有的权益得不到保障。农民工的培训被认为是政府给予他们的施舍，是对农民工的恩惠。而事实是，农民工也是我国公民，他们为城市的建设与发展付出了很多，他们理应享有发展的权利、受教育的权利。城市居民、特别是农民工流入地的地方政府要改变观念，确认并接受培训是农民工应有的权利，不是别人给予的施舍。政府不能把农民工的培训仅仅看作是政治任务，应切实加大投入，保证农民工培训能够得到较为充裕的经费，从而为提高培训质量奠定基础。农民工流入地的地方政府也有责任在农民工培训方面有所作为，对农民工培训应划拨配套经费。现在很多城市的地方政府只对下岗失业人员的培训提供经费，对农民工的培训则不予支持，这是对农民工的歧视。农民工的户籍虽然不在流入地，但是，他们生活、工作在城市里，对城市的发展有自己的贡献，城市政府有义务对他们进行管理、提供支持，其中就包括对他们的教育与培训。政府应完善农民工培训的组织与管理，加强对培训机构的审查力度，还应适当改变目前的培训拨款方式。现在的拨款是以农民工获得的证书为标准，以农民工学员通过考核、获得证书的数量作为核拨经费的唯一依据。如前所述，一些农民工参加了部分培训，最后却没有参加考核，培训单位就拿不到经费，这样会挫伤培训单位的积极性。培训单位与考核单位还会放宽考核的标准，以提高考核的通过率，但实际上拿到证书的学员不一定掌握了相应的技能。因此，不能以农民工学员是否通过考核、拿到了证书作为唯一的下拨经费的标准，在考核时要注重培训过程的监控，还可以参考用人单位的评价，在挑选培训机构时引入竞争机制，优胜劣汰，以提高农民工培训经费的使用效率。同时，应该以多个标准作为核拨经费的依据，不能把经费仅仅与考核通过率挂钩。政府还可以通过舆论宣传等手段，着力营造有利于农民工培训的社会氛围，调动全社会的力量关注农民工的培训与发展，特别是要创造条件，让用人单位、企业参与到农民工的培训之中。

二、发挥企业培训的主体作用

尽可能改变以学校为主的培训模式，发挥企业在培训中的主体作用，推广实施基于企业的培训。

由调查可知，当前农民工的培训主要是依托职业学校或职业培训中心等机构，培训模式与学校里的教学模式几乎一样。对于具有特定需要的、短期的农民工培训而言，这种模式不一定是最优的。在笔者的调查中，也有少数在企业里进行的农民工培训，其效果明显要优于基于学校的培训。与依托学校的培训相比，基于企业的培训具有得天独厚的优势，这主要表现在以下几方面：

1. 能够优化农民工培训的时空条件

培训点设在企业里，能够免除本企业以及附近企业的农民工学员的路途劳顿之苦，节约大量的时间与精力。同时，培训的时间也可以灵活掌握，能够充分利用工作之余的时间来学习。生产、培训两者兼顾，同时农民工的培训还可以与企业的内训结合起来，强化培训的针对性，加大培训对企业生产的贡献，这样，既让农民工学员学习到了实用有效的知识技能，又能够减少来自企业的对农民工培训的阻力。

2. 能够提供真实的学习环境，有利于技能或知识的直接应用

根据情境学习理论，学习情境越是与实际工作情境一致，所获得的知识、掌握的技能越有效，越能够直接使用。在企业里培训，学习环境就是工作环

境，实现了学习情境与工作情境的无缝对接，学员既能学到实用的知识技能，又能降低学习的难度。因此，在企业里的培训更能够提高农民工学习的效率。

3. 有利于实施团队学习

依据学习型组织的理论，组织学习与个人学习不可分割，组织的学习会制约个人学习，团队学习是当今时代一种重要的学习方式。企业在这方面具有优势，学员在企业里接受培训，教师可以改变呈现教学任务的方式，让学员面对真实的工作问题，让他们分组学习，由此能够大大强化团队学习。

4. 能够提供优质的师资

由认知学徒制理论可知，教师的示范、亲切的辅导对于提高农民工培训的效果非常重要。企业里都有一些实践经验丰富、操作能力强的技术骨干，他们完全有能力担任农民工培训的教师。当前职业学校担任培训绝大部分是本校教师，企业里的技术能手几乎没有，这很可能导致农民工学员的技能训练不足。由此，在企业里进行农民工的培训有利于优化教师队伍，真正实施认知学徒制的教学方式。培训教师应以企业里高水平的技术能手为主，理论课教师可以聘请职业学校的教师担任，这样的教师队伍构成更能够满足农民工培训的需要。

尽管基于企业的培训在学习环境方面明显优于基于学校的培训，但是，当前企业作为主体参与农民工培训的现象还很少，大部分农民工都是自发地参加培训，即参加培训是农民工学员的个体行为。造成这种情况的主要原因是企业不乐意承担农民工培训的任务，而实际上企业对员工的培训又有真实的需要。对于雇佣较多农民工的企业而言，这种需要更强烈，因为农民工往往需要经过培训才能获得基本的工作技能。这就需要政府改进农民工培训的组织与管理，使农民工的培训面向企业开放，同时促进培训更切合企业的需要，制订规章制度，对企业里的农民工培训进行规范管理，大幅度提高企业在农民工培训中的参与度。政府还应该帮助企业解决农民工培训中的一些难题，解除他们的后顾之忧。现在企业面临的最大困难是农民工的流动性太大。企业对本企业的农民工员工进行了培训，却没有有效的办法约束农民工员工的流动。如果农民工员工接受了培训之后离开了企业，企业的投入就白白损失了。解决这一问题不能单靠企业，政府可以对企业培训在这方面的损失进行规范补偿，保护企业的积极性。当然，企业自身也要改变观念，招募或留住员工不能仅仅依靠硬性约束，实际上，企业一方面要重视培训对提高生产效率的作用，另一方面可以把培训作为培养农民工员工对企业忠诚度的措施之一，在农民工的培训上消除短视行为。企业应该适当缩减农民工学员的工作时间，给予他们必要的学习时间，让他们安心参加培训；企业还可以提供必要的仪器设备，方便学员的练习，为他们的自主学习提供空间。在政府与企业的双重努力下，企业参与农民工培训会遇到的一些困难能够得到有效解决，企业更加积极参与农民工的培训，这对改善农民工培训的学习环境非常有利。

三、努力提高证书的含金量

农民工参加培训的目的是掌握一项具体工作技能，从而能够找到工作，进而提高薪水或升迁。证书是农民工获得技能的标志和证明，如果证书能够给农民工带来这样的效果，他们就会积极参加培训，在培训中保持高昂的学习热情，他们的家人也会很支持他们的学习活动。如果证书仅仅是学校或发证机构认可的证明，在劳动力市场上价值不大，无疑就会挫伤农民工的学习热情。由于受目前核拨培训经费的方式以及认为农民工培训的标准不必太严格的观念的影响，现在的农民工培训考核通过率很高，基本上参加考核的学员都能够通过并得到证书。然而一些农民工学员只是大略掌握了简单的工作技能，还相当不熟练，其工作技能没有达到证书所标志的水平，证书的含金量大打折扣，在劳动力市场上的价值也不能得以确定。企业是以实际的工作能力来衡量员工的表现的，持有证书、工作能力强的学员自然会得到企业的认可，而那些只有证书、却不能胜任工作的学员就会被企业淘汰。因此，培训机构与发证机关应严格考核，杜绝滥发证书的现象；同时要把总结性评价与形成性评价结合使用，注重对培训过程的监督，从源头上提高农民工培训的质量。另外，负责组织培训的政府部门还应加强与行业协会合作，强化企业对农民工所获得的证书的认可度，并采取合适的激励措施，比如提高获得证书的农民工的薪水，或给予他们更多的发展机会，这样可以激发、保持农民工学员的学习热情，并获得他们的家人对培训的支持。总之，提高证书的含金量也是改进农民工培训的学习环境的一条有效路径。

参考文献

1. ［美］彼得·圣吉. 第五项修炼——学习型组织的艺术与实务. 上海:上海三联书店,2002.

2. ［美］伯纳德·韦纳,孙煜明译. 人类动机:比喻、理论和研究. 杭州:浙江教育出版社,1999.

3. 陈凤. 农民工在融入城市过程中的问题分析. 宜宾学院学报,2006(9).

4. 陈丽. 远程教育学基础［M］. 北京:高等教育出版社,2004.

5. 陈丽金,周斌. 高职院校专业课教师胜任力现状及影响因素分析. 今日南国,2010(3).

6. 崔铭香. 我国成人高教"普教化"问题的反思与改革. 硕士论文. 曲阜师范大学,2004.

7. 崔铭香. 青年农民工的生存境遇与学习行为研究. 博士论文. 华东师范大学,2010.

8. 戴建春. 影响农民工收入增长的主观因素探思. 吉林农业科技学院学报,2009(18).

9. 单贵宽. 提高企业培训教师素质重在脚踏实地. 石油教育,2006(5).

10. 邓晓丽. 我国农民工教育培训问题研究. 硕士学位论文. 四川师范大学,2007.

11. 范伟. 近年来企业培训模式的研究述评. 职教通讯,2010(7).

12. 高文. 教学模式论. 上海:上海教育出版社,2002.

13. 高文书. 进城农民工职业培训亟待加强. 时代经贸,2010(8).

14. 国家统计局. 2009 年农民工监测调查报告. 中经在线,2010(3).

15. 何克抗,郑永柏,谢幼如. 教学系统设计. 北京:北京师范大学出版社,2002.

16. 黄瑞玲,安二中,曹伟. 城市农民工就业生存状况实证研究——基于江苏沿江 8 市 1516 位农民工的调查与分析. 经济问题探索,2010(8).

17. 黄雪琼. 高等职业院校教师胜任力发展研究. 继续教育研究,2009(9).

18. 霍玉文. 英国农业教育之特点及启示. 中国农业教育,2005(3).

19. 姜太源. 从数字看德国"双元制"职业教育. 教育与职业,1993(10).

20. 李斌,张琦. 认知学徒制教学模式. 江西教育科研. 2006(12).

21. 李洪玉,何一粟. 学习动力. 武汉:湖北教育出版社,1999.

22. 李森. 现代教学论纲要. 北京:人民教育出版社,2005.

23. 李文彪,夏兰. 城市农民工职业教育的现状、问题及对策. 农业参考,2010(6).

24. 林凤章. 新生代农民工的困境分析. 内蒙古农业大学学报(社会科学版),2010(12).

25. 刘传江,程建林. 第二代农民工市民化:现状分析与进程测度. 人口研究,2008(32).

26. 刘春惠. 泰勒课程评价模式述评[J]. 北京邮电大学学报,2001(2).

27. 刘电芝,马前广,杨会会. 农民工社会认知状况的调查研究. 心理科学,2008(31).

28. 刘凤英,宋永明,韩玉启. 基于胜任力的高校教师培训体系. 技术经济,2007(9).

29. 刘奉越. 农民工培训的障碍因素及对策分析. 成人教育,2009.

30. 刘平青,姜长云. 我国农民工培训需求调查与思考. 上海经济研究,2005(9).

31. 刘晴,简洁. 农民工职业素养与层级差异的产生. 中国劳动关系学院学报,2008(22).

32. 罗小兰,林崇德. 基于工作情境下的教师胜任力影响因素. 中国教育学刊,2010(2).

33. 罗兆祥,罗帅. 我国农民工群体特征研究. 牡丹江大学学报,2008(17).

34. 马思援. 教育,为农民工进城铺路. 中国青年报,2004(3).

35. 农业部. 2003—2010 年全国新型农民科技培训规划. 2003(3).

36. 彭烨,陆素菊. 关于农民工培训模式的研究综述. 职教通讯,2010(7).

37. 皮连生. 学与教的心理学. 上海:华东师范大学出版社,1997.

38. 任秀华. 企业培训教学设计中学习与绩效的整合. 电化教育研究,2006.

39. 桑新民. 学习究竟是什么——多学科视野中的学习研究论纲. 开放教育研究,2005(1).

40. 涂云海. 基于胜任力的高职院校教师培训体系构建. 职业技术教育,2010

(22).

41. 王斌,陈斌. 职业院校教师胜任力模型构建研究. 消费导刊,2009(12).

42. 王宏奇. 创新培训机制提高农民工就业能力. 职业,2008(3).

43. 王清,王国华. 多媒体学习环境的建构. 中国远程教育,2001(4).

44. 王小和,张艳. 农民工进城就业状况分析与对策探讨[J]. 农村经济,2006(2).

45. 王旭善等. 双师型教师队伍建设. 北京:中国建筑工业出版社,2004.

46. 王一群. 浅析当前农民职业培训中的问题及对策. 益阳职业技术学院学报,2004(2).

47. 王宇. 自主学习理论的研究与应用. 牡丹江教育学院学报,2006(6).

48. 吴贵明. 高职高专教师胜任力的培养. 福建商业高等专科学校学报,2002(2).

49. 吴慧燕. 农民工生存状况及培训政策探析. 职业教育研究,2005(12).

50. 吴漾. 论新生代农民工的特点. 东岳论丛,2009(30).

51. 武法提. 基于 WEB 的学习环境设计. 电化教育研究,2000(4).

52. 夏凌翔. 农民工职业心理与行为的现状分析与政策建议. 华南农业大学学报(社会科学版),2011(11).

53. 辛涛,李雪燕. 教育评价理论与实践的新进展. 清华大学教育研究,2005(6).

54. 新华网. 4.2 亿农村劳动力文化程度初中以下. http://news.xinhuanet.com/mrdx/2005-11/16/content_3788087.htm

55. 熊川武. 学习策略论[M]. 南昌:江西教育出版社,1997.

56. 徐军. 广西农村劳动力转移培训研究. 硕士论文. 广西师范大学,2006.

57. 徐新林. 新生代农民工城市生存处境及社会调适. 中共四川省委党校学报,2010(3).

58. 燕国材. 心理学——IN 结合论取向的研究,心理学. 北京:警官教育出版社,1988.

59. 杨开城. 建构主义学习环境的设计原则. 中国电化教育,2000(4).

60. 叶奕乾,何存道,梁宁建. 普通心理学. 上海:华东师范大学出版社,2004.

61. 尹华扬. 农民工培训意愿及影响因素分析. 硕士论文. 首都经济贸易大学,2008.

62. 应方淦. 论职场学习的基本问题及影响因素. 职教通讯,2007(9).

63. 于伟,秦玉友. 农民工教育培训状况及对策研究. 东北师范大学报,2007.

64. 余文森论美国教育评价的历史发展. 福建师范大学学报,1995(4).

65. 岳红伟. 我国农民工职业培训问题研究:基于人力资本投资视角. 硕士论文. 河南大学,2007.

66. 张乐天. 农村劳动力转移中的教育作用与问题,澳大利亚、马来西亚、中国、孟加拉四国比较研究. 比较教育研究. 2005(1).

67. 张亮. (2010). 我国新型农民培训模式研究. 博士论文. 河北农业大学,2010.

68. 张伟胜,楼广赤. 情境认知视野中的学习观及其教学模式. 现代教育技术研究,2006(5).

69. 张颖,蒋永忠,黄锐. 高职院校"双师型"教师胜任力模型的构建. 安徽农业大学学报(社会科学版),2010(2).

70. 张玉田. 学校教育评价. 北京:中央民族学院出版社,1987.

71. 赵蒙成. 非正式学习论纲. 比较教育研究,2008(10).

72. 周艳. 美国教育评价模式价值取向的转换及借鉴作用. 广西师范大学学报,1996(4).

73. 朱力. 论农民工阶层的城市适应. 江海学刊,2002(6).

74. 朱秋莲,刘艳文. 农民工城市融入过程中的现状、困境与对策分析[J]. 湖南行政学院学报,2005(33).

75. 朱卫国,王廷山. 教师队伍建设研究与实践. 保定:河北大学出版社,2002.

76. Clancey , W. J. (1995) A tutorial on situated learning. Proceedings of the International Conference on Computers and Education (Taiwan) Self, J. (Ed.) Charlottesville, VA: AACE.

77. Jonassen, D. K. Peck, B. Wilson. (1999). Learning With Technology: A Constructivist Perspective. 1999.

78. Wilson. (1995). Metaphors for Instruction: Why We Talk About Learning Environments. Educational Technology.

◆后记◆

本书系苏州大学重大课题“苏南地区农民工的城市融入与社会支持研究”的阶段性成果之一，也是苏州大学“211 工程”三期重点学科建设项目“和谐社会视域中弱者权益保护的社会支持研究”的成果之一，还是全国教育科学“十一五”规划2009年度教育部重点课题“职场学习与职业教育人才培养模式的创新研究”（课题批准号 DJA090262）的阶段性研究成果之一。项目由刘电芝教授主持，本书的顺利完稿也得益于刘老师的指导，在此表示感谢。

本书采用了质性研究的路径，以参与式观察、深度访谈等作为收集数据的主要方法，在农民工培训的现场对之进行了系统的研究。这既有别于单纯的定性论述，也区别于单一的问卷调查。这类研究需要投入大量的时间和精力，因此，本书是我们这个研究团队通力合作的结果。团队成员除本人外，还有夏骏副教授、何华副教授、甘忠伟老师，并包括研究生徐菊梅、张玲、童娴，本科生肖君宜、万静、潘文静、周丽玲、潘启青。特别需要提到的是，何华副教授负责整理了调查问卷得到的数据，甘忠伟老师做了校对的工作，上述研究生、本科生也做了大量琐碎的工作，非常辛苦。在此我要表达由衷的感谢！

本课题的研究得到了苏州市劳动人事局、苏州职业技术培训中心、苏州技术师范学院、得月楼酒楼等单位的大力支持，在此感谢蔡双林处长、张宇科长、张爱国科长、高湧宝科长，苏州职业技术培训中心的刘晓红老师，苏州技术师范学院的金凌英老师、顾海华老师、凌红军老师、陆琦老师，得月楼酒楼的姚岚经理等领导和朋友的帮助！另外，对接受调查和访谈的农民工学员的支持也表示由衷的谢意！

我能够不受干扰地完成本课题的研究，也离不开妻子和儿子的大力支持与鼓励。在此感谢他们对我工作的支持！

针对农民工培训的研究还很薄弱，本课题力图对之进行系统、深入的研究，但肯定还存在不少不足之处。希望今后能继续把这一领域的研究推向深入。

赵蒙成

2012 年 1 月记于姑苏